教育部人文社会科学研究规划基金项目

"媒介形态嬗变与出版方式创新"（项目号：15YJA860015）

全国高等学校文科学报研究会编辑学研究基金资助课题（重点）

"媒介形态嬗变与话语霸权的转移"（项目号：ZD08）

媒介形态嬗变与
出版方式创新

王华生 著

Meijie Xingtai Shanbian Yu
Chuban Fangshi Chuangxin

中国社会科学出版社

图书在版编目(CIP)数据

媒介形态嬗变与出版方式创新/王华生著.—北京：中国社会科学
出版社，2019.9
ISBN 978 - 7 - 5203 - 5098 - 3

Ⅰ.①媒…　Ⅱ.①王…　Ⅲ.①传播媒介—研究②出版工作—研究
Ⅳ.①G206.2②G23

中国版本图书馆 CIP 数据核字(2019)第 203365 号

出 版 人	赵剑英
责任编辑	田　文
责任校对	张爱华
责任印制	王　超

出　　版	中国社会科学出版社
社　　址	北京鼓楼西大街甲 158 号
邮　　编	100720
网　　址	http://www.csspw.cn
发 行 部	010 - 84083685
门 市 部	010 - 84029450
经　　销	新华书店及其他书店

印　　刷	北京君升印刷有限公司
装　　订	廊坊市广阳区广增装订厂
版　　次	2019 年 9 月第 1 版
印　　次	2019 年 9 月第 1 次印刷

开　　本	710×1000　1/16
印　　张	22.75
插　　页	2
字　　数	318 千字
定　　价	99.00 元

凡购买中国社会科学出版社图书,如有质量问题请与本社营销中心联系调换
电话:010 - 84083683

目　　录

1

第二编 书写媒介：真正的文化传播与出版

第三编　印刷媒介：大众传播时代的来临与文化出版创新

第四编　电子媒介：人类自由交流的平台和真正社会民主治理的开端

第五编 媒介嬗变、表达解放、出版创新 与人的自由全面发展

绪　论

　　传播的历史是一切历史的基础，人类的一切活动及其文明成果的积累和传播，都有赖于传播媒介，媒介形态理论把"媒介""媒介形态"作为理解人类社会的一把钥匙，媒介理论大师英尼斯、麦克卢汉、梅罗维茨、利文森等，他们研究的最终目的均是从媒介形态及其变化的视角来探索和解读社会历史的变迁。他们认为人类的一切活动及其文明成果的积累和传播，都有赖于传播媒介，媒介、媒介形态及其媒介的使用状况是人类社会众多变化的一个极其重要原因。传播媒介的性质决定着传播的特征和实际效果，进而极大地影响人类文明的发展。他们甚至认为，从历史的发展长河过程来看，媒介形态即传播媒介本身比传播的内容更重要，对人类和人类社会发展的影响更根本、更深远。同样，文化出版在人类文化的传播过程中占有极其重要的地位，媒介形态与出版方式之间存在着内在的、本质的必然联系，媒介形态嬗变必然导致出版方式的变革与创新，即生产力的发展——媒介形态的变换——表达方式的解放——出版方式的变革与创新。

一　媒介嬗变：社会发展进步的一种必然趋向

　　媒介、媒介形态是人类生存方式的重要组成部分，它深刻地影响人类社会生活的各个方面，并且随着社会生产力的发展不断变换自身的存在形态。因此，了解和读懂了媒介史、媒介形态嬗变的历史，也就找到了解读人类社会历史和文化出版创新发展的钥匙。

从本质上讲"媒介"是人类器官的延伸，它需要一定技术基础作支撑。在人类社会发展的早期，由于社会生产力极其低下，人类还没有发展出延伸自然器官的辅助手段，因此，人类信息的传播只能依赖直接的口语传播，即人类处于最自然的"口语媒介"时代。随着生产力的发展和社会技术基础的积累，出现了文字和文字书写媒介——竹简、木牍、帛、青铜器和纸。早期文字媒介（书写媒介）是媒介形态的第一次革命性变革。它第一次摆脱了大脑自然记忆的控制，是人的自然器官的第一次真正的延伸，它使人类文化得以真正地保存和流传下来。18世纪下半叶至19世纪上半叶第一次工业革命，特别是机器大生产的出现，使人类文化传播进入了机器印刷媒介时代。机器印刷媒介的出现将大量低廉的文化产品送入千家万户，实现了普通民众的大众文化消费，是社会文化的一次解放运动，也是人类文化出版发展史上的一个里程碑。

20世纪40年代开始的第三次科技革命，极大地促进了社会生产力和媒介技术的进步与发展，以"网纸替代"为标志的电子媒介的发展，是一场全方位的社会生活方式的大变革。Web 2.0时代的来临，使得互联网用户已经不再仅仅是网络庞大、繁复信息流中的冲浪者，而是逐步成为层层信息波浪的推动者和发起人。他们不再仅仅是网站内容的被动接收者、使用者，而且已经成为网络信息的主动创造者、发布人。在信息传递的运作方式上它已经由之前单一的"读"向当下"读"和"写"并用，乃至"大胆创新、共同建构"的发展模式演变，从而使数字网络大环境变得更加人性化、合理化和实用化，互联网已经进入了"自媒体"（个人媒体）的崭新时代。

数字网络的发展必然导致自媒体平台的形成，自媒体平台的出现又必然导致自出版的产生与发展，自媒体平台上信息的流动与传播其实就是广义的"自出版"：一方面，点对点、点对面的信息传播方式成为主流和常态，使得传统出版行为中繁杂的出版流程被简化，成为一种个人化的行为；另一方面，自媒体营造出一种自由的信息传播环境，普通公民可以随时随地地发布自己的作品和信息。自媒体"零成本"的出版优势，以及分享与链接等现代信息技术的功能特征，使普通公民轻而易举地获得了表达自我、展示自我的机会和能力。总之，只要愿意，不仅人人都可以成为创作者，而且人人都可以成为编辑：自己创作，自己编辑，自己出版，这是数字网络时代公民身份的又一次更变。编辑自己的作品，简单来说就是自媒体时代编辑角色从职业化向公民化的一种变换。① 自媒体既是现代信息技术发展的必然结果，又是自出版成功运作的现实平台。② 总之，社会技术进步必然导致媒介形态的变换并进而促进人的表达的解放和文化出版方式的变革与创新。

二　表达的解放：媒介嬗变的内在逻辑

媒介理论大师麦克卢汉曾经说过："媒介是人体的延伸"，那么，从一定意义上讲，媒介的变革与发展也就是不断完善人类自身，将传播层面上存在的种种限制一一消解，使人类的表达不断得到解放的程序与过程。表达的解放是人类追求的永恒主题，是媒介嬗变内在的必然逻辑。

1. 口语媒介时代，延伸了人类个体的思维，促进了人的表达的解放。口语媒介出现以前的上古时代，人们只能是依靠非常有限的原始发声、简单的体态来表达自身的内在诉求，用结绳记事帮助大脑进行记忆。显然，这样的表达是极其有限的，对人类自身的束缚是全方位的。口语媒介的出现，使人类的表达得到极大的解放。所谓语言，就是人们在长期的共同劳作的基础上，彼此交换体认、共识，将自己的声音加以组合变化形成的媒介符号系统。有了这种

---

① 魏倩：《自媒体时代的出版业变革研究》，北京印刷学院，硕士学位论文，2014 年。

② 程黎：《Web 2.0 时代自媒体的仪式传播行为研究》，郑州大学，硕士学位论文，2013 年。

共同的媒介符号系统，人们不仅可以表达自己的喜怒哀乐等自然情感和具体需要，而且还可以表达自己抽象的思想，从而使人类的表达得到了极大的解放。然而，口语媒介有其自身的局限：它受面对面传播的局限，表达范围极其有限，且瞬间即逝，不易留存，给大脑的记忆造成负担。

2. 书写媒介的变革与发展，进一步促进了人类表达的解放。随着人类社会的发展，文字的出现，人类社会进入文字书写媒介时代。文字书写媒介是媒介形态的第一次革命。它第一次摆脱了大脑自然记忆的控制，是人的自然器官的第一次真正的延伸，它使人类文化可以真正地保存和流传下来。但是，由于当时用于书写的媒介是竹简、木牍、帛和青铜器，由于这些物质媒介稀少且昂贵，又主要掌握在统治阶级手中，这个阶段可以说是文化出版传播的"贵族介质时代"。纸张的出现，不仅使人类文化传播告别了"贵族介质时代"，而且在一定意义上改变了人们的思维方式，促进了人们表达的解放。纸媒取代简、帛，释放了巨大的写作空间，使创作思维获得了极大的自由和解放。在纸前时代，由于素帛成本昂贵和简册写作过程刮削的不易，人们在正式写作前，必然是辗转反侧，惜墨如金，因此，这就使这一时期的作品或篇制不长、缺少变化，或忧虑太多，阻塞内在情义的自然流露，使这种表达既缺少随心所欲、跌宕起伏的文气，又缺少一以贯之、酣畅淋漓的风骨与霸气，自然而然地给人们的表达以制约与限制。造纸技术的发展与成熟，纸媒介质的出现则在很大程度上改变了这种局面。纸媒的低廉、轻便、易于写作，在一定程度上突破了创作者惜墨如金的心理负担，并且由于解除了过于谨慎的心理障碍，使思绪更加流畅，表达更加解放。从表达解放的角度看，纸媒写作是一次人类表达的解放和革命性变革。

3. 印刷媒介在更大程度上将人从大范围传播的体力劳动中解放出来，实现了人类表达的社会化。机器印刷媒介是一次更为广泛的人类表达解放运动。机器印刷媒介的出现将大量低廉的文化产品送入千家万户，实现了普通民众的大众文化消费，是社会文化的一次解放运动。书写媒介由于其低下的手工劳动过程和传播效率，因此，在当时还没有真正意义上的公共传媒，文化产品的传播还属于私人行为、个人喜好，藏之名山，传之后世。机器印刷媒介的出现，使其成为一种真正的公共媒介，使个人意识的表达、文化的传播不再仅仅是一种个人行为，而是成为一种社会行为。但是，由于印刷媒介的特性所决定——它既是社会生产力有了较大的发展，实现了个人意识表达的公众化、社会化；但又还没有充分地发展，还不能做到私人创作劳动的直接的社会化，还要经过社会（编辑）的把关，才能使个人创作的私人劳动转化为社会劳动，才能使个人的思想意识在社会层面展现出来，因此，这又是社会表达方式的一种局限。不仅如此，由于机器印刷媒介的社会化、大资本特征，又不可避免地受到社会资本的一系列控制。通过对机器印刷生产过程的控制和一系列议程设置，资本实现了对社会文化和社会舆论的更加全面和牢固的控制，这就不可避免地使印刷媒介时代人类表达的解放带有了资本的色彩和特性。

4. 电子媒介（计算机互联网）时代，真正实现了人类表达的自由与解放。电子媒介时代特别是计算机互联网时代的来临，是一次真正意义上的个体表达的自由与解放。由于计算机和数字网络的快速发展，当代社会已进入一种全新的现代信息时代，特别是以自媒体为基本特征的信息传播，以它私人化、平民化、普泛化、自主化为特征的信息生产和信息传播，全方位地发展与解放了人的自身，是一次真正意义上的个体表达的自由与解放。

如果说"全媒体"是对当下数字网络环境下众多媒体形态的宏观层面的把握与描述，那么"自媒体"则更多的是从微观视角来描述媒体大众个人参与媒体活动的方式与过程。在当代民主治理方式下，知情权与表达权是实现民主的重要方式和手段，它不仅是执政者和新闻媒体的基本权利，而且同样也是每个公民的基本权利。然而，在以往的所有社会形态下，要么受制于社会利益集团的控制，

要么受制于有限的表达途径和过高的参与成本，即便是所谓的民主
国家和民主政府，也很难实现实质上真正的民主政治和民主治理，
而表达的自由——这是现代公民的一项重大的基本权利和公民个人
自由全面发展的必备条件——则更是无从谈起。当代信息技术条件
下的自媒体、自出版平台的发展则很好地适应了广大社会公众参与
社会治理与社会民主监督的时代需要，它以其技术优势引领了网络
舆论与社会民主治理和民主监督的时代潮流，为社会民主与法治实
践提供了重要的技术渠道，使人民当家做主的社会诉求通过个性表
达的方式在自媒体、自出版平台上得到了充分实现。它实现了社会
舆论的即时性传播，"强化了社会舆论影响力；它以廉价便捷的传
播方式，赋予媒介传播更强烈的平等色彩；它以去中心化的结构特
点保证了高度的开放性，促进了全民参与热潮；各抒己见、众声喧
哗的交流与互动提供了传统媒体无法比拟的交互性体验。自媒体以
鲜明的个性化特点促进了大众信息活动的爆发式繁荣，引领了大众
传播个性化时代的来临"。① 它不仅为公民参与社会民主政治和进
行社会民主治理提供了便利、快捷和有效的工具，突破了以往民主
政治、民主治理参与时间和参与空间的种种困难和限制，而且在一
定意义上（由于它所具有的隐秘性、灵活性、快捷性）更加激发了
民众的参与与表达欲望，极大地提高了社会公众的表达热情，成为
社会公众参与社会治理和社会监督的有效方式和手段。

　　计算机互联网最重大的价值和意义就在于，它将我们从大众传
播时代带入了现代个人传播时代。正如德克霍夫在其《文化肌
肤——真实社会的电子克隆》一书中所说："计算机不是一种大众
媒介，而是一种个人媒介"，现代意义上的（有大众传播效果的）
个人媒介。

　　个人媒介——大众媒介——个人媒介（螺旋式上升：在大众媒
介基础上的"有大众传播效果"的个人媒介）。这样，语言延伸了

---

① 刘振磊：《自媒体的传播个性与公共性重塑》，《传媒》2014 年第 20 期。

个体思维、书写解放了人体有限的脑力记忆、印刷和机器复制从更大程度上将人从大范围传播的体力劳动中解放出来，而大众媒介中网络的发展则进一步解放了传播者；媒介的发展同时也在逐渐消除由传播者自身特点所造成的分化现象，"任何人都可以借助传播媒介进行有效的个人表达传播"是媒介发展可以预见的趋势，同时也是一个必然要达到的目标，即在媒介发展变革的基础上提高个人的总体自我表达能力。① 由此不难看出，媒介的变革与发展必然导致表达的解放，表达的解放是媒介嬗变内在发展的必然逻辑。

三　出版创新：水到渠成的变革与选择

社会生产力的发展与进步必然导致媒介形态的嬗变、表达的解放，并进而导致出版方式的变革与创新，出版方式的变革与创新是社会进步和媒介形态嬗变的必然结果。

1. 口语媒介时代文化"出版"的自由与局限。口语媒介时代是一种自由、平权的文化传播和"出版"（当时还没有真正意义上的文化出版）时代。口语媒介的自然属性（只有人的自然语言，是面对面的，不借用任何外物和外力的交往时代，因此既没有等级和权力的参与，也没有资本的控制），决定了这是一个文化传播的自由、平权时代。但是，口语媒介时代具有天然的局限性。口语传播靠的是人的大脑的自然记忆，这既是平权的基础，又具有极大的局限性。从本质上讲媒介是人类器官的延伸，由于当时还没有发展出人类自然器官的辅助手段（其他传媒），对人类文化出版传播来讲自然也是一种天然的局限，以口语为主导的媒介形态还没有真正意义上的文化出版。

2. 书写媒介时代，真正的文化出版时代的来临。随着社会生产力的发展和文字的发明，人类由口语媒介时代进入书写媒介时

① 吴琼：《媒介视角下的个人表达传播行为研究》，厦门大学，硕士学位论文，2006 年。

代。书写媒介是媒介形态的一次革命，它第一次摆脱了大脑自然记忆的控制，是人的自然器官的第一次真正的延伸和解放，人类第一次拥有了自己的文化出版，使即传即逝的信息到流传可存，使人类文化可以真正地流传和保存下来。正如利普斯在他的《事物的起源》一书中所言："有了书写的知识，一个新的时代开始了。"① 简牍和缣帛的出现为个人表达传播提供了较为普遍的书写材料，它极大地促进了私人著述和出版的发展，由此形成了春秋战国之交我国古代出版史上的第一个高峰。

作为一种书写载体和重要的传播媒介，廉价易书写的纸的广泛使用与个人的出版传播活动紧密相连，标志着个人表达传播的第二次飞跃。特别是适合书写且价格低廉的"蔡伦纸"的出现，最终为文字传播注入了新的生命和活力，并促进了人们通过文字进行个人表达传播能力的提高，自然而然，也促进了出版活动的发展与繁荣。我国两晋南北朝时期私人修书盛行，动辄鸿篇巨制；东汉出现了抄书的职业，文学家左思用 10 年时间写成的《三都赋》，传诵一时，士人竞相传写，一时间"洛阳为之纸贵"。古抄本的时代"始于纸的发明，终于印刷术的发明"，② 对书籍的出版与流传影响深远。

当人们感受到手抄书籍劳动的繁重和困难时，印刷术应运而生。雕版印刷产生以后，人们开始从低效率的手抄复制出版传播中解放出来，刻书代替了抄书，推动了社会传播和出版事业的发展。

3. 机器印刷媒介发展，进一步推动了出版传播和社会文化解放运动。机器印刷媒介的问世，是一次广泛的出版传播和社会文化解放运动。机器印刷媒介的出现将大量低廉的文化产品送到千家万户，实现了普通民众的大众文化消费，是社会文化出版和传播的一次解放运动。英国著名学者赫·乔·韦尔斯在《世界史纲》（1920

---

① ［德］利普斯：《事物的起源》，汪宁生译，敦煌文艺出版社 2000 年版，第 239 页。
② 吴东权：《中国传播媒介发源史》，中视文化事业股份有限公司 1988 年版，第 493 页。

年出版）中谈到，由于造纸业和印刷业的产生，"世人的生活进入了一个新的和更为活泼有力的时期。它不再是从一个头脑到另一个头脑的涓涓细流，它变成了一股滔滔洪流，不久就有数以千万计的头脑加入这一洪流"。①

由于种种主客观原因的作用和限制，中国的印刷术特别是效率更高的活字印刷的出现，并没有在中国催发大众传播媒介的诞生，而在几个世纪之后（大约 15 世纪中期），德国古登堡发明的金属活字印刷术和造出的印刷机却因为与现代生产力相结合，"真的抬起了用印刷符号的经纬线编织的、世界地理大发现后的地球"。② 印刷术的进步推动了报业的发展，从 16 世纪初欧洲出现的单页印刷报纸到 19 世纪 30 年代第一张成功的廉价报纸纽约《太阳报》的诞生，在印刷技术发展基础上，报纸走向了"大众化"阶段，面向普通大众的大众传播媒介开始发挥它强大的社会功能和作用。

机器印刷媒介的出现使社会文化出版和传播摆脱了"贵族介质时代"的局限和传统权力的控制，然而，机器印刷媒介它的生产线、大资本特征又自然地具有一种极强的权力集中化趋势，通过资本的渗透和一系列议程设置，资本实现了对社会文化出版和文化传播的更加全面和系统的控制。并且，从媒介形态的特性来说，印刷媒介倾向于隔离不同的社会场景，即按照场景理论来说有利于保护前后台的表演，从而有利于维护统治集团的政治权威和政治统治，从而使资本的控制更加系统和牢固。

4. 电子媒介（计算机互联网）：全息化的出版与传播。客观地讲，人们要求在交往中全面占有对象，以自己的全部感觉肯定自己，但文字、印刷媒介只能把交往限制在有限的视觉范围内，通过思维这种"精神的眼睛"与书报上抽象的对象——文字符号发生交往。恩格斯说："站在真正的活生生的人面前，直接地、具体地、

---

① 李敬一：《中国传播史论》，武汉大学出版社 2003 年版，第 210 页。
② 陈力丹：《精神交往论：马克思恩格斯的传播观》，开明出版社 1993 年版，第 96 页。

公开地进行宣传，比起胡乱写一些令人讨厌的抽象文章、用自己'精神的眼睛'看着同样抽象的公众，是完全不同的两回事。"① 希望通过媒介实现对对象的全面占有，这是人类一直以来的向往与追求，然而这一切只有到了电子媒介时代特别是计算机互联网有了一定发展的今天，才能逐步成为现实。

电子媒介技术的变革与发展，为这种全息化地占有与交往提供了可靠的技术基础和广阔的发展空间。可以说电子媒介时代的文化出版是迄今为止人类社会最灿烂的文化景观，特别是近年来由于计算机互联网这一新的媒介的革命性变革和快速发展所导致的"网纸替代"，是一场全方位的社会生活方式的大变革，显然也是社会文化出版领域里的一场最广泛、最彻底的文化出版革命。

封闭的圈子不论多么庞大，其实都是渺小的，而电子媒介，特别是计算机互联网，它将众多符号体系的传播功能熔为一炉而产生的"聚变"效应，使当代所构建的庞大的信息系统成为一个由无数节点所组成的包罗万象、化育万物且永远也续写不完的大书。它实现了全息化地与对象的交流，极大地促进了人类表达的解放，从根本上变革了社会文化的出版方式。

电子媒介特别是计算机互联网，使社会文化出版实现了人类在更大范围内的自由"出版"和更高基础上的复归。口语媒介时代人类的文化传播是自由的，即便是文字媒介发展的早期，人类的文化出版也是自由的：自创、自编、自刻、自由出版，藏之名山，传之后世。然而，随着技术的进步，媒介的变革，特别是机器印刷媒介出现以后，人类的文化出版受到了资本和社会诸多方面的约束和控制，人类的文化创作和表达活动不能够再直接地表现为一般的社会劳动，而是要经由社会的文化出版控制（编辑代表社会进行选择和控制），才能将个人劳动转化为一般的社会劳动。电子媒介时代的到来，特别是计算机互联网（自媒体、自出版）的出现，人类再次

---

① 《马克思恩格斯全集》第 27 卷，人民出版社 1972 年版，第 24 页。

迎来了出版传播的春天：自创、自编、自出版，人类一般的个体劳动直接地表现为一般的社会劳动，人类文化出版和传播实现了更高基础上的复归。

由此不难看出，媒介和媒介技术是社会生产力的重要内容，随着社会的进步和社会生产力的发展，必然促进和导致媒介形态的嬗变，而媒介形态的嬗变又必然带来人类表达的自由与解放。从青铜、竹简、布帛、纸张到电脑网络，媒介形态在不断变革的同时，其文化传播的参与者和受益人群也在不断扩大，媒介技术不仅仅是手段，而且是一种思想展开的方式，和表达的自由与解放。传播介质、书写工具的廉价化和表达的自由与解放又总是这样或那样地驱动着社会、社会文化的民主进程和社会文化出版方式的革命性变革。

媒介、媒介环境，特别是当下蓬勃兴起的数字网络媒介不仅从外部环境方面发挥着作用，而且它已经进入社会文化生产机制内部，对其文化生产的全过程——包括写作方式、承载介质、传播方式、影响范围、文本形态、读者范围、阅读心态等多方面发生着这样或那样的影响，从而给社会文化生态、出版方式以极大的影响。

网络的发展，自媒体的出现，把过去一切媒介变成内容，变成自己的内容。它在开创了一种鲸吞此前所有符号代码形式的传播渠道的同时，也开辟了一种全新的出版模式和人类主体自我发展与完善的全新模式，从而使每个人都能够充分展现自己，完善自身。电子媒介（计算机互联网），它改变了口语交往时代原始低效的"全息化"交往，扬弃了文字印刷媒介时代抽象的（失全息化的）交往与传播过程，从而在更高的基础上实现了社会交往、文化出版和传播的"再全息化"和螺旋式上升过程，为当代出版和传播以及人的自由全面发展提供了条件，奠定了基础。

第一编

口语媒介：人类早期的信息交流与传播

第一章　口语媒介时代的
表达与"出版"

第一节　口语媒介及口语媒介特征

纵观人类传播发展的历史不难发现，人类最早的口语媒介中跃动着人类自由、平等、民主、互动的传播意识和理念。按照马克思主义的观点，传播的最终目的和发展形态应该是实现每个人拥有自由、平等的传播权利和双向互动的传播过程和体验，即从根本上秉承自由、平等、民主、互动的传播理念。人类传播的最终目的是这样，而人类传播的最初出发点恰恰也是如此，只不过是在这最初和最终两点之间经历了一个由平等（自由、民主、互动）到不平等（不自由、不民主、单向度），然后再到新的平等（自由、民主、互动）重新建构的形态和过程，这是由社会生产力的发展和进步所决定的。

一　口语媒介的起源与演变

口语是人类了解和把握世界、表达思想、交流情感的第一个真正意义上的媒介符号。口语第一次有了让人类离开感性对象自身而言说和把握对象的可能与自由，有了更深度地认识、了解、研究和把握客观事物以及人类自身的可能与自由。

（一）口语媒介的起源

劳动创造了人，也创造了人类的语言。劳动提供了语言产生的社会环境和条件，极大地促进了语言的产生。马克思历史唯物主义认为，人类的形成过程，就是早期人类学会生产劳动，劳动成为人类必要实践的社会活动过程。恩格斯曾说："劳动创造了人本身"①，创造了人类社会。人类的生活和生产活动是集体的、社会性的，在集体共同的生产劳动过程中，人的相互需要和相互协作，以及彼此之间的交流和交际，既使语言的产生成为必要，也使语言的产生成为可能。在语言诞生以前，人们是通过表情、体态、情绪、眼神，以及和其他动物一样的简单的吼叫来表达自己的喜怒哀乐和个人需求的，其表达方式极其有限，严重影响了人们的正常生产和生活。伴随着劳动的进一步发展，协作活动的进一步增加，人们在集体劳动、集体生活中需要越来越多的交流与沟通，正如恩格斯所说的："这些正在形成中的人，已经到了彼此间有些什么非说不可的地步了。"② 由此，语言便产生了。鲁迅先生在《门外文谈》一文中说到人类语言的起源时也曾说道："我们的祖先的原始人，原是连话也不会说的，为了共同劳作，必需发表意见，才渐渐的练出复杂的声音来，假如那时大家抬木头，都觉得吃力了，却想不到发表，其中有一个叫道'杭育杭育'，那么，这就是创作；大家也要佩服，应用的，这就等于出版；倘若用什么记号留存了下来，这就是文学；他当然就是作家，也是文学家，是'杭育杭育派'"。③斯大林也曾说过："语言随着社会的产生和发展而产生和发展。语言随着社会的死亡而死亡。社会以外是没有语言的。"④ 由此可见，"劳动创造了人本身"；劳动，人与人之间的共同劳动导致了人类语言的产生，语言作为人类最基本的和最重要的交流和传播手段与劳动一起宣告了真正意义上的人类的诞生。

由于语言是由非语言的声音信号（如动物的吼叫等）发展而来

---

① 《马克思恩格斯全集》第 20 卷，人民出版社 1971 年版，第 509 页。
② 同上书，第 512 页。
③ 《鲁迅全集》第 6 卷，人民文学出版社 1980 年版，第 93 页。
④ 《斯大林选集》下卷，人民出版社 1979 年版，第 514 页。

的，从简单的鸣叫逐渐发展成为具有相对复杂音节的语言，所以，语言一产生就是有声语言，就是音义结合的词汇和语法的体系。语言的出现，也就标志着口语媒介的诞生。

（二）口语媒介形态的演变及其早期自由、平等交流状态

口语媒介的诞生奠定了人类文化传播史的开端，而媒介形态的不断创新和发展也从内在的根本意义上促进了人类信息传播系统的不断发展和完善，早在 20 世纪 60 年代，加拿大著名媒介理论家麦克卢汉就提出了"媒介即信息""媒介是人体的延伸"等颇具创新价值和意义的思想理论观点。在麦克卢汉那里，内容与形式不再是绝对的二元对立，一种媒介载体形式可以成为另一种媒介的内容，而媒介所形成的传播方式对人类及人类社会的影响将是内在的、根本性的，它的作用也许将大大超过该媒介所传播的具体内容。媒介的影响力并不取决于它所传播的内容，而在于它所开创的人类感知和认识世界的方式及其带来的社会变革。他同时还认为，任何媒介都不是孤立的，媒介的演变和发展存在一个循环发展逐渐展开的过程，不同的媒介相互交织更替、推陈出新、不断进化。"没有一种媒介具有孤立的意义和存在，任何一种媒介只有在与其他媒介的相互作用中才能实现自己的意义的存在。"① 美国媒介理论家保罗·利文森将这些进一步概括为"补救性媒介"与"人性化趋势"理论。利文森认为，所有的媒介技术都含有一定的缺陷，每一种新的媒介都是对先前媒介的补救和修正。并且，所有这些都是为了不断更好地满足人的需要。正如人类为了更好地保证自身的安全生存首先发明了墙；墙把阳光、视线连同威胁一块阻断了，于是，窗户作为一种改进装置被嵌进了墙壁……然而，窗户在让屋里的人看见外面风景的同时，也把人们的隐私泄漏了出去；于是，人们又在窗户上加上了窗帘……人类整个传播媒介变革和演化的过程，同样也是

---

① ［加］马歇尔·麦克卢汉：《理解媒介——论人的延伸》，何道宽译，商务印书馆 2000 年版，第 56 页。

这样一个在人类理性的作用下，持续不断的补救和完善的过程。①
在媒介的变革发展和完善过程中，各个时期的主流媒介主导着各个
时代的信息传播过程和信息传播方式。"但媒介的发展从来不是一
个推陈出新的过程，而是一个依次叠加和不断融合的过程。随着传
播技术的不断创新和突破，口语在与其他媒介的融合中演变出了各
种变体，延续和弘扬了口语传播的文化及理念。通过对口语研究成
果的借鉴，可以将其划分为'原生口语''电子口语''网众口
语'。同时，根据传播方式的显著差异，人类传播史大致划分为三
个阶段，即小众传播时期、大众传播时期和网众传播时期，恰好对
应口语媒介演变的三种形态。"②

人类社会自口语媒介诞生到印刷媒介特别是大众报纸媒介的出
现，经历了一个相当漫长的小众传播时代。由口语媒介的特点所决
定（直接的、面对面的交流与传播），口语媒介传播只能是有限范
围内的"小众传播"。从社会传播的角度来考察，当时人类社会还
没有条件和技术发展出人类用于广泛传播的辅助手段——其他先进
的社会传播媒介，人们只能用自己最为原始的交流方式和手段——
口语，面对面地进行交流和传播。也正是这种最为原始的面对面的
口语交流方式和手段（它是人类符号使用历史发展中的第一个阶
段，显然也是迄今为止人类所运用的符号系统中最接近人的自然活
动形态的一个代码体系，是人类早期一个普遍存在的、自然的、
"前科技"状态的人类传播模式），它的纯自然、低技术（无技术）
状态使人很难甚至无法对其进行垄断与控制，从而也就自然而然地
带来了人类最初交流和传播的平等与自由。正如加拿大著名传播媒
介形态理论家哈罗德·英尼斯所指出的那样：任何特定的传播媒介
在时间和空间上均有偏向性，并且，媒介的时空偏向性会在一定程
度上决定传播的性质和特点，从而在各个方面给社会文化以重大作

---

① 李明伟：《媒介形态理论研究》，中国社会科学院，博士学位论文，2005 年。
② 谢清果、曹艳辉：《口语媒介的变迁与人性化传播理念的回归》，《徐州工程学
院学报》（社会科学版）2013 年第 3 期。

用和影响。英尼斯认为："文化在时间上延续并在空间上延展。一切文化都要反映出自己在时间上和空间上的影响。"① 他认为口语媒介尽管有自身的局限，但却构成了时间和空间偏向上的平衡，不易被垄断，因此有利于自由、平等和民主交流环境的形成。②

　　然而，文字产生以后，原来早期的"原生口语"媒介和"原生口语"传播进一步演化为"次生口语"媒介和"次生口语"传播状态。"原生口语"传播时代"小众传播"传授双方建立在自然口语、即时交流、紧密互动的原始状态之下，由此导致其自由、亲密、协商、平等和平权传播理念和传播状态。而文字产生以后的"次生口语"传播状态，由于它深受文字的渗透和影响，加之文字媒介的高知识含量和高技术含量——它并不是像此前"原生口语"媒介时代那样是每个人的一种自然而然的不需要其他任何投入就能获得的交流工具，从而使其成为知识和技术投入的特殊阶级的特权，进而失去了早期自然、平等和民主的交流方式和传播状态。

（三）西方口语媒介的产生与发展——以希腊口语传播的演化及其表达解放的历史进程为例

　　希腊语是西方文明第一种伟大的语言，由于其结构清楚、概念透彻清晰，加上有多种多样的表达方式，它既适合严谨的思想家的需要，又适合有才华的诗人的要求，因此许多人认为它是所有语言中最有效、最值得敬佩的交际工具。古希腊语言特别是古希腊口语，对西方语言和西方文化科学具有特别重大的作用和影响。口语理论大师沃尔特·翁认为："自古以来，《伊利亚特》和《奥德赛》普遍被认为是西方遗产里最具典范意义、最真实、最富有灵气的世俗诗歌""在西方的古希腊文化中，口语的魅力表现在繁复、细腻

---

　　① ［加］哈罗德·英尼斯：《传播的偏向》，何道宽译，中国人民大学出版社2003年版，第113页。
　　② 同上书，第56页。

的修辞里；两千年来，这是西方文化里涵盖面最广的学科。"① 因此，了解西方语言的发展和文化传统，希腊语言的演化历程是绕不开的话题。

1. 神话、传说：人类的幼年时代——口语传播的自由平等时代

从口语传播的历史维度来看，人类幼年的天真烂漫与无知——对自然力的崇拜，导致"神话""传说"成为人类口语传播时代的重要话题，古希腊也是如此。在古希腊，"人类交流生发于基于超验信仰的神话'传说'，并从神人对话的吟唱、宣讲过渡到人际对话的演讲。因而，人类交流是从'神话'时代进入到'人话'时代的。在人话时代，从演讲中孕育出修辞术。古希腊吟唱、宣讲、演说及修辞术的发展历程，构成了一部人类早期的交流史。"②

在口语传播盛行的荷马时代，古希腊伟大的诗人（盲人）荷马在爱奥尼亚的一条大路旁，一边演奏竖琴，一边吟唱歌颂特洛伊英雄的史诗《伊利亚特》和《奥德赛》，这成为人类早期神话传播时代永恒而靓丽的写照。当时还没有文字，人类传播还处于原生口语状态。"荷马生活的时代在公元前9—前8世纪，那时还没有希腊字母表，也就是没有荷马史诗的书面文本。荷马去世两三百年后，即公元前700—前650年，荷马史诗才被写定并以书面形式流传于后世。"③ 这一时期，"人类最重要的传播行为是对神话的传播（'传说'）。神话不仅是传播的信息（内容），同时又是传播的媒介（形式）。传播内容与形式，进而神话与传播的这种绝对同一性，使得神话被解释成'任何言说出口的话'。"④ 它们保存一整套习惯

---

① ［美］沃尔特·翁：《口语文化与书面文化：语词的技术化》，何道宽译，北京大学出版社2008年版，第12、5页。

② 李智：《人类交流发生和早期发展的基本逻辑——以古希腊口语传播的历程为视角》，《厦门大学学报》（哲学社会科学版）2010年第3期。

③ ［美］沃尔特·翁：《口语文化与书面文化：语词的技术化》，何道宽译，北京大学出版社2008年版，译者前言第1页。

④ 李智：《人类交流发生和早期发展的基本逻辑——以古希腊口语传播的历程为视角》，《厦门大学学报》（哲学社会科学版）2010年第3期。

用语，根据韵律的需要予以加工，是人类早期英雄时代的大幅全景图画，也是艺术上的绝妙之作。它们以整个希腊及其四周的汪洋大海为背景，充分展现了人类对自由和成就的追求，以及自我实现的人文价值理想。与世界上其他民族一样，它将古希腊上古时代的历史以传说的方式保留在古代先民的记忆之中，又以史诗的形式在人们中间口耳相传。这种传说和史诗虽然不是真正的希腊历史学著作，但是，它们保留了许多古代社会的历史事实，是古代历史的人类童话记忆，具有重要的史料价值。荷马史诗是人类童年原生口语媒介时代的艺术创作，体现了原生口语媒介时代传播的平民化以及自由、平等的思想观念和"英雄时代"的烙印。

2. 文字的内化：自由、平等传播方式的异化

公元前720—前700年，希腊字母表发明，希腊人终于有效地内化了文字。这时储存知识的新方式已不再是靠原生口语时期记忆中的套话，而是靠书面文本。这是一个巨大的进步，希腊人的脑子从大量的记忆中解放出来，去进行更加具有原创性的、抽象的思考。然而，随着文字的产生以及文字向口语文化的渗透，社会分工逐步展开，"人类最初的大众化言说方式——吟唱，逐渐演变成由少数特权人群把持的精英式言说方式——宣讲，并诞生了一种新的神话传播形态——祭仪。"[①]

祭仪由祭司或巫师来主持，祭司是神的代言人，即所谓神的旨意的传播者。它把神示"编码"翻译成人的语言，并宣讲给人们听，成为人们与神"沟通"和"交流"的媒介。"在此种传播过程中，不是人用自己制造的语言在言说，而是神借人之口在'说'。不是'人说'，而是'神说'；说出的话不是'人话'，而是'神话'。"并且，在这一过程中语言的性质也在悄然地发生着变化，即"出现了'异化'，即语言自身从目的沦为手段。在祭仪中，祭

---

① 李智：《人类交流发生和早期发展的基本逻辑——以古希腊口语传播的历程为视角》，《厦门大学学报》（哲学社会科学版）2010年第3期。

司通过把持这种仪式而垄断了对神示的解释权，从而实际垄断了语言。正是在这种言说、话语控制中，语言逐渐被对象化，并加以技术化利用，变成一种纯粹为实现一己之目的而使用的工具。语言的这种工具化使用，突出表现为通过宣讲对他人（即信徒）施加控制和影响（说服），从而使语言成为祭司获取政治权力的重要手段。祭司千方百计地控制语言这种媒介而成为权力的拥有者，于是就出现了祭司同时是部落首领的双重身份的现象。在当时，人们操持何种语言决定了他们拥有何种权力，拥有多大的词汇量决定了拥有多大的权力".① 这是文字产生以后人类传播发展过程异化发展的必然逻辑：与原生口语媒介相比，文字媒介自身的一些性质和特征（它并非每个人都可以自然而然地获取，而是要经过长期专门的训练和学习。由于文字媒介的高知识含量和高技术含量——它并不是像口语媒介时代那样是每个人的一种自然而然的不需要其他投入就能获得的交流工具），使其成为特殊阶级的特权，也大大加深了人与人之间的知识鸿沟，进而发展成为阶层和阶级分化与对立的工具。英尼斯的研究表明，对媒介的掌握和控制就意味着对知识的接近权，而这种对知识的接近权则有助于社会权力和权威的培育和巩固。这样，文字媒介的出现在实现了媒介形态和文化交流与传播的革命性变革的同时，也带来了传播观念的第一次否定和颠覆，即否定和颠覆了原生口语媒介时代交流与传播的平等与自由状态，并进而实现一部分人对另一部分人的主导与控制。

3. "人话"时代和人类理性精神的复归

马克思指出："任何神话都是用想象和借助想象以征服自然力，支配自然力，把自然力加以形象化；因而，随着这些自然力实际上被支配，神话也就消失了。"② 一般来讲，在人类发展的幼年时代，由于人类对自然力量的盲目崇拜，神话成为人们解释世界的重要方

---

① 李智：《人类交流发生和早期发展的基本逻辑——以古希腊口语传播的历程为视角》，《厦门大学学报》（哲学社会科学版）2010 年第 3 期。
② 《马克思恩格斯选集》第 2 卷，人民出版社 2012 年版，第 711 页。

法和思维方式，而理性则处于被抑制的状态。然而，古希腊的独特之处就在于，在古希腊原生口语时代的"神话""传说"中，跃动着人类理性的光芒。正如汉密尔顿在《希腊方式》中所说："在非理性起着主要作用的世界中，希腊人作为崇尚理性的先驱者出现在舞台上。"①"对个体情感的尊重和对个人价值的肯定，是希腊文化的精神命脉。希腊神话、史诗与悲剧中的神和人，都受命运的支配，而英雄并不等待命运的降临，而是积极地应对命运的挑战。荷马笔下的希腊诸神体现出强烈的自然人性。希腊诸神和英雄都具有很强的世俗性，更关注现实生活。虽然古希腊人生存在极端恶劣的环境下，经历着艰辛与磨难，但是他们从未放弃对现实生活的关注和对美好生活的向往。他们理性看待人自身，以入世的态度积极应对人生。"② 希腊文化中的理性思维把人从神话世界中解脱出来，进而使人正确地对待人与自然之间的关系。

因此，在经历了短暂的"神话"时代异化之后，随着经济尤其是对外贸易活动和社会交往活动的增加，希腊迎来了"人话"时代——人类理性精神的复归。公元前5世纪，随着经济的繁荣和城邦民主制度的确立，社会中逐渐滋长出一种向往自由和个人主义的倾向，人们开始以怀疑和批判的态度审视自身的生活以及所有道德、权威、神话、传说，特别是对神道和神性的批判，"民治主义打破了古代贵族制度，科学推翻了传袭的宗教"。③"神灵的首次缺席带来了人道和人性的觉醒，人终于成为言说的主体，成为语言的主人，语言完全还原成了人的语言，而不再具有任何神圣性。语言由此而彻底'祛魅'——'神话'时代终结了，'人话'时代到来

---

① ［美］汉密尔顿：《希腊方式》，徐齐平译，浙江人民出版社1988年版，第5页。
② 杨婷：《命运与悲剧：从古希腊到人文主义时代》，上海师范大学，硕士学位论文，2011年，第24页。
③ ［英］斯塔斯：《批评的希腊哲学史》，庆泽彭译，华东师范大学出版社2006年版，第85页。

了。"① 在这一过程中演说和论辩占据重要的地位。"从古希腊时期起，修辞在学术背景里的支配地位便在读书人的圈子里产生了这样一个印象：讲演是一切口头表达的范式。这个印象虽然模糊，却是实实在在的。用今天的标准来衡量，这个印象使话语的对抗调子极其高亢。诗歌常常近似于辞藻华丽的演说，其基本功能被认为是臧否毁誉（甚至在今天，许多口头诗歌和书面诗歌还保留了这样的功能）。"② 在古希腊，职业的演说者被称为"智者"周游各地，向人们传授思维、演说和论辩的技艺；他们为了自身的哗众取宠，制造出许多的逻辑悖论来困扰对方，压服对手，尽管这种演说（不顾真理，只求证明其所要证明的东西，甚至以混淆是非、颠倒黑白为乐，以丑化对手或政敌为目的）与其说是一种传播技巧，不如说是一种政治艺术甚或是诡辩，但是，它却使语言由此而彻底"祛魅"——剥去了"神话"的外衣，进而宣告了"人话"时代到来了。由此，希腊进入一个人类理性精神复归的新的启蒙时代。

（四）中国口语媒介的发展及其口语传播传统的断层与原因

歌谣是我国古代民间口语媒介舆论传播的重要表现形式，后来发展成诗歌。歌谣以韵文形式出现，朗朗上口，便于记忆，易于口传。口语是人们最早的情感表达和传播方式："男女有所怨恨，相从而歌，饥者歌其食，劳者歌其事。"③ 除歌谣外，还有谚语、隐语、谜语等，民众把自己的感受以及自己对社会的认知和态度融合到这种口语创作之中。

1. 发达的口语：口语套语、韵律与诗歌（诗歌早于文字）

我国口语媒介传播的套语式、韵律特征非常明显，最典型的就是诗歌创作长盛不衰。我国的诗歌起源很早，诗歌的起源不但在文

---

① 李智：《人类交流发生和早期发展的基本逻辑——以古希腊口语传播的历程为视角》，《厦门大学学报》（哲学社会科学版）2010 年第 3 期。

② ［美］沃尔特·翁：《口语文化与书面文化：语词的技术化》，何道宽译，北京大学出版社 2008 年版，译者前言第 85 页。

③ 《春秋公羊传注疏》第二十八卷。

字之前，而且按照朱光潜先生的研究，它几乎与人类的起源一样长久。当时的人们的信息交流，由于口语本身的局限性：声音符号转瞬即逝，不便于记忆和留存，信息的积累与保存只能依靠大脑的记忆，因此，具有套语式、节奏感和富有韵律的诗歌更便于人们的传播和记忆。如人类早期的经典诗歌《诗经》，它是我国古代诗歌的开端，是最早的一部诗歌总集。经文史专家考定，《诗经》中的作品是在周武王灭商（公元前 1066 年）以后产生的。它韵律感强，内容丰富。就整体而言，它是周王朝由盛而衰五百年间中国社会生活面貌的形象反映，其中既有对先祖创业的颂歌，祭祀神鬼的乐章；也有对贵族之间宴饮交往的记录；更有普通民众对劳逸不均的怨愤，以及反映劳动、打猎、恋爱、婚姻、社会习俗等方面的动人篇章，是周代社会生活的一面镜子。

《诗经》中的作品自然、流畅、节奏感强、富有韵律，其内容分为《风》《雅》《颂》三个部分。《风》是周代各地的歌谣；《雅》是周人的正声雅乐，又分《小雅》和《大雅》；《颂》是周王庭和贵族宗庙祭祀的乐歌，又分为《周颂》《鲁颂》和《商颂》。《诗经》是当时的采诗官，深入民间所收集的民间歌谣，它内容丰富，反映了劳动与爱情、战争与徭役、压迫与反抗、风俗与婚姻、祭祖与宴会，甚至天象、地貌、动物、植物等方方面面，是我国早期人们生活交往的真实写照和社会生活的一面镜子。

《诗经》重章叠句（叠字叠句），以四言为主，其间杂有二言至八言不等，自然、流畅、节奏感强、富有韵律，朗朗上口，其重章叠句和双声叠韵又显得回环往复，节奏舒卷徐缓。《诗经》重章叠句的复沓结构，不仅便于围绕同一旋律反复咏唱，而且意义表达效果好，[①] 且便于记忆，这在人类早期的口语表达时代是异常重要的。

---

① 《骆玉明解注〈诗经〉作品》（https：//baike. baidu. com/item/% E8% AF% 97% E7% BB% 8F/168138？fr = aladdin），2018 年 8 月 18 日。

2. 书写媒介普及的迟滞与口语媒介（和诗歌）的盛行：私人无著述，学在官府，文字几乎成为上层社会的专用工具

我国是造纸技术发明最早的国家，纸张发明后，书写变得更加便利，特别是东汉蔡伦改进造纸工艺以后，纸张的制作和利用变得更加便利，但是，在我国，纸张的发明并没有立刻取代竹简木牍，而信息传播的主要方式仍然是口语媒介。这是因为，由于早期的纸张价格比较昂贵，我国纸的普及经历了相当长的时间。有研究发现，我国宋代的纸张需要循环使用，明代皇家藏书中的宋代印刷品背面写有文字。"昂贵的价格是'纸'这种媒介难以从小众走向大众的主要原因。在纸张价格的压制下，口语传播成为民间传递信息的主要方式。在以口语传播为主的时代，识文断字只是极少一部分人所具有的能力，实质上它只是口头语的辅助。文字在大众中运用机会的减少意味着文字很难从最初的繁复形态中脱离并有所改变，尽管中国汉字的演变经历了金文、小篆、草书、隶属、楷书和行书的变化，但其实并没有像西方那样实现形、音、义的分离。汉字本质上是对口头语言的辅助解释，是将口语意义赋予图形的表现，以最大限度地保存口头传统的视觉空间与听觉空间的完整性，而这种'完形'反过来又支持了口语传播。"① 并且，由于纸张的昂贵和具备识字能力的人极少，文字只是在官府的文书中使用，进而导致了人们常说的"学在官府""官师合一""以吏为师"，文字几乎成了上层社会的专用工具。

3. 口语的套语式、韵律化导致形象思维繁盛与抽象逻辑思维的不发达

口语媒介具有突出的场景特征，它往往贴近人生，注重实用性，围绕人们诉说的语境而展开，而不是像文字那样与人们的生活经验拉开一定距离，进而便于进行一定的反思与抽象概括，因而，

---

① 李俊忆：《媒介与信息形态——从口语传播时代到纸质传播时代》，《新闻世界》2016 年第 1 期。

口语文化中并不存在明确的定义与清单之类，有的只是对于事物的描述。"口语文化往往把概念放进情景的、操作性的框架里，这些框架只有最低限度的抽象性，就是说它们贴近活生生的人生世界。"① 具体来讲，正是由于口语的套语式、韵律化和形象思维特征，使其逻辑思维难以严谨。另外，在当时的中国，"由于文字为口语服务，为了使知识被有效记忆和储存，中国古人用词讲究简洁洗练，造句讲究韵脚音律。文章的节奏感是知识普及的重要条件。于是，中国的诗歌艺术久负盛名，诗坛杰出人物辈出。但也正是由于文字囿于口语媒介，遣词造句都受到极大限制，在描述具有过程性的推理内容时，很难既兼顾对内容的充分解释，又兼顾字句的朗朗上口，特别是在科学知识的描述和哲学思辨的解释上，文字不再能为口语媒介服务。于是，这些具有现代意义的知识由于普及的困难，成为少数人的垄断。"②

4. 我国春秋战国时代的"百家争鸣"：口语时代高强度的论辩与对抗

沃尔特·翁认为，在西方古典时期有一个非常典型和牢固的传统，即凡是有价值的书面文本都是用于朗诵且值得朗诵的。朗诵书面文本的习惯经久不息，并且这种朗诵的习惯对从古至今的文风产生了重大的影响，这使得 19 世纪的人还在热衷于搞"讲演术"与"竞赛"。中世纪人们对书面文本的使用远远超过了古希腊和古罗马时期，大学老师早已用书面文本传道授业，但却从来不用书面考试的方式来检验学生的知识掌握情况或认识思维能力，他们总是用口头辩论来考验学生，今天，这个习惯一息尚存，具体表现为博士论文答辩。③ 因此，在西方，以希腊口语媒介为代表，其口语媒介

① ［美］沃尔特·翁：《口语文化与书面文化：语词的技术化》，何道宽译，北京大学出版社 2008 年版，第 37 页。

② 李俊忆：《媒介与信息形态——从口语传播时代到纸质传播时代》，《新闻世界》2016 年第 1 期。

③ ［美］沃尔特·翁：《口语文化与书面文化：语词的技术化》，何道宽译，北京大学出版社 2008 年版，第 87—88 页。

的高对抗性——演讲与论辩，表现得尤为突出。"带有对抗色彩"是口语媒介的重要特征。"从古希腊时期起，修辞在学术背景里的支配地位便在读书人的圈子里产生了这样一个印象：讲演是一切口头表达的范式。这个印象虽然模糊，却是实实在在的。用今天的标准来衡量，这个印象使话语的对抗调子极其高亢。"① "口语文化显示其对抗的'编程'" "至少许多口语文化和有口语文化遗存的文化具有超常的对抗性，在言语表现上是这样，在生活方式上也是这样。"②

　　"强对抗性"是口语媒介传播的重要特征之一。我国早期（春秋战国时期）的口语文化也突出显示了这样的高对抗性：与古希腊繁盛的口语传播活动相对应的先秦时期，由于特殊的历史环境，春秋战国时期，随着王权削弱，周天子日益失去其中心地位，金字塔式的政治统治和政治秩序被破坏：社会动荡，诸侯征战，文化人四散，进而寄生于新兴贵族门下，并且，其文化失去垄断，开始出现一批以知识为职业的士人，他们在传统思想失去发言权的时代，对历史和现实进行总结和反思，逐渐形成了一些新的观念和独立的见解。他们游说诸侯、合纵连横，以实现自己的抱负和主张，由此导致各种政治势力，各种理论派别，以及各种劝谏、论辩活动十分活跃，各种形式的劝谏、论辩——口语传播，成为这一时期外交活动中最重要的形式。百花齐放，百家争鸣，唇枪舌剑伴随刀光剑影，一时间名家辈出：儒家的孔子、孟子、荀子等，办私学，兴教育，授业解惑，用口语传播的方式宣扬克己复礼，以满足社会政治伦理需要。墨家的墨子大力倡导"兼爱""非攻""尚贤""尚同""节葬""节用"等观点，以兼爱为核心，以节用、尚贤为支点，形成了一套自己完整的社会政治理论和治理方略。法家的管子、商鞅等，奔走列国，为自己的变法、革新主张而呼号，对当时的社会进

---

① ［美］沃尔特·翁：《口语文化与书面文化：语词的技术化》，何道宽译，北京大学出版社2008年版，第85页。
② 同上书，第33—34页。

步与发展产生了重大影响。苏秦、张仪等为代表的纵横家，不仅提出了"连横""合纵"等战略主张，而且利用其三寸不烂之舌，劝谏君王，将其付诸实践，纵横捭阖，演出了一幕幕威武雄壮的活剧。

秦朝统一，环境趋稳，然而，到魏晋六朝时期中国再次进入了分裂与动荡——东汉末年至两晋，是两百多年的乱世。随着东汉大一统王朝的分崩离析和瓦解，传统的统治中国近四百年的儒家之学也开始失去理论统摄的魅力，社会舆论和士大夫阶层对两汉经学的烦琐学风、谶纬神学的怪诞浅薄，以及三纲五常的陈词滥调普遍感到厌倦，于是开始寻找新的理论支撑和"安身立命"之所，进而醉心于形而上的哲学论辩——玄学清谈的风气兴起："文人雅士们喜于齐聚一堂就相关哲学命题进行论证、辨析，他们饱含智慧与言辞审美的口语传播活动成为我国口语传播史上一道独特的风景。"①

魏晋六朝的玄学、清谈，承袭东汉清议的风气，是就一些玄学问题析理问难，反复辩论而发展起来的。它所对应的政治现象是魏晋士族制度及封建等级特权，是适应当时封建士大夫阶层的需要；它所对应的经济基础是汉末以来的豪强地主经济和士族庄园经济。随着士族制度的崩溃和士族政治经济特权的丧失，魏晋六朝玄学、清谈必然走向衰落，但它对两汉经学烦琐学风的拒斥，对谶纬神学的反感，以及对儒家三纲五常陈词滥调的厌倦，还是有其自身的价值和意义，颇有些中国文艺复兴之意，并为中国的口语文化传播提供了有利的条件，创造了相对宽松的环境。

5. 我国口语传播传统的断层及其原因

中国的口语传播曾经有过短暂的辉煌，然而，中国的口语传播，特别是其突出的表现方式——演讲和论辩，并没有像西方那样获得一直长久的兴盛发展，而是在经历了春秋战国时期的辉煌和魏

---

① 李亚铭、李月娇：《论我国口语传播传统的断层及其原因》，《新闻知识》2014年第 12 期。

晋六朝的回光返照之后很快沉寂下来，以致出现了所谓口语传播的断层。直到近现代辛亥革命、五四运动等近现代先进思想的渗入和社会变革的到来才再次兴盛起来。有学者认为："虽然我国有着悠久口语传播传统，但在隋唐到明清阶段却存在断层。……纵观我国口语传播的流变，在经历了先秦时期百家争鸣的辉煌后，就逐渐走向低谷。尤其是隋唐到明清阶段文学活动远盛于口语活动，相关口语传播思想也主要是对'修辞立诚'观念的解释与重复。上述情形与西方口语传播发展史中文学修辞在后期渐成主流的状况很相似，只是中国口语传播的沉寂期过于漫长，再次走向复兴的时点相对较晚。"①

纵观我国口语媒介发展的历程，与西方相比，其演讲和论辩这一典型形态确实存在着明显的发育不良现象，这是与我国传统的思想文化观念和发育健康、稳固大一统的中央集权制社会制度分不开的。

第一，健全、系统、稳固的高度集权（政治、军事、经济、思想文化）的封建社会制度的建立及其长期稳固运行，使口语传播特别是以对抗为特色的演讲和论辩活动失去了继续存在和发展的社会条件。春秋战国时期，诸侯国之间相互倾轧，频繁兼并，战乱不断，一大批士人、士大夫，为施展自己的政治抱负，奔走列国，作客卿，以自己雄辩的口才，执行对抗诸侯的战争、外交等事务，通过论辩（口语交流与传播）建立自己的不朽功业，由此导致了我国口语传播的黄金时代。但是，战国末期，秦国并吞六国，建立起强大、统一的秦王朝帝国，强大的中央集权的封建帝国的建立，和此后的进一步的建构与完善，使中国的封建制度体系成为一个十分完善和超稳定的社会结构系统。在这种十分完善的超稳定的社会结构系统中，政治统治、思想统治、文化统治等都是十分严密和稳固

---

① 李亚铭、李月娇：《论我国口语传播传统的断层及其原因》，《新闻知识》2014年第12期。

的，任何异质的不稳定因素都很容易被同化和吸收，最起码难以达到社会稳定的临界状态，因此，诸侯割据、各自为政、社会动荡、"百家争鸣"的春秋战国时代就很难重现，以雄辩的口才和辩驳、进谏为谋生手段的士人阶层也就失去了安身立命之本，难有存身之处，口语传播特别是进谏、论辩也就失去了其适宜的发展土壤。

第二，传统思想文化的影响。中国的传统思想文化以儒家思想为代表，在长达两千年的封建社会中，儒家思想始终占据统治地位。在"秦汉以降的漫长封建时期，中国教学以儒家教学思想为主流主导的状况几无改变，其间虽然不乏文化冲突，多有此长彼消之说，但教学范畴尤其是在官办学府、正规化教育中，儒学主线纵贯两千年可谓始终稳定"①。

人格的形成是与其特定的社会文化分不开的，中国人深受儒家思想文化的影响，文人学士几百上千年地仿照榜样，顶礼膜拜，孜孜不倦地背诵儒家经典，言必称先师圣贤。而儒家思想文化的核心是仁、义、礼、智、信、恕、忠、孝、悌，其目的是将人培养成遵礼守法、安贫乐道、循规蹈矩、少言寡语的忠顺之民。这就必然形成中国人特定的社会化性格特征（社会化性格即社会取向性格，它是指在个人的社会心理上表现出来的一种依循于社会和他人规则和态度而对事物做出反应的性格特征：一言一行都要遵循社会规范，符合社会规则，缺少独立个性和自我判断），进而导致中国人隐忍、退避、克制、保守、中庸、稳重等一系列性格特征，而缺少勇猛进取，敢为天下先的精神，在很多情况下，"非不能也，是不为也。"具体来讲，中国传统思想文化历来倡导"居处恭，执事勤，与人忠""仁者好静"，君子要"敏于事而慎于言"，"讷于言，而敏于行"；信言不美，美言不信；善者不辩，辩者不善。孔子一贯主张慎言，极力推崇少言多做。他说："巧言令色，鲜矣仁"，认为花

① 杨启亮：《儒、墨、道教学传统比较及其对现代教学的启示》，《南京师大学报》2002年第4期。

31

言巧语是不道德的。在儒家思想文化的长期熏陶和教育下，中国人形成了完全不同于西方能言善辩的外向型性格的保守、克制、中庸、稳定的内向型性格，同时也就从整体上阻断了以对抗性为特征的论辩口语文化的深入发展。

第三，科举制成为中国封建王朝选材的制度化机制，依靠进谏和说服进入政治机构的路径被阻断。科举制度是我国古代通过考试选拔官吏的一种社会选人用人机制和制度，由于科举制是采用分科取士的办法，所以叫作科举制。科举制具有自由报考、分科考试、取士权归于中央和主要以成绩定取舍等特点。科举制彻底打破了血缘世袭关系和世族的垄断控制，在很大程度上改变了社会原有的选人用人制度和机制，使部分社会中下层有能力优秀人才通过读书、科考进入社会上层，从而获得施展其才智的机会。这既是社会选人用人制度和机制的重大变革，又是社会公平的又一重大体现，正所谓"朝为田舍郎，暮登天子堂"，它给社会文化人士一次公平竞争的机会，尽管其后期从内容到形式严重脱离了社会现实，束缚了真正社会适用人才的培养，使许多知识分子毕生深陷八股文章，不求实际学问，严重束缚其思想发展，但是，就其所提供的公平人才竞争机制来看，不失为社会历史变革的一次重大发展和进步。

另外，从媒介发展的视角看，"与先秦依靠口才来谋得官职的情况截然不同，隋唐以来，科举制度建立并稳固下来，国家选材的依据不是看说话而是看作文。在科举指挥棒的推动下有关八股文写作的理论日渐兴盛。此外，人们对诗词歌赋等文学艺术、书法艺术的追求也进一步登峰造极，口语传播则陷入沉寂。"① 这在一定程度上抑制了口语传媒的发展，特别是极大地限制了以对抗性为特征的论辩口语文化的更大发展，使我国的口语文化发展出现了某种程度上的断层。

---

① 李亚铭、李月娇：《论我国口语传播传统的断层及其原因》，《新闻知识》2014年第12期。

　　第四，中国传统思维方式习惯强调悟性，注重通过直觉和体验，来综合感知和把握事物，这在某种程度上抑制了口语传播和认知功能的发挥。与西方理性主义的思维方式注重逻辑推理与判断不同，中国的传统思维方式强调悟性，注重通过直觉和体验，来综合感知和把握事物。"中国传统哲学的悟性主义思维方式在儒家的'格致'（'格物致知'）、道家的'玄览'和中国佛教特别是禅宗的悟性理论中体现得最为集中和鲜明。"① 所谓"格物"，就是用既有的思维框架和尺度去衡量、测度对象，对对象进行加工、整理和把握，进而达到"豁然贯通"认知之境界。老子的"玄览"很好地概括了道家的根本思维方式，也即从最超验的层面对事物进行整体性的认知和观照。其基本方法是，"塞其说，闭其门，挫其锐，解其纷，和其光，同其尘"（《老子》五十六章）。也就是说，要排除一切感性经验、语言概念和欲望，保持人的内心的清静和安宁，进而做到对事物的整体认知和把握。中国佛教特别是禅宗的悟性理论，凝聚了中国乃至东方文化悟性思维的精华，并且在长期的历史发展过程中，创造和积累了一整套系统而完备的了悟——对事物认知和把握的方法。"从哲学思维方式的角度进行界定，'悟'是对对象本性或内蕴的一种直觉的、明澈的观照和透察。而'悟性'则是兼有感性和理性特点，因而也具有辩证性质的……对对象本性或内蕴的一种直觉的、明澈的洞察或领悟能力。"② 因此，中国传统思维方式的悟性在本质上具有自我意识的性质，这种认识方式要求人们不仅要用理性去认知对象，而且是要用整个身心去感悟、体验对象，从而对对象进行整体性的把握。在这一过程中要摒弃事象、语言、文字等一切间接性中介，直指事物的整体和本质。这种整体性思维往往是笼统的、感性的和不可言说的。"在崇尚辩论的西方文化中，人们信奉真理越辩越明的信条，口语传播被认为是发现知

---

　　① 侯才：《论悟性——对中国传统哲学思维方式和特质的一种审视》，《哲学研究》2003 年第 1 期。

　　② 同上。

识，传播知识的工具。"而"在中国这个高语境文化的国度，人们不愿意多辩，也不需要多言。"① 这在某种程度上抑制了口语传播和认知功能的发挥，也是导致我国口语文化传播传统断层的又一深层诱因。

二 口语媒介的特征与发展趋向

口语媒介与此后发展起来的书写媒介、印刷媒介、电子媒介等相比，由媒介自身的特性所决定，具有自己一些明显的特征。

（一）媒介形态：最自然的口传耳受形态（直接的面对面的、即时性、当下性）

口语媒介时代，由于当时生产力发展极其落后，人类还没有发展出人体以外的辅助传播手段，当时的交流传播活动只能是面对面的本真的原始交流状态，即主体在场、口传耳受、互动交流。玛格丽特·米德将之称为前喻文化时代。前喻文化是人类早期口传媒介时代文化传播的基本特征。"在这种典型的前喻文化中，文明的传播不附载于物质载体，而是存在于其社会成员的记忆之中，文明的历史、文化的传递均是通过口传媒介传播的。前喻文化的传递完全依赖于长辈向晚辈口耳相传，而对历史加以编纂的前辈们对历史的变迁进行或神话般的描述，抑或根本否认变化。……由于没有印刷媒介的文字符号，人们之间的传播不存在对文字的解读和释义。口语传播具有自身的权威性，生活在单一文化中的长辈很少对自身行为产生疑惑，晚辈将其传授的生活经验和各种知识看成是理所当然的。在这样的族群中，人们有着绝对的忠诚，'这样孩子们就能够在成长的过程中毫无疑问地接受他们的祖辈和父辈视之为毫无疑问的一切'。通过这种传播方式，年轻一代的社会化过程全部在前辈

---

① 李亚铭、李月娇：《论我国口语传播传统的断层及其原因》，《新闻知识》2014年第12期。

的严格掌控之下进行，沿袭着传统的生活道路和生活方式。"①

尽管如此，以口语为基本特征的前喻文化，还是实现了人类经验和社会文化的有效传承。具体来讲，口语媒介时代的到来延伸了人类个体的思维，促进了人的表达的解放。口语媒介出现以前的上古时代，人们只能是依靠非常有限的原始发声、简单的体态来表达自身的内在诉求，用结绳记事帮助大脑进行记忆。显然，这样的表达是极其有限的，对人类自身的束缚是全方位的。口语媒介的出现，使人类的表达得到一定程度上的解放。所谓语言，就是人们在长期的共同劳作的基础上，彼此交换体认、共识，将自己的声音加以组合变化形成的符号系统。有了这种共同的媒介符号系统，人们不但可以表达自己的喜怒哀乐等自然情感和具体需要，而且可以表达自己抽象的思想，从而使人类的表达得到了极大的解放。口语媒介这种交流传播方式的最大特点是，它能够使交流双方真切、直观地感受到彼此的真实状态，具有即时性、当下性和生命活力，并且是自由的，不受任何限制的。（它是人类符号使用历史发展中的第一个阶段，显然也是迄今为止人类所运用的符号系统中最接近人的自然活动状态的一个代码体系，是人类早期一个普遍存在的、自然的、"前科技"状态的人类传播方式）。它的纯自然、低技术（无技术）状态使人很难甚至无法对其进行垄断与控制，从而也就自然而然地带来了人类最初交往的平等与自由。正如加拿大著名传播媒介形态理论家哈罗德·英尼斯所指出的那样：任何特定的传播媒介在时间和空间上均有偏向性，并且，媒介的时空偏向性会在一定程度上决定传播的性质和特点，从而在各个方面给社会文化以重大作用和影响。英尼斯认为："文化在时间上延续并在空间上延展。一切文化都要反映出自己在时间上和空间上的影响。"② 他认为口语

---

① 陈洁：《印刷媒介数字化与文化传递模式的变迁》，《浙江大学学报》2009年第6期。

② ［加］哈罗德·英尼斯：《传播的偏向》，何道宽译，中国人民大学出版社2003年版，第113页。

媒介尽管有自身的局限，但却构成了时间和空间偏向上的平衡，不易被垄断，因此有利于自由、平等和民主交流环境的形成。① 不仅如此，口语文化还是人类原初的文化样态与思维样式。"口语是人类最早的交流工具，它以听觉为主，因而塑造成了没有文字时代的存在样态，这些状态包括听觉的沉浸、时间性的当下、衡稳的传统、情景式的在场和互动的交往，这些状态，构成了对现代主义批判的哲学家们思想的乌托邦。尼采的日神精神、海德格尔的诗意栖居等，都是对于这种同一性、当下性、情景性等的追求。口语文化作为人类原初的文化样态与思维样式，构成了人类思想的乌托邦。"②

但是，正是口语这种低技术水平上的交流与传播，也自然而然地带来了它的一些不足与局限，具体来讲，由于口语媒介是以口传耳受（声音）为基本存在方式的，声音同时间紧密相连，同人们的存在（特别是人类早期）具有直接的同一性。"人的一切感觉都是在时间里发生的，但声音和时间的关系特殊，不像其他的感觉那样能被时间记录下来。声音的存在仅仅体现在它走向不存在的过程中。声音不仅仅会消亡，从本质上说，声音是转瞬即逝的，而且人也会感觉到声音是转瞬即逝的。"③ 由于口语媒介只能在同一时空内进行面对面地交流与传播，这就使其交流过程不仅是即时的、情景式的、富有活力和贴近人生的，而且其交流的空间范围也十分有限，同时，交流的内容的保存也十分困难，只能靠大脑的自然记忆，这就大大限制了社会文化的传承与发展，这是早期人类社会生产力发展不足的必然表现。

---

① ［加］哈罗德·英尼斯：《传播的偏向》，何道宽译，中国人民大学出版社 2003 年版，第 56 页。

② 乔基庆：《口语乌托邦——简论口语文化的特点与人们的存在样态》，《经济与社会发展》2011 年第 10 期。

③ ［美］沃尔特·翁：《口语文化与书面文化：语词的技术化》，何道宽译，北京大学出版社 2008 年版，第 23 页。

（二）表达方式：套语式、程式化、"繁复"的、"丰裕"的

口语媒介时代的巨型史诗《荷马史诗》，是西方文化的主要源头之一，是古人类文化的巅峰之作，也是全人类的重要文化遗产之一。它"编织"数万行，能吟唱几天几夜；而中国少数民族的三大史诗《江格尔》《玛纳斯》《格萨尔》均为世界上最长的史诗。《江格尔》长达十万行，《玛纳斯》二十余万行，《格萨尔》一百多万行。要熟练记忆并背诵这些巨型史诗，在一般人看来是根本不可能的，何况古今各地的史诗演唱者多半是文盲，因此，要编制和记忆这些鸿篇巨制必然存在一些特殊的手段和密码。如今仍然活跃在一些民族区域里的史诗吟唱人，他们学习、记忆、"编织"、表演、传授史诗的实践，反过来证实了学者们破译的史诗密码。

首先，口语媒介时代的巨型史诗，不是靠死记硬背，而是有一套预制的套语和程式将历史的事件组装起来，反复展现。套语是相同韵律条件下表达一个既定基本概念的一组词语，其使用规律是有章可循的。正如沃尔特·翁所言："行吟诗人'编织'史诗时，他们有全套的预制材料去'拼装'铿锵悦耳的诗行，去'组装'大段大段的诗歌，并不像我们想象的那样费劲。他们得心应手的预制件有套话、名号、程式、主题、场景，而且有些预制件还是可以'自由'伸缩的词语，它们能够灵活变化并嵌入有固定音节、音步和韵律的诗行。"[1] 这样，口语媒介中的套语（一系列固定词语或词组），有助于增强话语的节奏感，容易口耳相传，有助于当时人们的记忆。即便是在文字出现以后很长时间的文化创作中，口头吟诵的程式化和套语也依然发挥着重要作用，因为人们的头脑里还没有积淀和集聚起足够的文字资源，人们搜肠刮肚、绞尽脑汁所能够写出的还是口语媒介环境状态下那些"说出口"的东西，只有到了文字的充分内化之后，严格意义上的脱离套语式和程式化的，建立

---

① ［美］沃尔特·翁：《口语文化与书面文化：语词的技术化》，何道宽译，北京大学出版社2008年版，第3—4页。

在抽象思维基础上的长时段的序列分析才具有了可能。

其次，它们是"繁复"的、"丰裕"的、保守的，一些需要人们记住的故事和格言警语，"繁复"吟诵，重复出现。"吟诵、交谈、讲故事的时候，口语文化里的人不得不经常重复，以便理清自己的思绪并帮助听话人理解和记忆。"① 重复的故事以及格言警语的反复吟诵不断加深人们的印象和记忆。在纯粹的口语世界里，所有的口语知识和思想意识都是依靠传统的套语和固定的程式来建构，靠对这些知识和思想的繁复吟唱和重复来保持和传播的，因此，对这些套语程式的坚守是必然的，而对它的繁复存在和不断的吟唱也自然是必需的。

（三）思维方式：聚合的而不是分析的；具体的而不是抽象的

由于在口语媒介时代，人们还没有口语媒介之外的"文本"协助人们进行记忆和加工，口语是转瞬即逝的，因此，人们只能利用自己眼前的事物表达、比附想到的事物，而很难脱离开眼前的事物进行表达、记忆和思维。他们是通过集体的回忆，而不是通过严格的研究来学习和表达事物。人们只是在凭借文字实现口语的内化之后，严格意义上的长时段的序列分析才具有了可能性。正因为如此，人们对事物的表达和思维是聚合式的而不是分析式的，即将大量的固化的套语把信息聚合叠加在一起，而不进行任何分析，分析在这个时候还是很难进行的。正如美国媒介学家沃尔特·翁所言："口语社会里的人往往将输入的信息条目相加，而不是把它们组织成金字塔形的等级结构，酷似儿童讲故事的倾向：'然后……然后……然后……'，只罗列而不加解释。相反，读写社会里的人往往把上下位关系引进话语。"② "口语文化的复杂性和抽象性必然是比较少的，吟唱诗人不可能记录和记住复杂和抽象的东西，只能够

① ［美］沃尔特·翁：《口语文化与书面文化：语词的技术化》，何道宽译，北京大学出版社 2008 年版，第 5—6 页。
② 同上。

依靠大量的套语、程式和预制构件来'编织'巨型的史诗。"①"原生口语文化型的人转向外部世界，因为他们没有机会转向内部世界（比如，人们一般不会用'圆形''方形'等抽象的词汇来表示形状，而是转向外部世界借用具体的外部物体来给形状命名，如'盘子'、'门'等等。——笔者注）；与此相反，我们之所以转向外部世界，那是因为我们已经完成了向内部世界的转移。"②

（四）表现形态：口语的韵律感和节奏性

世界名著荷马史诗包括《伊利亚特》和《奥德赛》，共计27693行，而中国的三大史诗《江格尔》《玛纳斯》《格萨尔》均为世界上最长的史诗，其中，《江格尔》长达十万行，《玛纳斯》二十余万行，《格萨尔》一百多万行。早期口语时代的人们，在没有任何文本可供帮助记忆的情况下，又是依靠什么将它们记忆和流传下来的呢？韵律，口语的韵律！

韵律是指诗词、语言中的平仄格式和押韵规则，可以将其引申为声音的节奏、律动规律。口语时代著名的史诗其重大成就之一就是其语言的律动性和节奏感，即"韵律"——讲究字词的搭配、音调的和谐，即对偶、押韵、合仄。这样就使口语史诗增强了音乐感，呈现韵律美，而韵律又是记忆的拐杖，从而使鸿篇巨制的长诗便于记忆和流传。"从信息论观点看，储存在记忆中的信息可以分为表象和语言两大类。人们的大量记忆是属于语言的记忆。而语音是语言的物质外壳，这就说明，语音与人的记忆有着十分密切的关系。……韵律具有着'神奇'的功能——识记材料晦涩深奥，它可以使其变得浅显易懂；识记材料句式不齐，它可以使其变得井然有序；识记材料繁多庞杂，它可以使其变得短小精悍；识记材料枯燥

---

① ［美］沃尔特·翁：《口语文化与书面文化：语词的技术化》，何道宽译，北京大学出版社2008年版，第6页。

② 同上书，第7页。

无味，它可以使其变得生机盎然。"① 口语文化是最接近于诗词和音乐的，也可以说古典史诗本身就是诗歌的一种。"音乐的和谐与参与性也是口语文化的特点。中国古代的乐论比较强调声、音、乐的问题。因而有人会说口语是音而不是乐，但实际上，口语本身的发音合乎节奏就成了乐。声音本身并不是自然界万物的模仿，如果你录下风的声音，在听的时候仍然没有音乐的沉浸感，这是因为它们没有实现同人内在自我的同一。而乐则是根据人的自身结构而进行的创造，不同的音色、音高等，客观上引起了人自身的共振，因而使人聚合沉浸于其中。口语也是如此。"② 这就使严肃的思想文化与律动的节律联系在了一起，而语音的外在律动又契合了人自身的内在律动需求，从而使口语史诗便于人们的传播和记忆。

如苏轼的水调歌头《明月几时有》：

丙辰中秋，欢饮达旦，大醉，作此篇，兼怀子由。

明月几时有，把酒问青天。不知天上宫阙，今夕是何年？我欲乘风归去，又恐琼楼玉宇，高处不胜寒。起舞弄清影，何似在人间！

转朱阁，低绮户，照无眠。不应有恨，何事长向别时圆？人有悲欢离合，月有阴晴圆缺，此事古难全。但愿人长久，千里共婵娟。

这首词脍炙人口，几乎人人皆知，并大都能够背得出来，但这首词的前面有段小序不足 20 字却很少人能够背出，究其原因，皆因韵律的有无使然。

美国著名媒介学家沃尔特·翁也曾说过：荷马史诗的语言是伊

---

① 《韵律是记忆的拐杖》（http://www.jiyifa.com/jiyishu/16097.html），2016 年 6 月 30 日。

② 乔基庆：《口语乌托邦——简论口语文化的特点与人们的存在样态》，《经济与社会发展》2011 年第 10 期。

欧里斯方言、爱奥尼亚方言早期和晚期特征的混合体……它们保存一整套习惯用语，根据韵律的需要予以加工。"进行口头创作的诗人掌握的词语丰富多样，足以满足编织故事时韵律的需要。""凡是按韵律创作的时候，韵律的需要都以这样那样的方式决定语词的选择……平凡的思想可以容忍，平静的语言是不能容忍的。"[①] 由此足见口语媒介时代韵律感和节奏感对口语文化创作和传播的重要价值和意义。

当然，口语媒介时代，口语的传播尽管具有韵律，但是，用韵并无定式。这是因为，一是口语媒介时代的作品均为原始民歌，自然天成，出于天籁，显然不具有后来严格意义上工整的韵律。二是严格的韵律是文字产生以后精细加工的产物，文字出现以前的口语媒介时代，还没有形成严格的韵律。比如我国的《诗经》（其大部分作品为口语媒介时代的原始民歌，以后用文字记录下来了，尽管记录整理过程中会失掉部分原始风貌，但是，这种原始的音乐形式还是基本上保存下来了），"用韵十分自由多样，几乎包括了所有的用韵方式。押韵的目的是便于记诵和流传，古人不自觉地做到了这一点，当时来说是没有人把它上升到理论的高度，并以此指导他们的创作的。当时的人们即使换韵，也仅仅是使自己的作品更琅琅上口而已。至于后人在《诗经》的基础上总结出用韵的基本格式并作为准则来规范作诗之人，那已不是原始思维的范畴了。"[②]

（五）传授方式：贴近人生世界的——师传生受

在口语媒介社会里，由于没有任何文本可依，各种技能和文化传统的学习和传承，只能是师傅带徒弟式的师传生受的方式进行，并且，每一次传授，都是一次现场直播，口语文化具有不稳定性——尽管演唱的基本程式会保持一个相对稳定的样式，但是，因

---

① ［美］沃尔特·翁：《口语文化与书面文化：语词的技术化》，何道宽译，北京大学出版社 2008 年版，第 15—16 页。

② 潘万木：《〈诗经〉原始思维寻踪》，《荆门大学学报》（哲学社会科学版）1995年第 2 期。

为记忆的偏差，每一次演唱和传授的内容会有所不同，这是口语文化传授存在的不可避免的问题与现象。进一步来说，演唱传授的场合不同，历史背景的变动，受传者不同的经历，以及在传授过程中反馈方式和反馈状况的差异，都可能导致所传授故事信息的增减和变换，由此导致口语文化这种"活态文化"处于不断的变动之中。这种多元变换的文化因子，使其更加贴近人生现实和人生世界。正如沃尔特·翁所讲到的那样："学童很小就追随口授诗人学习，记住老师传授的叙事和伴奏。老师（如今不多了）成年累月地严格训练这些徒弟，教他们逐字逐句跟着唱，训练的效果很不错，不过学徒在背诵过程中自己也会下意识地做一些调整。叙事诗里的一些章句不容易出错。在有些地方，伴奏的音乐有助于唱本保持稳定，有些地方则容易出错，就像手抄文本时容易出错一样，比如抄书人（homoioteleuton）或演唱者从一个章句的末尾跳到了下一个章句的末尾，遗漏了中间内容却浑然不知。"[1] 总而言之，口语媒介的性质决定了口语文化的活态特征，以及其师传生受和贴近人生世界的特殊传授方式。

（六）主体状态：群体参与式的——主体的在场与互动

口语文化的传播，由于口语媒介的性质和特点所决定，必然是主体面对面的交流与传播，即主体的在场。不仅如此，而且这种主体的在场与参与，往往不是个人式的参与，而是群体式的浅唱低吟、高歌唱和与呐喊。这是因为，口语文化直接地是人类生活的一部分，社会群体生活的一部分，主体的在场、群体式参与是口语媒介社会基本的生活样态。以流传于我国云南省石林彝族自治县彝族支系撒尼人的叙事长诗《阿诗玛》的演唱和传承为例，作为"口语说唱"的"叙事长歌"《阿诗玛》，主要在一个"听觉的符号系统"中即利用口语媒介，来表现和传达当时人们的思想观念、情绪

---

① ［美］沃尔特·翁：《口语文化与书面文化：语词的技术化》，何道宽译，北京大学出版社 2008 年版，第 48 页。

和欲望。这一叙事长诗的传播系统主要在撒尼村寨空间展开，撒尼人（民间歌手）是歌唱《阿诗玛》的主体。而在口传时代，《阿诗玛》长歌主要是唱给撒尼人族群内的人听，歌唱的目的是表达撒尼族群所具有的共同的生活方式和情感体验，即所谓诗言志，歌咏言。"口语传播是通过'说（话、唱）'来制造意义的交流过程。在口语传播中，除了'说'和'听'之外，眼神的交流、表情的变化、手势的配合等非言语行为也在为传播发挥功能。撒尼人唱《阿诗玛》时，不仅听到《阿诗玛》，而且根据自己的生活经验在想象着《阿诗玛》，进行一种自我与传说人物的交流。当歌者将文本的意义传达出来后，歌者本身也在和《阿诗玛》文本进行交流，其唱词又与听众形成新的交流，'歌者—《阿诗玛》—听众'在撒尼人的文化语境中进行着意义的制造和分享。在此过程中，生活劳作的疲倦在歌声中被洗涤干净，通过精神的仪式性洗礼，身体的劳顿在心灵的抚慰中逐渐苏醒，通过歌声的娱乐，撒尼人的内心丰富起来。《阿诗玛》中关于日常生活的记述和阿诗玛本人的故事，让撒尼人对自己的处境和未来充满了想象和憧憬。"①

由于所在村寨、流传时间、传唱人群的不同——不同的人有不同的经历，不同的人会将所演唱的故事与自己的生活体验融合在一起，并且，演唱者会根据听故事的人的构成状况，即兴地对故事进行扩展或收缩，再加上演唱现场不同的听众信息反馈，演唱者所做出的即时的加工、改造与互动，使得《阿诗玛》的演唱和说讲具有了更多的变化。可以说《阿诗玛》的演唱是一种群体参与式的互动过程，因此，有多少个撒尼人就有多少个阿诗玛版本。另外，口语文化中文化史诗的传承是一种乡土"熟人社会"的"亲密"文化传承。这种乡土"熟人社会"的"亲密"文化传承，具有浓厚的乡土气息，和自然与和谐的人际关系特征。在这种自然和谐的空间

———————

① 巴胜超：《口语文化中〈阿诗玛〉的传承与传播》，《中国少数民族地区信息传播与社会发展论丛》，2011 年。

环境中，人们相互熟知，没有距离，家长里短，随意闲聊，闭上眼睛就能顺利地走东串西。在这种自然和谐的空间环境中，文化的传承就更加自然随意，互动性更强，进而形成更加亲密的群体参与式的强互动状态。① 全体式参与、主体在场，以及强互动是口语媒介时代人们交流与生存的基本状态。

（七）对人生的影响：将知识纳入人生、强烈的对抗色彩

在口语媒介社会里，知识首先不是用来学习和研究的，而是用来生活的，口语、口语文化知识，首先是生活的一部分，它本身就是生活的一部分，因此，对抗，强烈的对抗性成为其拥有的一种自然本色。"口语文化和有口语文化遗存的文化具有超常的对抗性，在言语表现上是这样，在生活方式上也是这样。文字培育抽象观念，使知识与人类竞争的舞台拉开距离。文字使拥有知识的人和知识分离，与此相反，口语文化把知识纳入人生世界，把知识放进生存竞争的环境。"② 在口语文化世界里，知识、谚语和谜语不仅仅是用来储存和研究的知识，而且是用来和他人舌战斗智的；故事里的人物常常自我标榜勇武，以在舌战中痛击对手，西方的荷马史诗《伊利亚特》是如此，非洲的《姆温多史诗》也是如此，我国广西的"赛诗会"，以对唱、对骂等智慧的方式取笑对方，其目的也在于以此为手段，羞辱和打败对方。比如具有浓重口语色彩的《刘三姐》歌词："姓陶不见桃结果，姓李不见李花开；姓罗不见锣鼓响，蠢材也敢对歌来。""赤膊鸡仔你莫恶，你歌哪有我歌多；不信你往船上看，船头船尾都是歌。"这种叫唱与对骂既是一种民族艺术表达形式，又是他们生活的一部分。"口语文化显示其对抗的'编程'……许多初民社会里的生活普遍艰辛，这是人生面临的长期挑战；在这些社会里，语言形式里引人注目的暴力，自然就不足

---

① 巴胜超：《口语文化中〈阿诗玛〉的传承与传播》，《中国少数民族地区信息传播与社会发展论丛》，2011年。

② ［美］沃尔特·翁：《口语文化与书面文化：语词的技术化》，何道宽译，北京大学出版社2008年版，第33页。

为奇了。"① 特别是在西方口语文化世界里就更是如此。在西方口语文化里,"思维和表达基本上是对抗性的和套话式的","讲演术具有深刻的好争斗的根基……覆盖面宽广的修辞传统的发展是西方的特征,其原因、结果或因果两方面都和希腊人及其文化模仿者在精神世界和非精神世界里把对立面放大到最大限度的趋势有关系。在这一点上,他们和印度人、中国人形成强烈的反差:印度人、中国人有条不紊地把对立面压缩到最低限度。"② 西方口语文化的好斗倾向,甚至使其从高调对抗的演说发展到文学领域里的诗歌,使诗歌常常成为"近似于辞藻华丽的演说,其基本功能被认为是臧否毁誉"③。这也许就是西方社会的文化特征和好斗基因,直到今天这一文化特征和好斗基因仍然在其口语文化(演讲)中明显存在着。

(八) 变动趋势:微调式衡稳状态

可以说,口语媒介环境状态下社会文化的传承是衡稳的,如果有变动,最多也只能是处于微调试的衡稳状态。在口语媒介环境下语词的语义分歧很少,人们把这种现象称为"直接的语义认可",也就是说,"口语词的意义是由此时此刻的真实生活情景决定的。……口语词的意义只能够从它们经常出现的栖居环境里获得。……真正说出口的语词总是出现在人类生存的整个环境里。语词的意义不断从当下的环境里涌现出来,当然,过去的意义也以各种各样的方式塑造当前的意义,但这些意义已经无法辨认了"。④ 也正是因为口语词的意义只能够从它们经常出现的栖居环境里获得,从当下的环境里涌现出来,既没有文字渗入,更没有书面文本的帮助,口语文化社会里的人们只能活在当下,活在当下的生存环

---

① [美] 沃尔特·翁:《口语文化与书面文化:语词的技术化》,何道宽译,北京大学出版社 2008 年版,第 34 页。
② 同上书,第 85 页。
③ 同上。
④ 同上书,第 35 页。

境之中，环境大尺度的改变和更替，必然导致社会文化传承的迷失和断裂，从而使其正常的传承成为不可能。当然，口语文化也会有变动，口语文化媒介只能反映当前的社会需要和当前的社会文化价值，这样的口传方式使历史里不合时宜的部分容易被遗忘（因为它已不再是当下的社会环境），高明的讲述人也会有意识地进行微调，以适应新的听众和新的情况，这样就必然引起口语文化的变动和调整，当然，这种调整并非是显著的，就整体趋向而言，口语的文化传统是衡稳的，经常处于微调式的衡稳状态的。

（九）局限与不足：口语媒介具有天然的局限性

口语媒介传播是指传播者通过口腔发声并运用特定的语词和语法结构及各种辅助手段向受传者进行的一种信息交流。口语媒介传播具有天然的局限性。口语媒介传播靠的是人的口语发出的震动——口耳相传，只有人的自然语言，是面对面的，不借用任何外物和外力的交往，其内容的储存靠的是人的大脑的自然记忆。口语媒介时代的词语不是符号，它是生命的直接呼唤。正因为如此，它既具有鲜活的生命律动，又具有明显的局限性。口语传播随说随逝，其传播活动受到时间和空间的限制，因而存在着传播范围小、传播信息的数量少、传播的内容易变化、不易保存等弊端，这既是平权的基础，又具有极大的局限性。从本质上讲，媒介是人类器官的延伸，由于当时还没有发展出人类自然器官以外的辅助手段，对人类文化出版传播来讲自然也是一种天然的局限。以口语为主导的媒介形态还没有真正意义上的文化出版，并且其塑造的也只能是极其有限范围内的村落式的落后的原始农业社会。

三 原生口语文化与次生口语文化

所谓原生口语文化，其实就是文字产生之前的社会文化，也就是说没有受过任何文字"浸染"和影响的社会文化。其实，真正的原生口语文化并不多见（特别是今天已经不复存在），它只是存在于文字产生以前的"蛮荒时代"。在原生口语时代，年长者就是老师,因为他们有丰富的生活经验,生活知识的传授方式是师傅带徒弟的方式,口耳相传,学习传承各种格言警语。他们不是靠研究,而是靠回忆——老人们的回忆、集体的回忆来学习和传承已有的各种知识。沃尔特·翁认为:"口语文化不知文字为何物,甚至不知道可能会出现文字;对完全被文字濡染的人来说,要想象何为原生口语文化是十分困难的。请读者设想这样一种文化,人们从来没有'查找'过任何东西。在原生口语文化里,'查找'是没有语义的词汇:没有任何可以想象的意义。如果没有文字,语词就没有可以看见的存在,即使它们代表的客体展现在眼前,语词也是看不见的。那样的语词仅仅是语音。你可以'召唤'口语词,也就是回忆起这些语词,但你没有地方去'寻找'口语词。它们没有焦点,没有痕迹(痕迹是视觉比方,显示它对文字的依靠),甚至没有丝毫轨迹。口语词仅仅是发生的事情,是事件。"① 文字的产生,不仅改变了社会文化的存在方式和传播方式,而且也改变了人们的语言表达方式,因为文字从内部深层和本质上改变了人们的思维方式,显然也就必然地改变了语言这种思维的外化表现形态。从这个意义上说,有了文字的产生,也就终结了原生口语文化的形成和存在状态,出现了次生口语文化和次生口语文化状态。

所谓次生口语文化,就是文字产生以后,深受文字媒介(以及此后的印刷媒介和电子媒介)影响的口语社会文化。从媒介形态学的视角来看,原生口语文化与次生口语文化的最大不同在于,"原生口语文化是文字和印刷术的前身,次生口语文化则是文字和印刷术的产物,且依靠文字和印刷术"而存在。② 次生口语文化也属于口语文化,也具有口语文化的一些性质和特点,但是,二者的差异也是显著的。"次生口语文化和原生口语文化的相似性令人惊叹,同时二者不相同的地方也令人惊叹。和原生口语文化一样,次生口

---

① [美]沃尔特·翁:《口语文化与书面文化:语词的技术化》,何道宽译,北京大学出版社2008年版,第23页。

② 同上书,第7—8页。

语文化也产生强烈的群体感，因为听人说话的过程是聆听者形成群体的过程；阅读手写和印刷文本的过程使个人转向内心。但次生口语文化产生的群体比原生口语文化产生的群体大得多，甚至于难以估量——这就是麦克卢汉所谓的'地球村'（global village）。再者，文字出现之前，口语人的群体心态之所以形成，那是因为他们没有其他可行的选择。到了今天的次生口语文化时代，我们的群体心态，则是自觉的，是在按部就班的程序中产生的。"① 因此，它的产生更自觉、更理智、规模更加庞大。

（一）原生口语文化转向外部世界，因为其还未实现向内部世界的转移

原生口语文化形态的人，在其传播过程中，由于主体（人）与客体（外部世界）还未完全分化，主客体关系还处于原始简单的同质化状态，人的独立的"自我"意识和自我观念（自我意识和自我观念是个人对自身的反思与追问，这种对于自我内心的审视与追问是更为复杂的心理活动，其目的是不断通过反思形成自身与他物相区别的观念和意识。人类生活的真正价值就存在于对自身生活的审视与批判以及在这种批判过程中的自我观念和自我意识的确立）还并未完全形成，如同动物一样其生命与自身的活动是直接的统一。马克思指出："动物和它的生命活动是直接同一的。动物不把自己同自己的生命活动区别开来。它就是这种生命活动。人则使自己的生命活动本身变成自己的意志和意识的对象。他的生命活动是有意识的。这不是人与之直接融为一体的那种规定性。有意识的生命活动把人同动物的生命活动直接区别开来。"② 因此，人是唯一具有自我意识，能够把注意力由外部世界转向自己的内心世界，能够把自己作为对象的存在物。但是，人的自我意识并不是天生固有的，它的形成和确立需要一个过程——一个漫长的过程——在与自

① ［美］沃尔特·翁：《口语文化与书面文化：语词的技术化》，何道宽译，北京大学出版社 2008 年版，第 104 页。

② 《马克思恩格斯全集》第 42 卷，人民出版社 1979 年版，第 96 页。

然、他人的相互作用和相互交往的社会实践中个体自身对其内心世界的观察和解释的过程，一个将自己与外部世界分离开来，形成自我意识的过程。原生口语文化型的人还没有形成独立的自我意识，他们"转向外部世界，因为他们没有机会转向内部世界；与此相反，我们之所以转向外部世界，那是因为我们已经完成了向内部世界的转移。同理，原生口语文化之所以促成自发性，那是因为由文字完成的分析性反思还没有问世；与此相反，次生口语文化之所以促成自发性，那是因为我们通过分析性反思作出判断"。① 原生口语状态的人们，他们还只能将自己的活动、自己的注意力投放到外部世界，融入于自己的生存环境，并在此后过程中（借助文字、文本——间接的、分析性的，它能够促使人们的反思、认识自我）逐步实现和完成自身向内部世界的转移，从而更理智、更自觉地从事自己的实践活动。

原始口语文化与人类自身活动的直接的同一性，要经过长期的实践活动，和人类文化的积淀（特别是文字的出现以及文字对人类思维的训练和熏陶），才能逐步培育和完善其自我意识，从而使其发生向自身内部世界的转向，进而丰富和完善自身。"人的实践活动的展开过程就是个体自我意识的确立过程，同时也是文化形成的过程，个体的自我意识随着人类文化实践活动的丰富而逐步深化。"② 马克思曾说："正是在改造对象世界中，人才真正地证明自己是类存在物，这种生产是人的能动的类生活。通过这种生产，自然界才表现为他的作品和他的现实。因此，劳动的对象是人的类生活的对象化：人不仅象在意识中那样理智地复现自己，而且能动地、现实地复现自己，从而在他所创造的世界中直观自身。"③

由于自我意识的形成和确立，从而把人在自己周围的环境中分

---

① ［美］沃尔特·翁：《口语文化与书面文化：语词的技术化》，何道宽译，北京大学出版社 2008 年版，第 7 页。

② 焦丽萍：《个体自我意识与文化认同》，《理论学刊》2008 年第 8 期。

③ 《马克思恩格斯全集》第 42 卷，人民出版社 1979 年版，第 97 页。

辨出来。康德高度评价了人的这种自我意识形成的重大意义："人能够具有'自我'的观念，这使人无限地提升到地球上一切其他有生命的存在物之上，因此，他是一个人，并且由于在他可能遇到的一切变化上具有意识的统一性，因而他是同一个人，也就是一个与人们可以任意处置和支配的、诸如无理性的动物之类的事物在等级和尊严上截然不同的存在物。"① 也就是说，由于人的自我意识的形成而把人类提升到了大地的一切生物之上，成为万物之灵，成为能够自觉地、有目标有理想地在完成了向内部世界转移后的对外部世界改造的能动的活动主体。

（二）原生口语文化的式微与次生口语文化的诞生

在远古原生口语媒介时代，没有文字，人们靠结绳、刻契、实物等方法来帮助大脑进行联想和记忆。随着人类活动范围的不断扩大，和人们交往的不断增加，人们深深感到口语交流这种交际工具在时间、空间方面的局限，而靠结绳记事这种方法来帮助大脑进行联想和记忆的方式，离开了当事人（结绳、刻契、实物等制作人和保管人）其所表达的原有内容也极不便于辨识和恢复。这样就迫切需要一种既能够弥补口语交流之不足，又能完善结绳、刻契、实物记录和表达的辅助性的书面交际工具，于是，文字——一种既像早期的结绳、刻契、实物记事，又具有在一定范围内可以共识的文字表达形式便自然而然地逐步产生出来了。

文字的产生使人类进入了有历史记录的新的文明时代。文字将原生口语时代在时间流淌过程中存在的声音信息，转换成视觉可见的符号系统，使其突破了口语媒介传播深受时间空间限制的种种局限，使人类可以在更长久和更广大的时空范围内完整地传播和传承人类的智慧和精神文化财富。并且，文字的产生从根本上深刻地影响了口语文化的发展，导致原生口语文化的式微，并进而催生了次生口语文化的发展。沃尔特·翁在其《口语文化与书面文化：语词

---

① 康德：《实用人类学》，重庆出版社1987年版，第1页。

的技术化》一书中曾经表达了文字必然产生，口语文化必然式微的观点。他说："口语文化必然产生富有表现力和魅力的语言成果，而且这样的成果具有很高的艺术价值和人性价值。但等到文字控制人的思维之后，这样的产出就不可能再进行下去了。尽管如此，如果没有文字，人的意识就不能够更加充分地发挥潜力，就不可能产出其他美丽而富有表现力的成果。从这个意义上说，口语文化（orality）需要产生且注定要产生文字。"文字、书面文化"不但是科学发展之必需，而且是历史和哲学发展之必须，是明白理解文学艺术之必需，实际上还是阐释语言（含口语）之必需。如今，一切口语文化或口语文化占支配地位的文化都意识到，倘若没有文字，浩瀚而复杂的语言能力是无从获得的。对植根于原生口语文化的人而言，这样的意识令人痛苦：一方面，他们渴望文字素养；另一方面，他们又很清楚，如果进入令人激动的书面文化世界，他们就会失去过去口语世界里许多既令人激动又令人依恋的东西。无可奈何，先死而后生，这是我们必须接受的生存之道。"同时"书面文化消耗它的口语先驱，如果不仔细监控，它甚至可以摧毁'口头记忆'。所幸的是，书面文化又有无穷的适应能力。它还可以帮助我们恢复'口头记忆'。我们可以利用书面文化来重建古朴的人类意识；古代的人类意识丝毫没有文字的痕迹，但我们重构远古的人类意识时，还是可以做得相当好，即使不可能做得完美无缺（我们绝不可能完全忘掉如今熟悉的东西，所以我们就不可能在脑子里完全重构昔日的东西）。这样的重构能够使我们更好地了解书面文化在塑造人的意识，并使人的意识走向高科技文化的过程中发挥了什么样的作用。"[1]

文字、书面文化消耗了它们的先驱，使得原生口语文化式微，但是，它又从另一方面重构了口语文化，特别是次生口语文化，使

---

[1]　［美］沃尔特·翁：《口语文化与书面文化：语词的技术化》，何道宽译，北京大学出版社 2008 年版，第 9 页。

其在更深刻的文化基础和更广大的范围内再生、传播和留存。自文字产生以来，不仅使一般的信息流通方式发生了翻天覆地的变化，而那些口诵的史诗和传说也不再需要吟游诗人的长时间的背诵记忆和艰辛的传播。它们被书写、被印制，成为人类永恒的记忆和永不褪色的不朽杰作。

不仅如此，文字线性的、分析的思维特点还进一步消除了原生口语文化冗余的表达特点，使口语表达更具逻辑性和间接性。"原生口语文化里，如果观念化的知识不用口诵的办法重复，很快就会消亡，所以口语文化型的人必然花费很大的精力，反复吟诵世世代代辛辛苦苦学到的东西。这就需要确立一种高度传统或保守的心态，因而这样的心态抑制思想试验，自然就理所当然了……文字把知识储存在头脑之外……通过担负承载知识的传统功能，把头脑从记忆的任务中解放出来"，[①] 使头脑对语言进行进一步的精细加工。并且，文字、书面文化使人疏离具体事物，使人脱离具体环境，把具体事务或环境转换成相对抽象的符号或标签，从而为人们相对超脱的精细加工创造了条件，使文字出现后所形成的次生口语文化更简洁，更具逻辑性，极大地增强了次生口语文化的承载能力和表达能力。

四 口语媒介对思维方式的影响

德国语言学家洪堡特在其《论人类语言结构的差异及其对人类精神发展的影响》一书中指出："在一个民族所形成的语言里，从人们对世界的看法中产生出了最合理、最直观的词，而这些词又以最纯粹的方式重新表达了人们的世界观"，"人从自身中造出语言，而通过同一种行为，他也把自己束缚在语言中；每一种语言都在它所隶属的民族周围设下一道藩篱……每一种语言都包含着属于某个

---

① ［美］沃尔特·翁：《口语文化与书面文化：语词的技术化》，何道宽译，北京大学出版社 2008 年版，第 31 页。

人类群体的概念和想象方式的完整体系。"[①] 20 世纪美国著名语言学家萨丕尔及其学生沃尔夫进一步发展了这种见解，形成了"语言相关论"（又称为萨丕尔—沃尔夫假说），认为每一种民族语言都形成该民族成员共有的独特的世界图景[②]。爱因斯坦也断言："我们可以给出结论：一个人的智力发展以及其形成概念的方式在很大程度上依赖于语言。这使我们认识到，在多大程度上，相同的语言意味着相同的精神状态。所以从这个意义上讲，语言和思维是连成一体的。"[③]

口语媒介作为语言表达的一种媒介形态，对人的思维有重大作用和影响。在原始口语文化里，由于语词受到语音的严格约束（没有文字帮助回忆和记忆，只有转瞬即逝的语音），这就限制和决定了人们的思维过程和思维表达方式。"口语文化里没有书面文本。那么，口语文化如何把材料组合起来供人回忆呢？这可以用一个类似的问题来表述：口语文化如何且为何能够以有组织的方式构建'知识?'……唯一的答案是：你思考的是可以记住的东西。在原生口语文化里，为了有效地保存和再现仔细说出来的思想，你必须要用有助于记忆的模式来思考问题，而且这种思维模式必须有利于迅速用口语再现。在思想形成的过程中，你的语言必然有很强的节奏感和平衡的模式，必然有重复和对仗的形式，必然有押韵和准押韵的特征；你必然用许多别称或其他的套语，必然用标准的主题环境（议事会、餐饮、决斗、有神助的英雄等）；你必然用大量的箴言，这些箴言必然是人们经常听见的，因而能够立刻唤起记忆，它们以重复的模式引人注意、便于回忆；你还必须用其他辅助记忆的形式。严肃的思想和记忆的系统紧紧地纠缠在一起。对记忆术的需

---

① ［德］洪堡特：《论人类语言结构的差异及其对人类精神发展的影响》，姚小平译，商务印书馆 1997 年版，第 48、70—71 页。

② 同上书，第 55—56 页。

③ ［德］爱因斯坦：《科学的共同语言》，《爱因斯坦晚年文集》，海南出版社 2014 年版，第 107 页。

求甚至能够决定你使用的句法。"① 这就是所谓语言对思维方式的决定性影响的内在根据。

所谓思维，从现代行为科学角度来看就是一种"认知行为，即我们回忆或操纵代表物体和事件的意象或观念的符号行为。"② 从心理学的角度来说，思维是指有意识地解决"问题情境"所经历的心理过程。而从信息论、控制论和符号学方面来看，思维则"始终是一种符号活动，这种活动归根结底是外部对象活动以压缩形式内化的结果。"③ 所谓思维方式，即思考问题的根本方法，即通过一定的符号系统，解决"问题情境"固有的心理过程，也即人们在长期的知识和经验积累中形成的思考问题的相对固定的方法。从更根本和更深层的意义上讲，思维方式与人类语言密切相关，它是语言生成和发展的深层机制，但同时，语言是思维的主要工具，语言又促使思维方式得以形成和发展。由口语媒介符号系统的特性所决定，口语媒介时代的思维方式具有一系列特点和特性。

（一）神话思维

口语媒介思维属于原始思维，按照布留尔原始思维理论，它是以集体表象为形式、以互渗为规律、神秘的前逻辑思维。原始人的思维是具体的思维，亦即不知道原因而也不应用抽象概念的思维。这种思维只拥有许许多多世代相传的神秘性质的集体表象，集体表象之间的关联不受逻辑思维的任何规律所支配，它们是靠"存在物与客体之间的神秘的互渗"来彼此关联的。"我们的思维首先是'概念的'思维，而原始人的思维则根本不是这样的。"④ 因此，这种思维具有明显的非逻辑思维的特性。

所谓集体表象，即早期人类无数同类经验的心理凝结物，它们

---

① ［美］沃尔特·翁：《口语文化与书面文化：语词的技术化》，何道宽译，北京大学出版社 2008 年版，第 25—26 页。

② 高登森主编：《人类行为百科全书》第 2 卷，纽约，1970 年，第 1312 页。

③ 茹科夫：《控制论的哲学原理》，上海译文出版社 1981 年版，第 157 页。

④ ［法］列维·布留尔：《原始思维》，丁由译，商务印书馆 1981 年版，第 498 页。

分别表现为一幅幅各种"神话世界中的形象的普遍心灵生活的图画"。我们可以将其理解为在人们千百次的实践活动中所形成的符合人类规范的集体行为，或称为被赋予典型形式的集体行为（如人们长久地崇拜自然、神话自然、道法自然的行为）。但是，这种集体表象并不是社会存在的真实反映，而是通过记忆和摹仿一代一代传承下来的，因此，它既不符合规律，也不符合逻辑，而是具有某种神秘性、强制性的特征。集体表象实际上是一种社会性的信仰、道德思维方式，它不是产生于个体，而是比个体存在得更长久，并作用于个体。因此，不能试图通过个人心理、生理的研究去说明它。"原始人的意识已经预先充满了大量的集体表象，靠了这些集体表象，一切客体、存在物或者人制作的物品总是被想象成拥有大量神秘属性的。因而，对现象的客观联系往往根本不加考虑的原始意识，却对现象之间的这些或虚或实的神秘联系表现出特别的注意。原始人的表象之间的预先形成的关联不是从经验中得来的，而且经验也无力来反对这些关联。"① 集体表象的最大特征就是非逻辑性和神秘性，这是口语媒介时代落后的社会生产和极其有限的认识能力所必然决定的。凡是我们现代人努力寻找变化原因的地方，凡是我们力图找到稳固的前行因素的地方，既是他们不感兴趣的地方，也是他们因为无能为力而倍感神秘的地方。"它无处不感到神秘原因的作用。流着的水、吹着的风、下着的雨，任何自然现象、声音、颜色……会被一些复杂的意识状况包裹着，都变成了神灵的作用。"② 所有这些，既加重了他们的神秘感，也加强了他们思维的非逻辑性。

所谓互渗，即早期口语媒介时代人类由于其对事物认识的直接性（感性化，缺少间接的、抽象性的对事物的本质整体认知和把握），因而所接触到的一切客体、存在物、人工制品，所经历过的

---

① ［法］列维·布留尔：《原始思维》，丁由译，商务印书馆 1981 年版，第 81 页。
② 陈应发：《哲理侗文化》，中国林业出版社 2012 年版。

一切事件都有可能感受到某种神秘属性和神秘力量的存在，并认为这些神秘性的力量可通过接触、转移等方式对其他存在物和事件产生不可思议的重大作用，也即中国人常说的"天人合一""人天同象""心外无物"等。这种互渗式的思维方式，将事物的发生与发展简单地归咎于外在的神秘力量，从而放弃对事物和事物发展过程的根本性的彻底思考（口语媒介时代的人们还没有能力进行这样的思考），因而极易导致神秘化倾向的产生和非逻辑性思维方式的出现。他们把"原因和前件"相混淆，只看到事物之间的表象性的关联，并且前件是因，后件是果，一切都是必然的，而巫术正是这种连接人与神、物性与神性、前因与后果的中介。因此，这种思维方式必然是神秘的，没有内在必然联系的。正如陈应发在其《哲理侗文化》中所讲：具有明显原始思维特征的"侗族思维是一种由神灵主导的非逻辑思维，神灵无处不在，神灵主导了一切。在这种思维中，矛盾律被神秘的参与概念所取代，感情的因素补充了逻辑的概括，而且在日常的和神秘的经验之间也未作清楚的划分。侗族人的思维方式受神灵作用的'互渗律'支配，个人与外界通过神秘的方式互相渗透，藉以此认识和把握外界。侗族神判现象，也是一种忽视因果、回避矛盾的非逻辑思维。千万年来，有一神秘的判官在侗族大地上游荡，这位判官就是'神判'。"①

（二）非逻辑思维（逻辑思维是文字的产物）

口语媒介时代人们的思维是非逻辑的，这是因为，逻辑就是事物内在根本的因果联系与规律，是思维的规律和规则，它是对思维过程的抽象。而口语媒介只是对事物的直接的具体和感性的认识和把握，口语媒介时代的人们对几何图形的辨识和称谓不会是"方"的"圆"的，而只能是将圆的称为盘子、月亮；而将方的称为房门、房子等具体的事物。这就是所谓的用实际的情景来考虑问题，也即"情景式思维"，而非三段论式的逻辑思维。口语研究专家沃

_____

① 陈应发：《哲理侗文化》，中国林业出版社 2012 年版。

尔特·翁也认为:"口语文化里不存在词典,语词的语义分歧也很少。每一个语词的意义都有特定的控制条件,谷迪和瓦特把这种现象称为'直接的语义认可';换句话说,口语词的意义是由此时此刻的真实生活情景决定的。口语文化中的人的脑子对定义不感兴趣。口语词的意义只能够从它们经常出现的栖居环境里获得,这样的环境不像简单地包含语词的词典,它把手势、语音的抑扬顿挫、面部表情以及人生存的整个环境一网打尽。真正说出口的语词总是出现在人类生存的整个环境里。"① 线性的或分析的思维是人为的东西,是文字技术的产物。这是因为,文字使人疏远现实眼前的事物,并将事物以符号的形式反映到大脑中来,进而进行间接的反思和深刻地认知与把握,从而把握事物的内在联系和本质。

口语媒介时代的原始思维,是一种以集体表象为形式、以互渗为规律,神秘的前逻辑思维。集体表象具有神秘性、强制性的特征,既不符合规律,也不符合逻辑;它忽视因果、回避矛盾,用感情的因素补充严密的逻辑概括,以受神灵作用的"互渗律""神判"代替自己的判断,用信仰取代严密的逻辑验证。所谓互渗即天地万物相互作用和影响,"天人合一""心外无物""情景交融"。这种互渗式的思维方式,在人类社会生产力发展极其低下,对事物的认识极其有限(特别是文字产生以前,人类还不具有反思能力以前的口语媒介时代),此时,人们对事物的认识极易产生神秘化倾向,进而放弃对事物的彻底思考,导致思维的非逻辑化倾向。具体来讲,原生口语文化还不可能用精细的、科学抽象范畴来管理知识,口语文化不可能产生这样的范畴,所以它就用人类行动的故事来储存、组织和交流大部分知识。正是由于这种口语的套语式、韵律化和形象思维特征,使其逻辑思维难以严谨,而这一切的改变只有到文字产生后的世界里才有可能发生。正如沃尔特·翁所言:

---

① [美]沃尔特·翁:《口语文化与书面文化:语词的技术化》,何道宽译,北京大学出版社2008年版,第35页。

"话语脱离原生口语文化之后，越来越多地受制于文字和印刷术，在这个过程中，扁平、'厚重'或脸谱化的人物让位于越来越'丰满'的人物……在原生口语文化里，这一切发展是难以想象的。事实上，这样的发展只能够在文字支配的世界里出现，因为文字的驱力是仔细的、条分缕析的内省，经仔细分析的心理状态和内向结构的序列关系。"① "原生口语文化型的人转向外部世界，因为他们没有机会转向内部世界；与此相反，我们之所以转向外部世界，那是因为我们已经完成了向内部世界的转移。同理，原生口语文化之所以促成自发性，那是因为由文字完成的分析性反思还没有问世；与此相反，次生口语文化之所以促成自发性，那是因为我们通过分析性反思作出判断，自发性是好东西。我们精心策划将要发生的事情，以确保这些事情将是完完全全自然而然的。"② 因此，口语媒介时代的人类思维是神秘的、非逻辑的，按照事物的内在逻辑来自发地认识事物和把握事物，只能是文字出现并内化之后，从而完成了人们由外部世界向内部世界的转向之后，在分析和反思的基础上实现的。

（三）野性思维（未驯化的思维）

所谓野性思维，是由斯特劳斯在图腾和神话研究的基础上，提出的一种分布广泛、由来久远的思维方式。这是一种原生态的、"未开化""未驯化思维"方式。

所谓原生态的"未开化的"思维，主要是指原始人的思维、原始部落的思维、土著人的思维。它具有"具体性"与"整体性"的思维特点。正如陈应发在其《哲理侗文化》中所讲："斯特劳斯反思的结果是，野蛮人的思维与现代思维的不同在于：一个是'具体性'的、'整体性'的；一个是'抽象性'的、'派生的'。现代思维，或者说是一种有利于产生效益的被教化或被驯化的思维，因

---

① ［美］沃尔特·翁：《口语文化与书面文化：语词的技术化》，何道宽译，北京大学出版社 2008 年版，第 116—117 页。

② 同上书，第 104 页。

此，现代思维是从属的、派生的，虽然并非无用，却是人为的。"① 野性思维是原生的，未受文字、文化铸造和驯化的思维，如人类早期（口语媒介时代的）原始崇拜、图腾、巫术、禁忌、神话等文化现象，正是野性思维的具体生动体现。尽管斯特劳斯在其《野性的思维》一书中，曾别强调：不要把"野性的思维"看成野蛮人的思维，也不要看成原始人或远古人的思维，而应看成未驯化的思维，它区别于为产生一种效益而被教化或被驯化的思维。② 但是，由于原始口语媒介时代的早期人类的确未受文字文化的教化和熏陶（文字作为一种集体文化的记忆、存储和交流的代码系统，是文化之根，文明之母，在文化的整合、交流和发展中发挥着重大作用，文字对思维、思维方式的熏陶和推动作用是巨大的），因此，野性思维应当是其思维方式的显著特性之一。

（四）形而下思维

《周易·系辞上》说："形而上者谓之道，形而下者谓之器"。也就是说，世界万物在形成之前，是没有就具体的可见形状的，这即为"形而上"，即有形物质形成之前的物质，《易经》中把这种状态中的物质叫作"道"。"道"是世界万物的本质、根源和本体，是抽象的规律，是不以人的意志为转移的。当"道"发展变化为世间万事万物以后，物质具有了可见的形状，这就是"形而下"，即有形以后的具体物质，《易经》中把这种状态中的物质叫作"器"。"器"是"道"的发展，是具体的、有形的，是后于"道"的具体事物。冯友兰先生也说："我们所谓形上形下，相当于西洋哲学中所谓抽象具体。上文所说之理是形而上者，是抽象的；其实际的例是形而下者，是具体的"。"说它是形下底，但这不是说它价值低。我们此所说形上、形下之分，纯是逻辑底，并不是价值底。"③ 他认为抽象的东西是思的对象，而具体的东西是感的对象。

---

① 陈应发：《哲理侗文化》，中国林业出版社 2012 年版。
② ［法］列维－斯特劳斯：《野性的思维》，李幼蒸译，商务印书馆 1997 年版。
③ 冯友兰：《新理学》，华东师范大学出版社 1996 年版，第 36—37 页。

在口语媒介时代，由于口语媒介的性质和特点所决定，人们所接触、所了解、所思考的事物是直接的、面对面的、经验式的、具体的，而还不可能去思考那些间接的、抽象性的东西。"所以口语文化在使知识概念化、用口语表达一切知识时，不得不多多少少地贴近人生世界，以便使陌生的客观世界近似于更为即时的、人们熟悉的、人际互动的世界。"只有文字出现以后，"繁复、抽象的范畴仰赖文字给知识提供结构，使之和实际的生活经验拉开距离。""文字通过担负承载知识的传统功能，把头脑从记忆的任务中解放出来，于是头脑方能转向思辨的新任务"。并且，"书面文化能够使人疏远，甚至在某种程度上能够使人失去自然的天性，把人变为贴上甲乙丙丁标签的物体，把领袖人物和政治组织的名字制作成抽象而中性的清单，使之完全脱离人的行为环境。"① 这就为人们的抽象的形而上思维打下了基础。因此，在文字出现以前的原始口语媒介时代，人们的思维方式只能是形而下的，即只见树木不见森林，反过来说，也即"见到树木就是森林"，在形而下的形态中认识、了解和追问人生的价值和意义。

第二节　口语媒介与表达的解放

媒介理论大师麦克卢汉曾经说过："媒介是人体的延伸"，那么，从一定意义上讲，媒介的变革与发展也就是不断完善人类自身，将传播层面上存在的种种限制一一消解，使人类的表达不断得到解放的过程与程式。表达的解放是人类追求的永恒主题，是媒介嬗变的内在必然逻辑。

一　口语媒介扩展和延伸了人的思维，促进了人类表达的解放

所谓人的表达，就是指个人向外界进行的关于个人自身思想、

---

① ［美］沃尔特·翁：《口语文化与书面文化：语词的技术化》，何道宽译，北京大学出版社 2008 年版，第 31—32 页。

感情等其他所有感受或生存状态等个人信息的表达传播活动。一般来讲，个人的表达与传播并不是任意的无限制的，而是要受到个体自身状况、人类社会整体发展水平（特别是媒介传播技术基础的整体发展水平），以及人类表达传播内在规律的限制和制约。首先，任何个人的表达传播行为都是人类传播活动的一部分。个人表达、个人表达的解放与自由发展无法摆脱人类社会整体发展阶段的制约与限制，个人发展的超前性无论在数量上还是在质的方面都是极其有限的，因此，从整体上，从人类社会整体发展水平和媒介嬗变的历史阶段上对人类表达进行分析和研究，进而揭示其发展变革的内在规律以及其对社会整体变革的促进作用和影响，具有重大的价值和意义。其次，个人表达从属于传播，其表达传播行为深受传播规律的制约和影响，"例如传播过程中编码与解码这两个环节产生的传播误差、传播过程中噪音的影响以及传播反馈的重要性等等，这些传播学基础的理论和规律也同样适用于个人表达传播过程。"①

所谓表达的解放，就是随着社会生产力的发展、进步与社会科技的不断变革与创新，人们不断挣脱缠绕于自身的种种约束与限制，逐步实现自身表达自由的过程。当然，从人类社会宏观发展的角度来讲，这种表达的自由与解放，既包括社会政治层面的自由与解放，如各种宪法、法律中所规定的言论自由、出版自由、新闻自由等，它是一个随着社会的发展与进步逐步发展与完善，即逐步实现其解放与自由的过程，也包括技术发展层面表达的解放与自由，即随着社会技术基础的进步与发展和媒介形态的变革与创新，人类的自我表达方式和能力逐步趋于完善，由一种潜在的自由表达，向现实的自由表达实现和转变的发展转化过程。本文所要研究的，主要不是社会政治层面表达的解放与自由，而是有技术基础发展所决定的媒介形态的变革与创新所导致的人的表达的解放与自由。

在口语媒介出现以前的上古时代，人们只能依靠非常有限的原

---

① 吴琼：《媒介视角下的个人表达传播行为研究》，厦门大学，硕士学位论文，2006 年。

始发声、简单的体态来表达自身的内在诉求，用结绳记事帮助大脑进行记忆。显然，这样的表达是极其有限的，对人类自身的束缚是全方位的。随着人类集体劳作的增加，人们之间的交流越来越成为一种自然的需要，此时，语言、口语媒介也就应运而生了。正如恩格斯在其《自然辩证法》中所讲："一句话，这些正在生成的人，已经达到彼此间不得不说些什么的地步了。需要也就造成了自己的器官：猿类的不发达的喉头，由于音调的抑扬顿挫的不断增加，缓慢地然而肯定无疑地得到改造，而口部的器官也逐渐学会发出一个接一个的清晰的音节。语言是从劳动中并和劳动一起产生出来的"。① 口语媒介的出现，大大增强了人类表达的方式和手段，使人类的表达得到极大的解放。

总之，所谓语言，就是人们在长期的共同劳作的基础上，彼此交换体认、共识，将自己的声音加以组合变化形成的媒介符号系统。有了这种共同的媒介符号系统，人们不仅可以表达自己的喜怒哀乐等自然情感和具体需要，而且还可以表达自己抽象的思想，从而使人类的表达得到了极大的解放。

从人类社会发展的历史进程和语言发展的内在逻辑来看，语言首先是一种口语现象，当然，人类有许许多多的表达和交流的方式，如触觉、味觉、嗅觉、视觉等都可以用来交流与表达。然而，从深层和发生学意义上讲，语言的首要属性是语音，语言首先是一种口语现象。"凡是有人生存的地方就有语言，在所有这些地方，语言基本上是以听说的形式存在的。虽然手势极其丰富，复杂的手势语也只能是有声语言的替身，它们必须依靠口语的体系，甚至天生聋哑者的手势语也是建立在有声语言基础上的。事实上，语言的有声属性是压倒一切的，所以历史上数以万计的语言中，大约只有106种语言曾经不同程度地使用过文字或产生了文学，绝大多数的语言根本就没有文字。在现存的大约三千种口语语言里，大约只有

---

① 《马克思恩格斯选集》第 4 卷，人民出版社 1995 年版，第 376 页。

78 种语言有书面文献。……语言的基本口语属性是世代永存的。……文字为我们开启了许多美妙的世界。尽管如此，口语词依然健在，且生龙活虎。一切书面文本都和语音世界、自然语言的栖息地有千丝万缕的联系，包括间接的和直接的联系，唯有依靠这样的联系，书面文本才能够产生意义。……我们不妨把文字称为'次生模仿系统'。这个系统依靠一个先在的原生系统，即有声语言。在没有文字的情况下，口语表达是能够存在的，而且从历史上来看，口语多半是在没有文字的情况下出现的；反过来，文字绝不可能离开口语文化而存在。"① 从这个意义上说，是口语首先延伸了人的思维，促进了人的表达的解放。

二 口语媒介的社群性与表达的解放

口语的声音特性，使其听众自然而然地成为一个群体，也就是说，声音使其听众自然而然地聚集在一起。特别是在原生口语世界里，词语和人所要表达的意义完全存在于声音中——当时还没有文字，更没有文本，语音是人们感知和获得意义的一切和全部。意义和词语以语音为载体、为中心，语音以人为中心，"声音是在时间流动里发生的事件"，要了解这些事件，要获得词语和意义，就必须主体在场，从而将众多主体集聚在一起，使其组成关系密切的群体。因此，在原生口语文化环境下所养成的人格结构更加偏向社群性和外向性，并且，语音的内在特征使其形成一个整合、集中和内化的体系，这样不仅密切了个体间的相互关系，而且使其相互之间的信息传播和反馈更加自由和流畅，从而使人的表达得到一定程度的解放和自由。正如沃尔特·翁所讲："口语词具有声音的物质属性，它始于人体内部，使人能够互相展示意识分明的内部人格，使人得以为人，使人组成关系密切的群体。一个人向听众说话时，听

---

① ［美］沃尔特·翁：《口语文化与书面文化：语词的技术化》，何道宽译，北京大学出版社 2008 年版，第 3—4 页。

讲的人一般就成为一个整体，不仅自己结为一个整体，而且和说话人也结为一个整体。如果讲话人发文字材料请听众阅读，听众就成为读者，每个读者就进入他个人的阅读世界，于是，听众这个整体就被粉碎了，只有等到讲话人再次说话时，破碎的世界才能够恢复为一个整体。文字和印刷使人分离为个体。……口语词内化的力量以一种特殊的方式和神圣情怀联系在一起，和存在的终极关怀联系在一起。"①

当然，口语媒介的社群性与表达的解放也是随着社会的发展和媒介形态的变革与创新而不断发展变化的，即从最初的原始自然口语状态的"社群"关系，逐步发展到电子（收音机、录音机、电视机等）时代的"社群"关系，然后再到计算机互联网时代的"社群"关系。在这一社群关系的变革与发展过程中，人的表达的自由与解放也更加凸显出来。

在原生口语传播时代，由原生口语的内在特性所决定，口语传播具有一定的即时性、自由性、平等性和强大的生命力，语音的内在特征决定了原生口语传播人们之间紧密的"社群"关系和一定程度上的表达的解放与自由（比前语言状态下的简单的肢体表达更充分更自由了）。但是，原始口语传播也具有其自身的一些天然的局限性：一是原始口语传播，语音的发送要靠人体自然的发音器官，无法实现远距离传播。二是口语传播其语音符号转瞬即逝，不易保留与积累。文字的出现，使信息的记录、保留和远距离传播成为可能，同时，文字的内化、口语文本的形成也使更为严密、科学的口语组织成为可能，使口语的内在表达能力大为提升，大大促进了人的表达的自由与解放。但是，"文字和印刷使人分离为个体"，"如果讲话人发文字材料请听众阅读，听众就成为读者，每个读者就进

---

① ［美］沃尔特·翁：《口语文化与书面文化：语词的技术化》，何道宽译，北京大学出版社 2008 年版，第 56 页。

入他个人的阅读世界，于是，听众这个整体就被粉碎了"。① 因此，文字、印刷媒介削弱了人们之间的"社群"关系，也给人们的自由表达与解放带来一定的不利影响。当电话、录音机、留声机、无线电广播技术等诞生后，口语（次生口语）的魅力再次被发现。当声音不仅能够被记录，而且也能够远距离传送的时候，口语传播也就打破了时间、空间的限制，而在更大的范围内实现了人际间的交流与传播。这种人际间的交流与传播既具有一定的群体性、"社群性"，又是一种主体不在场的"在场"，是一种主体不在场的"在场"的更大范围的群体性交流与传播过程。新媒体快速发展，计算机互联网时代的到来，以微信、微博、音视频即时通信、论坛等为代表的新兴传播手段，更使人们的交流方式再次向"口语"形态回归。它是一种以个人媒体为手段，全方位自由表达，主体不在场的在场。这种全新的个体—群体性（或称"网众"）自由传播与表达，为口语传播活动的繁盛提供了前所未有的广阔空间和无与伦比的表达与传播效果。

三 口语媒介时代的平等性、民主性与表达的解放

口语媒介形态的性质特点决定了其交流与传播的平等与自由。在早期的人类社会，由于生产力发展极其落后和低下，从社会传播的角度来考察，人类社会还没有条件和技术发展出人类用于传播的辅助手段——其他社会媒介，人们只能用自己最为原始的交流方式和手段——口语，面对面地进行交流和传播。也正是这种最为原始的面对面的口语交流方式和传播手段（它是人类符号使用历史发展中的第一个阶段，显然也是迄今为止人类所运用的符号系统中最接近人的自然活动形态的一个代码体系，是人类早期一个普遍存在的、自然的、"前科技"状态的人类传播模式），它的纯自然、低

---

① ［美］沃尔特·翁：《口语文化与书面文化：语词的技术化》，何道宽译，北京大学出版社 2008 年版，第 56 页。

技术（无技术）状态使人很难甚至无法对其进行垄断与控制，从而也就自然而然地带来了人类最初交流和传播的平等、民主与自由。正如加拿大著名传播媒介形态理论大师哈罗德·英尼斯所指出的那样：任何特定的传播媒介在时间和空间上均有偏向性，并且，媒介的时空偏向性会在一定程度上决定传播的性质和特点，从而在各个方面给社会文化以重大作用和影响。英尼斯认为："文化在时间上延续并在空间上延展。一切文化都要反映出自己在时间上和空间上的影响。"[①] 他认为口语媒介尽管有其自身的局限，但却构成了时间和空间偏向上的平衡，不易被垄断，因此有利于自由、平等和民主交流环境的形成。[②] 人类"民主自由"的传播理念诞生于"口头传播为主"的小众传播时代，典型的传播形态是希腊原生口语。希腊原生口语传播时代"面对面"的小众传播方式，促进了人类平等关系的形成和自我确认，奠定了民主参与、自由表达及互动交流的传播理念。"首先，原生口语是由人的发音器官产生的传播工具，绝大多数人都能普遍掌握和灵活使用，具有非垄断性。在正常情况下，每个人都可以自主说话，参与信息的自由表达。其次，由于声音的易逝性和传播范围的局限性，口语媒介将传者和受众拉入一个集中的场景，人们'面对面'地进行信息交流。这种方式为传者和受者之间的及时互动创造了条件。这种互动式的传播中，传者和受者角色可以随意互换，人们可以更灵活地拥有话语权，实现平等对话。再者，'面对面'的小众传播增进了交往对象之间的熟悉程度和亲切感，形成了长期来往和交流的熟人社会。在这里，'人情留一面，日后好相见'是群体的共识，因此平等、互动的传播方式是小众传播时期的常态。最后，原生口语传播的内容贴近生活，经常性的对话交流有助于自我确认和群体归属感的形成。人们利用口语

---

① ［加拿大］哈罗德·英尼斯：《传播的偏向》，何道宽译，中国人民大学出版社2003年版，第113页。
② ［加拿大］哈罗德·英尼斯：《帝国与传播》，何道宽译，中国人民大学出版社2003年版，第56页。

媒介进行'面对面'的信息交流时，传受者双方都需要对传播的讯息作出快速反应，否则就会冷场。因此口语传播的信息必须简单易懂、彼此熟悉。回顾我们日常口语交流的情景，就很容易感受到口语传递的信息大多遵循这一原则，每一个交际圈子都有一些特有的方言、约定俗成的熟语以及高频率使用的词汇，承载着人们共同的生活经验和共有的熟悉记忆。综上所述，互动传播彼此熟悉的信息是口语媒介的显著特征，有利于形成小众传播群体的群体归属感，人与人之间是一种熟人关系，自由、互动、平等的交流是一种常态。"① 因此，口语媒介具有明显的平等性和民主性，它能激发人们的交流与彼此之间信息的传播，从而实现一定程度上的表达的自由与解放。

第三节　口语媒介时代的文化"出版"

一　口语媒介时代还没有严格意义上的文化出版

　　由于口语媒介时代还没有文字，因此，也就没有严格意义上的文化出版。《大百科全书》将出版定义为："把著作物编印成为图书报刊的工作。"并进一步指出："现代出版工作泛指出版、印刷、发行三个方面的工作，也专指报刊图书编辑部门的工作（包括组稿、选稿、编辑加工、版面编排、校对、装订成书等工作）。"百度百科则对出版进行了更为详尽的论述，认为："出版是指通过可大量进行内容复制的媒体实现信息传播的一种社会活动。"并进一步指出，出版是有文字以后发展起来的。古代金文、石刻以及人工抄写、刻绘书籍，是一定意义上的出版，正式的真正现代意义上的出版是随着印刷术的发明逐步发展起来的。现代出版主要指对以图书、报刊、音像、电子、网络等媒体承载的内容进行编辑、复制

---

　　① 谢清果、曹艳辉：《口语媒介的变迁与人性化传播理念的回归》，《徐州工程学院学报》（社会科学版）2013 年第 3 期。

（包括印刷、复制等）、发行（或网络传播）等三个方面。如果从词源上进行考证，出版一词在中国出现于近代。出版与印刷术的发明密切相关，一般来说，先有印刷术后有出版。所谓的版，在中国古代，是指上面刻有文字或图形以供印刷的木片的称谓。用雕版印刷的书籍，称为雕版书。中国早在五代时就有刻印板、镂板；宋代有刻板、雕版（板与版在古代意义相通）等。

在原始口语媒介时代文字还没有产生，人们继承前人的知识与经验，主要靠口头、实物和简单的符号进行传授和传播，显然不会有所谓的"刻板""雕版"等文字复制方式，也就不会有严格意义上的文化出版。然而，从出版传播的目的和现代出版（今所用出版一词，通常是指图书、报纸、期刊、音像等的编辑制作、复制和传播的统称）内涵来看，口语媒介时代的文化传播，如西方的荷马史诗《伊利亚特》和《奥德赛》，中国的三大英雄史诗《格萨尔》《江格尔》和《玛纳斯》等，也都是"通过可大量进行内容复制的媒体实现信息传播"，只不过这种媒体媒介是声音，但同样实现了"信息传播"这种社会活动，从这个意义上讲，我们也可以将其称为口语媒介时代的文化"出版"。

二 口语媒介、古代文学与古代人类社会

文学是以语言为工具，生动和形象化地反映人类社会客观现实、表达和展示人们心灵世界的艺术，它的具体表现形式包括诗歌、散文、小说、剧本、寓言童话等。它以不同的形式展现和表达人们多样的内心情感，再现一定时期和一定地域内人们的社会生活。文学最先出现是以口语媒介为表达形式的口头文学，一般是与音乐联结为可以演唱的抒情诗歌、历史史诗。文学作品是作家用独特的语言艺术展现和表达人们独特的心灵世界，因此，一个杰出的文学家就是一个民族心灵世界的英雄。文学也是任何一种媒介形态首先要表达的艺术形式之一，显然，作为古代文学必然成为口语媒介的重要表达内容，口语媒介对于古代文学具有十分重要的价值和意义。

（一）语言是伴随人们的需要而产生的，必然以人们的内在需要为表达对象和重要内容

古代文学展示了早期人们内心的生活期盼和情感需求，必然成为当时原生口语媒介重要的表达内容。如我国三大英雄史诗之一的《格萨尔》，通过对主人公格萨尔一生不畏强暴，不怕艰难险阻，顽强不屈、抑强扶弱、造福人民的英雄业绩的描绘，热情讴歌了正义战胜邪恶，光明战胜黑暗的伟大斗争，展示了先人对美好生活的追求和期盼。《江格尔》讲述的是以江格尔为首领的勇士们用自己超人的智慧和非凡的才能不断战胜来自周围部落的入侵，并逐步壮大自己的力量，继而建立美好家园的过程。《玛纳斯》主要讲述了柯尔克孜族人民不畏艰险，奋勇拼搏，创造美好生活，歌颂伟大爱情的故事。所有这一切充分说明，美好的生活是人们的期盼，人们的期盼与需要，必然成为任何一个时代的话语中心和特定媒介表达的重要内容，古代文学成为口语媒介表达的重要内容是必然的。

（二）通过口语媒介古代文学得到了最大限度的保存和继承

在文字产生之前的口语媒介时代，以及文字产生之后的相当长的一段时期内（文字还没有充分内化），古代文学的保存与继承主要依赖口语。这是因为口语媒介不仅提供了人们将搜集到的经验、知识、心理感受等文化信息保存和传承的基本方式，而且是这种社会文化保存和传承的唯一的形制和方式。如西方的《荷马史诗》，我国的《格萨尔》《江格尔》《玛纳斯》和《诗经》中的十五国风等多是口语作品、民间歌谣，原本都是传唱在百姓口头的，后来经过搜集和整理才成为经典，流传下来。

（三）古代丰富多彩的文学口语传播表达形式

古代的口语传播存在着丰富多彩的表达艺术形式，从我国的口语传播来看，古代文学的口语媒介传播形式主要有唱、讲、诵、说等多种形式。

首先，以唱为主的口语媒介传播形式（包括吟唱和演唱）。吟

唱是劳动人民生活的一种自然方式，是吟唱者根据自身的需要自然而然地发生的一种行为，所以中国古代就有"饥者歌其食，劳者歌其事"之说。中国古代的许多作品（《诗经》等）原本就是劳动人民在村间、地头、河边的任意吟唱，尽管这种吟唱所能达到的传播效果是极其有限的，但却保存了下层民间生活真实的写照和旺盛的生命力，具有极强的时代印记。

演唱是有确定的时间、地点和观众，由专门的人员进行。演唱有明确的目的、专门的表演者和相对固定观众群体，是比吟唱更为正式，传播范围更为广大，效果更为明显的传播活动，例如古代祭祀时所唱的歌曲、古代的皇宫贵族所蓄养的表演人员专门的演唱、一些教坊、青楼内艺妓演唱等。

其次，以讲为主的口语媒介传播形式（主要有讲学、辩论等）。讲学是指主讲人通过发表言论把信息传递给周围听讲的学生。早期的讲学主要局限在氏族或部落内部，讲学的主要目的是由年长有经验的人把自己的生活经验和道德规范传授给后人，以使本氏族和本部落的人们更好地生存下去。我国伟大的教育家孔子是大力兴办私学的第一人，他有弟子三千，为我国早期的文化传承做出了重要贡献。

论辩是以讲为主的另一种重要的思想交流和传播活动方式。自口语媒介产生之后，人类就能够借助语言来充分表达不同的见解，并在不同观点之间形成论辩。我国春秋战国时期，各种观点轮番登场，持不同观点的士人凭借自己的智谋和辩论技巧纵横捭阖，在政治上起了很大影响。他们各自阐发理论学说，相互辩论，学派纷争，形成百家争鸣的盛况，对我国春秋战国时代和此后的社会发展和文化传播产生了多方面的重大影响。西方的论辩具有悠久的历史和更为重大的影响。在西方口语文化里，对抗性的讲演和论辩具有深厚的社会文化根基和广泛的基础。西方口语文化的好斗倾向，甚至使其从高调对抗的演说发展到文学领域里的诗歌，使诗歌常常成为"近似于辞藻华丽的演说，其基本功能被认为是臧否毁誉"。① 这也许就是西方社会的文化特征和好斗基因，直到今天这一文化特征和好斗基因仍然在其口语文化（演讲）中明显存在着。

再次，以诵为主的口语媒介传播（主要包括吟诵、朗读等）。吟诵是指用富有音乐性、节奏性的声音所进行的口语传播活动。口语历来与音乐关系密切，说、唱结合，富有韵律，是口语媒介传播的特性之一。我国古代文学富含音乐特质，优秀的文学作品往往朗朗上口，很适合吟诵。吟诵文学作品是在古代日常生活和政治生活中常有的现象，甚至是必然的现象。作为我国古典文学经典的《诗经》被经常在外交和其他各种场合加以吟诵，以表达观点，抒发情感。朗读是指将作品用有节奏的声音读出来。古人对自己所喜欢的作品，非常喜欢反复朗读，以达到学习和提高之目的。朗读与记忆有直接的关系，特别是在没有文本可以帮助记忆的原生口语媒介环境下，大声说出自己的东西，能够很好地帮助记忆。不仅如此，大声反复朗读，还可以提高自身的鉴赏能力和创作能力，正所谓："熟读温韦词，则意境自厚。熟读周秦词，则韵味自深。熟读苏辛词，则才气自旺。熟读姜张词，则格调自高。熟读碧山词，则本原自正，规模自远。"②

最后，以说为主的口语媒介传播形式（主要包括谈话、说书等）。谈话既是文学创作的方式，也是文学传播的方式。例如我国周王朝时期，各国的谈话就被记入《国语》，《论语》也是孔子及其弟子谈话的结晶。"《论语》者，孔子应答弟子时人及弟子相与言而接闻于夫子之语也。当时弟子各有所记。夫子既卒，门人相与辑而论纂，故谓之《论语》。"③ 这种以谈话为主的体例被称为语录体，它既是一种思想交流和交锋，又是一种思想文化的传播活动。

---

① ［美］沃尔特·翁：《口语文化与书面文化：语词的技术化》，何道宽译，北京大学出版社 2008 年版，第 85 页。

② 陈廷焯：《白雨斋词话》，人民文学出版社 1959 年版。

③ 《汉书·艺文志》。

另外一种以说为主的口语媒介传播形式是说书。说书是指我国讲唱文学的一种形式，或讲唱文学中"说"的部分。说书在我国是一种久负盛名的艺术传播形式，即便是产生了文字，且文字被充分内化之后，由于我国普通百姓大部分并不识字，听说书（讲史书、论兴衰）仍然是他们获取历史文化知识的一种重要方式和途径，也是社会文化传播的重要方式。①

"文化是社会发展的全部模式的密码本"，通过口语媒介及其所承载的古代文学作品，可以进一步透视和把握早期人类社会发展历程。拉兹洛说："历史过程选择文化信息库和生物进化过程选择遗传信息库是非常相像的。"②"因此，在某种意义上可以说，文化是社会发展的全部模式的密码本。"③口语媒介使古代文学获得了第一个合适的传播渠道，同样，古代文学也为口语媒介提供了最佳的传播内容和适宜的传播信息，并通过这些信息的选择和传承为人们保留了解读人类社会的足够的信息和密码。如早期人类社会的"神话"特征、英雄传统、宗教文化、地域局限（我国社会所形成的燕赵文化、齐鲁文化、荆楚文化、巴蜀文化、岭南文化等）都可以从早期口语媒介所流传的古代文学的信息密码中得到适当的解读。

总之，在口语媒介时代，口语传播方式丰富多彩，为古代丰富多彩的文学口语传播提供了适宜的表达形式。它是早期人类社会有限生产发展阶段的必然，它为人类早期社会文化的创造和文化传播奠定了基础，发挥了重要作用。

三　中国古代口语文化"出版"传播与三大英雄史诗

媒介形态理论（该理论研究的不是媒介传递的具体内容，而是媒介形态塑造社会的预存能力，这种预存能力内含在媒介形态的性

① 郑艳玲：《中国古代文学的口语传播形式》，《当代传播》2010年第5期。
② ［美］E.拉兹洛：《进化——广义综合理论》，转引自王振武《开放的选择》，生活·读书·新知三联书店1990年版，第371页。
③ 王振武：《开放的选择》，生活·读书·新知三联书店1990年版，第371页。

质和功能"偏向"之中）对媒介形态变化及其这种变化对社会发展的影响的探讨和研究，内在地蕴含了媒介形态、媒介形态的嬗变对社会文化出版方式的作用和影响这一问题。如媒介形态理论家英尼斯、麦克卢汉、梅罗维茨和利文森等，他们研究的旨归均是从媒介形态及其变化的角度来解读社会历史的变迁。他们认为人类的一切活动和人类文明的记载、积累和传播，都有赖于传播媒介，传播媒介及其使用状况是人类社会范围内诸种变化的一个重要因素。传播媒介的性质在媒介的长期使用过程中决定着传播的特征和实际效果，进而极大地影响依赖传播而存在和发展的人类文明。他们推论，在长远的历史时期内，传播媒介本身比传播的内容更重要，对人和人类社会的影响更深远。英尼斯在这方面提出了一个基本假设："一种媒介经过长期使用之后，可能会在一定程度上决定它传播的知识的特征。"因此，"社会主导媒介的偏向性，往往决定这个社会整体的偏向性。所以，社会主导媒介的更迭极易引起社会的震荡。"① 麦克卢汉不仅提出了后来成为媒介形态理论标志的名言：媒介即讯息，而且提出了他的"模式识别法"，即他认为不同的媒介形态塑造不同的社会文化，因而必然要有不同的"模式识别"方法。不同媒介有不同的特质和"语法规则"，这些特质和规则决定着信息呈现的状态，进而影响整个社会的思维方式。在中国，口语媒介时代也创造出了灿烂的口语社会文化，并给此后的中国社会和中国社会文化的发展带来重大影响。

（一）歌谣：中国口语媒介时代文化传播的主要形式

歌谣是我国口语媒介时代文化创作和文化传播的主要形式，它易于上口，便于流传和记忆。我国远古时期的神话故事、民间传说大都是通过歌谣的形式进行传播的。例如，《礼记·郊特牲》所载伊耆氏时代的一首古老的农事祭歌："土反其宅，水归其壑。昆虫毋作，草木归其泽"（大意是：风沙不要作恶，泥土返回它的原

---

① 李明伟：《媒介形态理论研究》，中国社会科学院，博士学位论文，2005 年。

处。河水不要泛滥，回到它的沟壑。昆虫不要繁殖成灾。野草丛木回到沼泽中去，不要生长在农田里。），集中反映了原始先民面对洪水、虫害、地质灾害等众多自然灾害侵袭的复杂心态，既反映了原始先民饱受自然灾害侵袭的艰难困苦，也反映了他们消除自然灾害的迫切心理状态。社会文化是社会现实的反映，这首祭歌所蕴含的信息告诉我们，那个时代的人和自然存在明显不和谐的因素，但是，由于当时生产力发展极其落后，人类认识自然的能力极其有限，因此还根本不可能理解自然灾害存在的原因，更不可能找到克服和解决这些灾害的方法和手段，因此只能靠这种内心的愿望、暗示和祈祷来缓解眼前的困境和压力。

而另一首先秦·无名氏的《弹歌》："断竹，续竹。飞土，逐宍。"① 则是一首远古先民狩猎的民歌，反映了原始社会人们狩猎的生活。原始社会，由于社会生产力水平极其低下，刀耕火种，狩猎的手段也极为落后。随着社会的不断发展，弹弓的出现，狩猎水平有所提高，它既可以射鸟，又可以射兽，这首《弹歌》用精练的语言概括了"弹"的生产制造的过程及其用途，表现了劳动人民的智慧和用"弹"来猎取猎物的喜悦心情。这首简短的民歌质朴、整齐，韵律和谐，是原始时代人们狩猎生活的真实反映。②

歌谣不仅是早期人们自然心声的流露，而且也成为当政者了解下层民情的重要方式。为了体察民情，历代帝王都很重视对民歌的采集和整理，据说黄帝时期就曾派出四方使者广泛采风，以体察民情。采风可以认为是中国古代的"民意测验"。《春秋公羊传》说："男女有所怨恨，相从而歌，饥者歌其食，劳者歌其事。男子六十、女子五十无子者，'官'衣食之，使之民间求诗。乡移于邑，邑移于国，国以闻于天子。故王者不出牖户，尽知天下之苦，不下堂而知四方。"③ 说明民歌是人类社会早期帝王了解社会、获取下层信

---

① 赵晔编：《吴越春秋》，北京明天远航文化传播有限公司 2018 年版。
② 百度百科《断竹续竹》。
③ 何休：《春秋公羊传解诂》卷十六。

息的重要来源，是社会文化传播的重要方式。

春秋战国时期，随着王权削弱，周天子统治日益式微，政治秩序被破坏，天下局势日益失控，失去其中心地位，文化人四散，纷纷投向周边的诸侯，于是出现了文化下移的形势。正是这一情势推动了文化人走上活跃的政治舞台，成为这一特定历史时期的特殊主角。"随着社会的分化，旧秩序赖以确立的基础动摇，新旧贵族之间的斗争越演越烈。没落的旧势力企图维持原状，坚持传统观念，而新兴力量则要宣传自己的新思想、进步见解，于是进步与保守力量之间展开了尖锐斗争。思想上的斗争促使了口语文化传播形式的变化，口传政治不再仅仅是那种自上而下的'训令'和自下而上的'采风'，而由文化人担当起了主角。春秋时期是政治家施展才华和权术进行竞争的时期，成为中国历史上文化人显现才智和谋略进行竞争的时代。一方面贵族下降到平民，把文化带到了下层；另一方面文化传播的方式有了很大变革，主要表现为：游说之风盛行；论辩之士群起；讲演之学开辟。"[1] 即便是在这种情势之下，民歌仍然在社会舆论传播中发挥着重要的作用，"昊天上帝，则不我遗。""昊天上帝，宁俾我遁?"[2] 人们面对西周末年的天灾与祸乱通过民歌发出了一连串对天的谴责与抱怨，表现了人们对生活现实的不满和对旧的尊天思想观念的怀疑。

（二）口语媒介时代我国少数民族的三大英雄史诗

藏族民间说唱体长篇英雄史诗《格萨尔》、蒙古族英雄史诗《江格尔》和柯尔克孜族传记性史诗《玛纳斯》被并称为中国少数民族的三大英雄史诗。它们均为世界上最长的史诗：《江格尔》长达10万行，《玛纳斯》20余万行，《格萨尔》100多万行。

史诗是人类童年的产物。黑格尔曾说："史诗就是一个民族的'传奇故事、'书'或'圣经'。"因此，英雄史诗是以塑造英雄人

---

① 余志鸿：《周秦时期的口语文化》，《文史笔谈》，https://wenku.baidu.com/view/8cf10e11fc4ffe473368abac.html。

② 《诗经·大雅·云汉》。

物为第一要义。哲学是用抽象的概念（范畴）、推理和论证来说明世界，而所有这一些要等人类发展到具有一定的抽象能力和推理能力时才会产生。马克思在《政治经济学批判导言》中指出："任何神话都是用想象和借助想象以征服自然力，支配自然力，把自然力加以形象化；因而，随着这些自然力实际上被支配，神话也就消失了。"① 这样一来，在人类社会哲学产生之前的一个时期，自然而然地存在一个神话阶段，包括中国三大英雄史诗在内的许多早期人类史诗，都属于这样一个神话阶段的产物。

《格萨尔》是我国藏族人民创作的一部伟大的英雄史诗。"《格萨尔》的诞生年代，应当是在青藏高原由原始社会向阶级社会转变之时。它主要反映了古代青藏高原几十个分散割据的部落、邦国经过相互间长期的战争，逐步发展为军事联盟统一体的过程。它所刻画的人物形象达上百个之多，描写的大小战争场面也有几十次。史诗的内容涉及经济生活、政治斗争、军事角逐、宗教信仰、风俗习惯、婚姻状况、家庭制度、民族关系等古代藏族人民生活的方方面面。可以说，《格萨尔》乃是古代藏族文化的渊海。"② 《格萨尔》作为一部不朽的英雄史诗，是在藏族古代神话、传说、诗歌和谚语等民间文学的丰厚基础上产生和发展起来的。它通过对主人公格萨尔一生不畏强暴，不怕艰难险阻，以惊人的毅力和神奇的力量征战四方，降伏妖魔，抑强扶弱，造福人民的英雄业绩的描绘，热情讴歌了正义战胜邪恶，光明战胜黑暗的人类不屈不挠的意志品质和伟大奋斗精神。

《格萨尔》讲述了这样一个故事：在很久很久以前，天灾人祸遍及藏区，妖魔鬼怪横行，黎民百姓遭受荼毒。格萨尔受大慈大悲的观世音菩萨和阿弥陀佛的派遣，到藏区做黑头发藏人的君王——即格萨尔王。格萨尔降临人间后，就开始为民除害。他施展天威，

---

① 《马克思恩格斯全集》第 46 卷（上），人民出版社 1979 年版，第 48—49 页。
② 徐国宝：《〈格萨尔〉与中华文化的多维向心结构》，中国社会科学院，博士学位论文，2000 年。

东讨西伐，征战四方，降伏了入侵岭国的北方妖魔，战胜了霍尔国的白帐王、姜国的萨丹王、门域的赤王、大食的诺尔王、卡切松耳石的赤丹王、祝古的托桂王等。在降伏了人间妖魔之后，格萨尔功德圆满，与母亲郭姆、王妃森姜珠牡等一同返回天界。[①]

《格萨尔》是我国藏族人民创作的一部伟大的英雄史诗，如果说："荷马确实活在各族希腊人民的口头上和记忆里。"那么，《格萨尔》就真真切切地活在我国藏族人民的口头上和记忆里。正如藏族有句谚语所言："岭国每个人嘴里都有一部《格萨尔》。"它以其恢宏的气势、高超的艺术和技巧，反映了我国藏民族发展的重大历史阶段及其社会的基本结构形态，表达了人民群众热爱幸福生活的美好愿望和崇高理想，描述了纷繁的民族关系及其逐步走向统一的过程，揭示出社会历史发展的必然趋势，是研究我国古代藏民族的社会历史、阶级关系、民族交往、道德观念、民风民俗、民间文化等问题的一部百科全书，同时也是一部形象化的古代藏族历史。《格萨尔》不仅是一部杰出的文学作品，而且具有很高的学术价值和历史认识价值，被誉为"东方的荷马史诗"。

《格萨尔》同样凝聚着我们中华民族的伟大精神，体现着中国各族人民追求平等、正义和美好的幸福生活的崇高理想。《格萨尔》在我们伟大祖国多民族的文学发展史上，乃至世界文学史上也不多见。它本身就是一首诗篇，一首悲壮苍凉、大气磅礴、而又充满勃勃生机和智慧光芒的不朽诗篇。它是人类处于历史的童年时代，其思维形式还处于原始的集体的表象思维，是人类从野蛮走向文明的远古的回声。它具有永不复返的人类童年时代的印记，从而展现了其不朽的永久魅力。[②]

《江格尔》是蒙古族人民的一部优美的历史史诗，它源远流长，

---

① 阿来：《格萨尔》，重庆出版社 2009 年版。

② 《格萨尔》，http://www.baike.com/wiki/，2017 年 8 月 8 日。

长期在民间口头流传，后经历代人民群众尤其是演唱《江格尔》的民间艺人的不断加工、丰富，篇幅逐渐增多，内容逐渐丰满，最终成为共计60余部，长达10万余行的史诗。《江格尔》最初产生于我国新疆地区的蒙古族卫拉特人中（"卫拉特"是蒙古族古代的一个部落名称，意为"森林之部"），至今还以口头和手抄本形式广泛流传于新疆天山南北广大地区的蒙古人中，成为他们家喻户晓的英雄史诗。它的主人公江格尔两岁时家乡遭到了蟒古斯（魔王）的蹂躏，父母被害。江格尔人小胆大，手握黄花戟，身跨枣红马，4岁时就出征，7岁时开始建功立业，宝木巴地方的臣民把他推举为圣主江格尔可汗。江格尔率领他的12位"雄师"、35名虎将和八千个勇士，荡平了蟒古斯，保卫了宝木巴，并以他非凡的才能，建立了一个"没有冬天和严寒，四季如春阳光灿烂；没有痛苦和死亡，人人永葆青春时光；没有潦倒和贫穷，只有富足和繁荣；没有孤儿和鳏寡，只有兴旺和发达；没有动乱和恐慌，只有幸福和安康；珍禽异兽布满山头，牛羊马驼撒满草原；和风轻吹，细雨润田"这样一个理想的生活乐园。[1] 英雄史诗《江格尔》表达了人民对一个没有压迫没有自相残杀理想乐园的追求，和对自由、美满、幸福生活的向往。如果说英雄史诗是人类远古时代历史生活的真实写照和古代文学重要体裁，那么《江格尔》就是蒙古族在这一历史史诗中贡献的最高成就，也是蒙古族文学发展史上的一个高峰。[2]

《玛纳斯》是柯尔克孜族人类口语媒介民间文学的优秀代表作品。柯尔克孜族是我国少数民族中历史悠久而古老的民族之一。千百年来，勤劳、智慧、勇敢的柯尔克孜族人民为缔造伟大中华民族的光辉历史、创造丰富的物质财富和精神财富，做出了伟大的贡献。玛纳斯是柯尔克孜族传说中的著名英雄和首领，是力量、勇敢和智慧的化身。《玛纳斯》这部史诗叙述了他一家八代领导柯尔克

---

① 《江格尔》，内蒙古人民出版社1958年版。
② 《江格尔》，http://www.baike.com/wiki/，2017年8月10日。

孜族人民反抗异族统治者的掠夺和奴役，为争取自由和幸福而进行斗争的故事。史诗共分八部，以玛纳斯的名字为全诗的总名称，其余各部又都以该部主人公的名字命名：如《玛纳斯》《赛麦台依》《赛依台克》《凯乃木》《赛依特》《阿色勒巴恰与别克巴恰》《索木碧莱克》和《奇格台依》。每一部各自独立成章，叙述一代英雄的故事，各部又相互衔接，使全诗构成了一个完整的有机整体。这部史诗长达 21 万多行，共 2000 万字。《玛纳斯》是一部具有深刻人民性和思想性的典型英雄史诗，它从头至尾贯彻着这样一个主题思想：团结一切被奴役的人民，反抗异族统治者的掠夺和奴役，为争取自由和幸福生活进行不懈的斗争，表现了被奴役的人民不可战胜的顽强精神和意志品质，歌颂了古代柯尔克孜族人民对侵略者的反抗精神和斗争意志。①

（三）中国口语文化及三大英雄史诗的结构特征：作品形态的程式化

口语媒介时代的文化创作和传播与文本没有任何关系，这个过程仅仅是靠人的大脑创作和记忆的过程。并且，与文本创作与传播不同，它是经过口语创作（没有文字帮助记忆）讲给（仅仅是讲给）听众听的，而不是拿给听众看的，不能反复阅读和欣赏玩味。因此，讲述者必须不断重复、繁复讲述，越是精彩、重要的段落，越要不断地重复，大框套小框、层层包裹。相同的套话和主题反复出现，一是为了加深讲述者自己的记忆，二是为了让听众更好地欣赏。作品形态表现为程式化（既有大框套小框、层层包裹，又是一个个大小框的平行连接），这是口语媒介时代文化创作与传播的重要特点。

如《格萨尔》最重要的程式是它的三段式叙事结构。在《格萨尔》这部艺术作品里，一般大都采用了三部分的结构：战争的缘起——战争的过程——战争的结束（萨格尔的胜利，妖魔的失败）。

---

① 《玛纳斯（史诗）》（https：//baike. baidu. com/item/），2017 年 8 月 10 日。

战争的参加者也是三个方面：天界；人界；龙界。中心唱段也包括三个内容：开头（赞辞、自我介绍）；主要内容（战争过程）；结尾（祈祷词）。《玛纳斯》也是如此，它具体分为《玛纳斯》《赛麦台依》《赛依台克》《凯乃木》《赛依特》《阿色勒巴恰与别克巴恰》《索木碧莱克》和《奇格台依》等几部。每一部各自独立成章，叙述一代英雄的故事，各部又相互衔接，使全诗构成了一个完整的有机体。同时，由于《格萨尔》与《伊利亚特》不同（《伊利亚特》向人们呈现的是古希腊上古历史的一个横断面即选取的是远征特洛伊的 10 年战争中其中 50 天里发生的事情），《格萨尔》向人们呈现的是藏民族从上古至中世纪历史的纵切面，因此，从结构上看《格萨尔》既是大框套小框，层层包裹，又是一个个大框、小框的平行连接的线性结构，从而形成一个完整的整体。这样的传播方式在口语媒介时代是必然的。这是因为，在没有文本帮助记忆的口语媒介时代，要进行大范围、长时段的传播活动，信息必须能够大规模复制和长时期的保存，而要做到这一点，程式化的结构和适当的重复就成为必然。它有助于信息的复制保存，并且用程式化、固定化结构以及重复地使用套语组合来复制内容，有助于减少信息传递过程中的信息差，从而保证信息的相对准确。① 当然，口语文化总是在一个不断的创作和再创作的过程之中的作品，每一个讲述者都是对作品进行再加工，因此，整体稳定中的变异是其基本特性之一，正所谓"岭国每个人嘴里都有一部《格萨尔》"。并且，口语文化产品总是歌者与听众互动的结果，不同的环境，不同的听众，就会产生不同的互动，从而导致文化产品不同版本的产生。正如沃尔特·翁在其《口语文化与书面文化：语词的技术化》中所讲："线性情节（弗赖塔格所谓的'金字塔'）与口头记忆在一定程度上是不可兼容的……古希腊口头史诗真正的'思想'或内容存在于记忆中的传统套语模式

---

① 袁爱中：《西藏口语传播的特点研究》，《当代传播》2009 年第 1 期。

和诗节模式里，而不是存在于诗人有意识地组织或'谋划'的叙事里。'诗人不是完成自身意图的迁移，而是按照常规模式实现传统思想的传播，既是为听众，也是为他自己'。诗人的歌咏并不是要把'信息'从歌者传达给听众，不是我们通常所谓的数据的'管道传输'；其基本模式是这样的：歌者以一种奇妙的公共方式演唱，他吟唱的不是他记得的文本，因为根本就没有文本之类的东西，也不是靠记住一连串的语词，而是用他从其他歌者那里听来的主题和套语。他记住的主题和套语随时在变，因而他以自己特有的方式因时、因地、因人制宜，即兴发挥，编织唱词。'诗歌是对吟唱过的歌谣的记忆'"。①

（四）中国口语文化独特的节奏感和韵律特征

文学是一门艺术，史诗更是艺术之渊薮。然而，当这些历史史诗以文本的方式呈现在我们面前的今天，我们不应当忘记，作为口语说唱的叙事长诗——英雄史诗，其本质上是歌诗，具有明显的节奏感和韵律，节奏感和韵律是口语媒介时代社会文化产品的一大基本特征。口语媒介，作为人类语言的第一种符号系统，显然通过其富有韵味的组织和编码是其自身所承载的信息内容——社会文化传播和发展的最佳方式。因此，中国传统文化就有诗（显然包括史诗）就是歌，诗歌一体，舞乐相伴，歌才是诗的原型之说。中国的三大英雄史诗和其他口语文化产品的本体都是"叙事长歌"，是一部部极富节奏感和韵律感的可以听的历史诉说的长歌。

例如，作为中国三大英雄史诗之一的"《格萨尔》的程式化结构形式中，70%—80%的篇幅是歌诗，而歌诗的程式化表达在史诗的各种模式中最为突出。长长短短的歌诗唱段，按其在部本中的结构顺序一般包含了：（1）开篇词；（2）唱段引子；（3）向神佛致

① ［美］沃尔特·翁：《口语文化与书面文化：语词的技术化》，何道宽译，北京大学出版社2008年版，第111页。

敬与祈愿的歌诗；（4）介绍'角色'所在方位的歌诗；（5）人物自我介绍的歌诗；（6）介绍曲牌的歌诗；（7）唱段的主旨性歌诗（主要内容）；（8）唱段结尾歌诗"。① 它们说唱结合、富有韵律。"'韵律'和'节奏'很大程度上塑造了语言的早期面貌，而这种动力就来自传播的需要。为了减轻大脑负担，人们往往把民间口传信息资料用富有韵律的形式表现出来，有时还辅以音乐，这样人们就可以直接复制口语传播时代富有韵律的作品，或者套用韵文形式进行创作。同时采用对仗的手法，这使歌曲、谚语增添了节奏感和音乐美，因而更加易于上口，流畅好记。"②

英雄史诗《格萨尔》中对青稞酒酿造所作的具体的描述，就非常具有韵味，诗中说：

> 酿一年的是年酒，
> 年酒名叫甘露黄。
> 酿一月的是月酒，
> 月酒名叫甘露凉。
> 只酿一日的是日酒，
> 日酒叫甘露旋好名堂。

文中运用顶针的修辞手法，这种句尾重叠加上连字重叠和交叉重叠构成了史诗格律特征，它不仅增强了史诗的可读性，而且为人们的记忆和传播创造了条件。③

再如：

---

① 扎西东珠：《藏族口传文化传统与〈格萨尔〉的口头程式》，《民族文学研究》2009 年第 25 期。

② 袁爱中：《西藏口语传播的特点研究》，《当代传播》2009 年第 1 期。

③ 索南措：《〈格萨尔〉说唱艺人表演程式内部成因》，《青海社会科学》2010 年第 6 期。

上等汉子如弯藤，

太阳晒了能拉直；

中等汉子如弯角，

冷热适度能拉直；

下等汉子如顽石，

无法使它弯或直。

这段史诗在相同的格律下，以程式化的方式非常贴切地表达了"上等""中等""下等"三类汉子，可塑的发展状态和方式，不仅其比喻形象、朴实、贴切，令人信服，而且其韵律朗朗上口，使人过目不忘。①

东方日月达拉拉

南方云雨达拉拉

西方阴影达拉拉

北方冷风达拉拉

喇嘛念经达拉拉

好官说话达拉拉。

这一段以象声叠字"达拉拉"为每句结尾的文字更是简单、生动，韵味十足。② 总之史诗在继承藏族古老叙事传统的同时大量运用连词重叠、交叉重叠，甚至全句重叠等修辞手法使这部看似篇幅浩繁、结构繁复的历史史诗，不仅具有了极大的艺术性和可读性，而且充分显示了口语文化时代社会文化作品的独特的叙事艺术规律，从而成为早期人类自身的颂歌。

---

① 索南措：《〈格萨尔〉表演程式的民族化功能》，《青海师范大学民族师范学院学报》2008 年第 2 期。

② 索南措：《〈格萨尔〉说唱艺人表演程式内部成因》，《青海社会科学》2010 年第 6 期。

四 口语文化传播与西方口语文化"出版"

口语作为人类最重要的信息交流和传播工具，与人们的生活息息相关，同时它又处于不断的变化发展之中，进而不断改变自身的形式，使人类的经验和社会文化得以传承和延续。

（一）西方口语文化的早期代表作：荷马史诗

以希腊为中心的西方古代文明，孕育和成长出了光辉灿烂的古代口语文化，其中，最具影响力的就是世人皆知的荷马史诗（《伊利亚特》和《奥德赛》）。口语理论大师沃尔特·翁认为："自古以来，《伊利亚特》和《奥德赛》普遍被认为是西方遗产里最具典范意义、最真实、最富有灵气的世俗诗歌。"[①] 马克思也曾说，荷马史诗"仍然能够给我们以艺术享受，而且就某方面说还是一种规范和高不可及的范本。"[②] 黑格尔也曾说："史诗就是一个民族的'传奇故事''书'或'圣经'。每一个伟大的民族都有这样绝对原始的书，来表现全民族的原始精神。在这个意义上，史诗这种纪念坊简直就是一个民族所特有的意识基础。如果把这些史诗性的圣经搜集成一部集子，那会是引人入胜的。这样一部史诗集，如果不包括后来的人工仿制品，就会成为一种民族精神标本的展览馆。"[③]

《荷马史诗》相传是由古希腊盲诗人荷马所创作的两部长篇史诗——《伊利亚特》和《奥德赛》的统称，它是西方神话传播时代和英雄传播时代人类文明的象征。它是根据民间流传的短歌由荷马综合编写而成。它集古希腊口述文学之大成，是古希腊最伟大的作品，也是西方文学中最伟大的作品。《荷马史诗》共两部24卷，《伊利亚特》共有15693行，《奥德赛》共有12110行。荷马史诗是早期英雄时代人类社会的大幅扫描，它以整个希腊及

---

① ［美］沃尔特·翁：《口语文化与书面文化：语词的技术化》，何道宽译，北京大学出版社2008年版，第12页。
② 《马克思恩格斯选集》第2卷，人民出版社1995年版，第29页。
③ ［德］黑格尔：《美学》第3卷，商务印书馆1979年版，第108—109页。

其四周的汪洋大海为背景，充分展现了人类早期自由主义的精神，并为日后希腊人的道德观念（进而为整个西方社会的道德观念），树立了典范。它不仅在文学艺术上具有重要价值，而且在历史、地理、考古学和民俗学等方面也为后人提供了众多值得研究的东西。

《伊利亚特》和《奥德赛》叙述的主题分别是在特洛伊战争中，阿喀琉斯与阿伽门农间的争端，以及特洛伊沦陷后，奥德修斯返回绮色佳岛上的王国与妻子珀涅罗团聚的故事。

《伊利亚特》的意思是："关于伊利昂的史诗"。希腊人称"特洛伊"为"伊利昂"。特洛伊是小亚细亚西北岸赫勒斯滂海峡（现称达达尼尔海峡）入口处的一个城市，商业繁荣、土地肥沃，富庶而美丽。特洛伊战争的原因是因为一个"不和的金苹果"。相传，狄萨亚利王珀琉斯与海神的女儿结婚时邀请了所有的神来参加婚礼，但唯一没有邀请不和女神厄利斯，她一气之下来到宴席上扔下一个"不和的金苹果"，上面写着"赠给最美丽的女人"。于是三位女神（赫拉、雅典娜、阿佛洛狄忒）开始争抢这个金苹果。三位女神争执不下，要求主神宙斯裁判。宙斯却让特洛伊王子巴里斯裁决。三位女神分别向王子许愿：赫拉许愿巴里斯成为最伟大的君主；雅典娜许愿巴里斯成为最勇敢的战士；阿佛洛狄忒许愿巴里斯有迷惑女人的魅力。最后，巴里斯决定接受阿佛洛狄忒的许愿，把金苹果判给了她，让她成为最美的女人。随后，巴里斯到斯巴达作客，果然迷惑了国王的美丽妻子海伦，并劫走了大批财物。于是，希腊各部落推选阿伽门农为统帅，发动了攻打特洛伊的战争。特洛伊方面也联合各部落进行抵抗，希腊军队攻打了 9 年却没有攻下城池，双方伤亡重大。第 10 年间，希腊军由足智多谋的俄底修斯献计，部队假装退兵，却留下一个巨大的木马。特洛伊人将木马拖回城里，不想木马中藏着 20 名希腊士兵。夜里，木马中希腊士兵杀出，里应外合打开城门，希腊军占领了特洛伊城。希腊军入城后，杀死全部男子，烧毁城池，带着女俘和其他战利品返回本土。

《奥德赛》的意思是："关于俄底修斯的故事"。希腊军英雄俄底修斯献计攻破特洛伊城后还乡的故事。这个故事分为两部分，第一部分是海上漂泊10年的故事；第二部分是回乡后复仇的故事。

第一部分：战争结束后，俄底修斯带领部下离开特洛伊，在海上遇到风暴，漂到了伊斯玛洛斯，他们杀死了当地的居民，掠夺了无数的钱财女子，正在饮酒作乐时，被喀孔涅斯人包围。俄底修斯率部突围后，又漂到了食莲国和独眼巨人的岛上，后经千难万险到了太阳神岛上。同伴们因为宰杀神牛，触犯天条，被宙斯用雷霆击沉船只，全部溺死，只有俄底修斯没有吃牛肉才保下一条命来。俄底修斯漂到俄古癸亚岛后，被美丽的仙女卡吕普索留作丈夫，七年后宙斯命令仙女放他回乡。俄底修斯在离开特洛伊10年后，才漂流到斯刻里厄岛。这个岛上的国王得知他就是俄底修斯后，送给他很多礼物并派快船送他回国。

第二部分：俄底修斯离开故乡20年，国内已生意外。许多贵族少年想夺取他的财产和王位，向他的妻子珀涅罗珀求婚，并天天在宫里胡闹，把俄底修斯的一份家产几乎花光。俄底修斯回国后，受女神雅典娜的指点，化装成乞丐，采取各种办法试探妻子、儿子和仆人，并惩罚了无赖的求婚者，最后全家团圆。

《荷马史诗》是欧洲文学史上最早的优秀文学巨著，它反映了古希腊史前时代（人类早期口语媒介时代）的生活面貌，是研究希腊早期口语媒介社会的重要文献，对后世欧洲文学和世界文学的发展具有深远的影响。

（二）西方口语文化的基本特征

沃尔特·翁在其著作《口语文化与书面文化：语词的技术化》中，以西方口语文化为蓝本，较为详细地概括了口语文化的九大特征。（1）附加的而不是附属的。沃尔特·翁认为：口语文化非常注意语言的实用性，口语语境是围绕口头话语展开的，这使其能够在一定程度上不依赖语法，而是所叙述的故事内容是一部分一部分并列叠加上去的。① （2）聚合的而不是分析的。这个特点是利用套语来确保有利于人们的记忆。他认为，"基于口语的思维和表达的构造成分往往不是简单的'整数'，而是'整数'的聚合，这些'整数'有相似的词语、短语或从句，有对仗的词语、短语、从句或名号。口语文化的民族喜欢说的不是一般的士兵而是勇敢的士兵，不是一般的公主而是美丽的公主，不是一般的橡木而是坚韧的橡木，在正式的话语里尤其有这样的偏好。如此，口语表达承载着大量的称号和其他的套语。反之，高度发达的书面文化则排斥这样不太灵巧、冗余过多的语言习惯，因为聚合结构显得过于笨重。"② （3）冗余的或"丰裕"的。沃尔特·翁认为，在口头话语中，与书面文字的情况截然不同，在口语环境中，因为话一说出口就消失得无影无踪，脑子以外没有你能够回顾的东西，"于是，脑子就不得不放慢速度，使注意力集中在刚才说过的话上。冗余，即重复刚刚说过的话，能够使听说双方都牢牢地追随既定的思路。……既然冗余是口语文化里思维和说话的特点，所以在深刻的意义上我们可以说，冗余自然而然是思维和言语的伴生物，而不是罕见的线性结构"。③ （4）保守的或传统的。因为在原生口语文化里，如果人们在日常生活中所积累起来的有效的知识不用口诵的办法反复重复，很快就会消亡，"所以口语文化型的人必然花费很大的精力，反复吟诵世世代代辛辛苦苦学到的东西。这就需要确立一种高度传统或保守的心态，因而这样的心态抑制思想试验，自然就理所当然了。知识来之不易、非常珍贵，所以社会就非常尊重阅历丰富的老人，他们对保存知识负有特殊的责任，他们熟悉并能讲述祖辈传下来的古老故事。文字把知识储存在头脑之外，使能够重述历史的贤明老人的地位降格，于是，社会就向比较年轻的新知识的发现者倾斜。

---

① ［美］沃尔特·翁：《口语文化与书面文化：语词的技术化》，何道宽译，北京大学出版社 2008 年版，第 28—29 页。

② 同上书，第 29 页。

③ 同上书，第 29—30 页。

印刷术在这方面的作用更进一步。"① （5）贴近人生世界的。在口语文化里，还没有供人们所使用的抽象范畴，人们也还不能够接受这样的范畴，人们只能够认识和接受日常生活化的一些东西，"所以口语文化在使知识概念化、用口语表达一切知识时，不得不多多少少地贴近人生世界，以便使陌生的客观世界近似于更为即时的、人们熟悉的、人际互动的世界。书面文化能够使人疏远，甚至在某种程度上能够使人失去自然的天性，把人变为贴上甲乙丙丁标签的物体，把领袖人物和政治组织的名字制作成抽象而中性的清单，使之完全脱离人的行为环境，在这一点上，印刷文化有过之而无不及。口语文化中没有像清单这样中性的工具。"②（6）带有对抗色彩的。口语文化与书面文化不同，口语文化的直接性和生活化，导致了"许多口语文化和有口语文化遗存的文化具有超常的对抗性，在言语表现上是这样，在生活方式上也是这样。文字培育抽象观念，使知识与人类竞争的舞台拉开距离。文字使拥有知识的人和知识分离。与此相反，口语文化把知识纳入人生世界，把知识放进生存竞争的环境。在口语文化里，谚语和谜语不仅仅是用来储存知识的，而且是用来和他人舌战斗智的：一句谚语、一个谜语就是对听者的挑战，……故事里的人物相遇时，经常自吹勇武威猛，吹嘘自己在舌战中痛击对手。《伊利亚特》《贝奥武甫》以及贯穿中世纪欧洲的传奇故事莫不如此；《姆温多史诗》等数不尽的非洲故事也莫不如此。"③（7）移情的和参与式的，而不是与认识对象疏离的。与文字世界不同（文字把人和认识对象分离开来，与之拉开距离），在口语文化世界里，学习或认知事物就是要贴近和感知认识对象，从而达到与其共鸣和产生认同的境界。因此，口语媒介环境下，人们对事物的认知是移情的和参与式的，而不是与认识对

---

① ［美］沃尔特·翁：《口语文化与书面文化：语词的技术化》，何道宽译，北京大学出版社2008年版，第31页。

② 同上书，第32页。

③ 同上书，第33页。

象疏离的。①（8）衡稳状态的。和书面文化相比，口语文化是恒稳态的。这是因为，要保证口语文化的传承与发展，就不能有过于频繁的变化，剧烈的频繁的社会文化变动将导致社会文化的丧失。"口语文化社会在很大程度上生活在当下之中，它们蜕去了对当下不再有用的记忆，借以保持社会的平衡与衡稳状态。"②（9）情景式的而不是抽象的。一切概念都有一定程度的抽象性，这是口语文化所不便造作和接受的；口语文化往往把概念放进情景的、操作性的框架里，放进贴近生活的人生世界里。比如，"前苏格拉底时代的希腊人用可操作的方式构想公正，而不是用比较正式的概念去构想。"③

以上是沃尔特·翁所论述的西方口语文化所具有的九大特征，当然，也是其他口语文化的一些基本特征。当然，这些特征所发挥的作用是不一样的，特别是对后世书面文化的影响是不同的，有些特征在书面文化中基本不存在了，而另外一些特征却长久地存在着（如，西方口语文化的对抗性和好斗性），并对西方后世文化产生了持久深远的作用和影响。

在西方口语文化里，"思维和表达基本上是对抗性的和套话式的"，"讲演术具有深刻的好争斗的根基……覆盖面宽广的修辞传统的发展是西方的特征，其原因、结果或因果两方面都和希腊人及其文化模仿者在精神世界和非精神世界里把对立面放大到最大限度的趋势有关。在这一点上，他们和印度人、中国人形成强烈的反差：印度人、中国人有条不紊地把对立面压缩到最低限度。"④ 西方口语文化的好斗倾向，甚至使其从高调对抗的演说发展到文学领域里的诗歌，使诗歌常常成为"近似于辞藻华丽的演说，其基本功

---

① ［美］沃尔特·翁：《口语文化与书面文化：语词的技术化》，何道宽译，北京大学出版社 2008 年版，第 34 页。

② 同上书，第 35 页。

③ 同上书，第 37 页。

④ 同上书，第 85 页。

能被认为是臧否毁誉"。① 这也许就是西方社会的文化特征和好斗基因，直到今天这一文化特征和好斗基因仍然在其口语文化（演讲）中明显地存在着。

五 早期口语文化对中西方文化影响的比较研究

现代研究表明，中国口语英雄史诗，不仅声音像音乐，而且诗的词其意蕴也有韵味，比、兴手法细腻多样，韵味隽永。而西方口语史诗更像论说文，尽管它也有韵律，但韵味不足，往往直书其内容，更像论说和讲演。正如林语堂先生在论说翻译艺术时所讲："译艺术文最重要的，就是应以原文之风格与其内容并重，不但须注意其说的什么，而且必须注意怎么说法。"② 卞之琳、叶水夫等人也曾指出："文学作品如诗歌之所以是诗歌，就像任何艺术作品之所以是艺术作品，并不在于表现了什么，而在于是怎样表现的。"③ 中西方的不同的言说方式，导致了中国话语言说更加注意韵律、和谐，理论体系中庸、和谐、完美，富有韵味的诗歌长盛不衰。而西方的话语体系更加理性，逻辑性更强，更加富有攻击性，其理论架构往往是攻其一点，不及其余，将某些观点推向一个个极端，在一个个极端创新中求得理论的整体发展。所以有人总结说：西方的诗歌像论文，中国的论文（论说）像诗歌。口语理论研究家沃尔特·翁也认为："从古希腊时期起，修辞在学术背景里的支配地位便在读书人的圈子里产生了这样一个印象：讲演是一切口头表达的范式。这个印象虽然模糊，却是实实在在的。用今天的标准来衡量，这个印象使话语的对抗调子极其高亢。诗歌常常近似于辞藻华丽的演说，其基本功能被认为是臧否毁誉（甚至在今天，许多口

---

① ［美］沃尔特·翁：《口语文化与书面文化：语词的技术化》，何道宽译，北京大学出版社2008年版，第85页。

② 林语堂：《论翻译》，罗新璋：《翻译论集》，商务印书馆1984年版，第431页。

③ 江枫：《"新世纪的新译论"点评》（http://www.doc88.com/p-141664320171.html），2017年6月8日。

头诗歌和书面诗歌还保留了这样的功能）。"①

（一）不同的口语文化取向导致中西方文化发展的不同取向

不同的口语文化趋向导致了中西方文化发展的不同发展方向。徐新建在其《口语诗学：声音和语言的符号关联——关于符号学和文学人类学的研究论纲》一文中认为："关注口语诗学就是关注口传文化和语言行为。不幸的是，长期以来，对文字的迷恋，局限了人们的视野；以文字为'中心'的心态，导致了文本崇拜的产生。在汉语世界，'文学''文化''文明''人文'等一系列以'文'为核心构造出的关键词，无时无刻地强调和维护着'文论'与'文人'的权威和地位。在这样的语境下，口传事像就遭受了边缘化、歧视化的命运。"他认为："'口语诗学'的基本对象是口头诗歌，因此关注的核心在于'歌'。'歌'是具体的现实行为，集声乐、舞蹈、仪式和群体互动等多种事像于一体，言辞只是其中的一项。"②（参见下图）

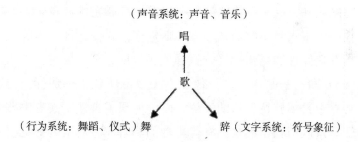

（声音系统：声音、音乐）

唱

歌

（行为系统：舞蹈、仪式）舞　　　　　　辞（文字系统：符号象征）

并认为，若以这样的系统为对象，"口语诗学"的研究无疑就具有了发生学意义上的即整体性和根本性的价值和意义，进而还可

---

① ［美］沃尔特·翁：《口语文化与书面文化：语词的技术化》，何道宽译，北京大学出版社 2008 年版，译者前言第 85 页。

② 徐新建：《口语诗学：声音和语言的符号关联——关于符号学和文学人类学的研究论纲》，《西南民族大学学报》2008 年第 3 期。

依据由歌唱事像延伸开去，进一步从诗学角度关注人类整体的口语传播行为，从而促进对人类特性的深入理解和对"文明"进程的重新反思。①

根据这一口语传播体系，和此后中西方文化发展的不同取向和结果，我们完全有理由相信，在口语传播系统的三大主导因素中"声音系统：声音、音乐"对中国后世文化的发展（与西方文化相比）产生了更加重大的影响，并由此导致诗歌文化延续数千年，长盛不衰。根据汉语发展变革的经验和历史进程，"最早的诗就是歌，歌诗一体，舞乐相伴。'歌'才是诗的原型。因此如若要研讨'诗'的本体，就得回到'歌'的事像；也就是回到口传，回到演唱，回到人类诗意表达的原初综合"②状态。而"文字系统：符号象征"（偏于意义的、理解的、呆板的）在西方文化的发展中得到了更为优先的发展，并由此导致修辞学、逻辑学和论辩与讲演长期兴盛和发展，各种理论体系林林总总，层出不穷，相应的其整体性的，兴人动人感人的审美力的量就明显不足。由此也导致了西方人对事物的认知方式是逻辑式的——认识具有严密性和逻辑性，层层递进；而中国人对事物的认知方式则是感悟式的，即对事物认识和把握具有整体性和感悟性（众里寻他千百度，蓦然回首，那人却在灯火阑珊处）。这是因为，正像亚里士多德所认为的那样，诗歌不是对自然中具体独特事物的模仿，而是再现了自然所具有的普遍性的特征。诗歌所揭示的是具有普遍性的真理，"是比历史更富有哲学性的、更严肃的艺术"。③"西方诗学在强大的'逻各斯中心主义'传统的基础上，形成了一套理性逻辑话语系统。而作为中国思想和文论源头之一的'道'，则不能对其进行概念性分析，只能通过直观、直觉式体悟去认知，这将中国文论引向了诗性言说，使得

---

① 徐新建：《口语诗学：声音和语言的符号关联——关于符号学和文学人类学的研究论纲》，《西南民族大学学报》2008 年第 3 期。

② 同上。

③ ［古希腊］亚里士多德：《诗学》，陈中梅译，商务印书馆 1996 年版，第 81 页。

中国文论具有了追求自然真境与言外至味的审美品质，呈现出一种诗性特征。……西方诗学是把诗歌及其相关现象当作一种客观对象，运用理性探索诗学的客观规律，其诗学话语成为理性求真的工具，相对具有讲究内涵、外延清晰，上、下所属关系明确等特点，概念分析的色彩极其浓重。从对逻各斯的分析出发，西方诗学走上了探寻、追问、分析、判断、推理的理性话语模式之路。甚至，当西方诗学话语运用理性语言处理诗歌及其相关现象时，也难以改变力图找出它不变的本质和规律的初衷"。[①] 这就使中西方文化形成了完全不同的认知方式和价值取向，导致了中国文化整体把握、中庸思辨——讲求全面、完整、合理，和西方文化条分缕析层层递进，进而形成严密逻辑体系，甚至攻其一点不及其余（只要在自己的逻辑体系内能自圆其说、自洽、严谨）的各自最大特征。

（二）中西方不同的文化价值取向与不同的文化创新方式

中西方完全不同的认知方式和文化价值取向，所导致的中国文化整体把握、中庸思辨——讲求全面、完整、合理，和西方文化条分缕析层层递进，以及攻其一点不及其余个性特征，并在此基础上形成严密逻辑体系。中西方完全不同的认知方式和文化价值取向形成了各自不同的文化追求和文化创新模式：中国文化讲求全面、完善、整体把握，因而文化创新不易，因为中国的文化创新，是整个文化体系的创新，是对整个旧体系的突破和创新，这显然不是一般人所能做得到的，体现了中国传统文化创新的一定的保守性和艰巨性，因此中国的文化发展在很多情况下表现为对前人的诠释（在不打破前人文化传统和文化框架的前提下阐释自己的"发展"和"创新"），在诠释中求发展，求创新。而西方文化则有所不同，西方文化尽管逻辑严谨，但它所讲求的是局部的、个体的、部分的自洽、严谨和逻辑的严密，但不需要对文化整体的把握，这是很多人

---

① 刘占祥：《逻各斯和道对西方诗学和中国文论的不同影响》，《西南民族大学学报》（人文社科版）2009 年第 5 期。

在很多情况下都能做得到的，也正因为如此，西方人创新成果较多，几乎人人都在发表自己创新性的成果——攻其一点不及其余，将事物和某些理论在某个方面推向极端，形成创新，然后又在另一些方面推向另一个极端，形成另外一些创新，从而使科学和理论在这种左冲右突中得到较快的发展和创新。这在一定程度上表现了西方文化的矛盾性和冲突特征，也表现了其文化创新的激进性和便利性特征。这也在一定程度上说明了，为什么近代以来西方不仅在科学技术方面创新成果较多，而且在人文社会科学领域也是大师云集，创新硕果累累，而中国在科技和社会科学领域却上百年一贯制，很少有大师级的创新人物出现。在以分析为特征的近代科学发展阶段，西方文化发展的价值取向和追求各局部逻辑严密的认知方式，是具有明显优势的，然而，当科学发展完成了资料的搜集和分析整理进入当代整体认知把握综合发展阶段之后，中国文化较高层次的"体悟""玄览"、整体思辨的运思和把握的认知方式将大放异彩，发挥更大的优势和作用。

第二编

书写媒介：真正的文化传播与出版

第二章　书写媒介时代的表达解放与出版创新

第一节　文字的诞生及其对社会文化发展的巨大价值和意义

法国媒介学家雷吉斯·德布雷（Regis Debray）认为，可以用书写时代、印刷时代、视听时代三个时期对人类社会的媒介发展进行概括，这三个时期对于整个人类社会的信息传播发展有着极大的作用和影响，由此可见书写媒介这一特殊的媒介形态对人类文化发展的巨大作用和影响。

一　文字的产生是社会历史发展的必然

文字产生和发展的自然历史过程。文字的产生既是一个人类文化史上具有划时代意义的界标性事件，又是一个自然的历史发展过程。说它是一个人类历史上具有划时代意义的界标性事件，是因为文字作为语言的符号和思想交流的工具从根本上创新和改变了人类的社会文化环境和人类生存的方式和状态，人类社会正是"由于文字的发明及其应用于文献记录而过渡到文明时代"[①]。说它是一个自然历史过程，是因为历史上任何一种文字的发明都是由于人类社会的发展、人类文明程度的提高，以及人们生存的迫切需要而产生

[①] 《马克思恩格斯全集》第 21 卷，人民出版社 1965 年版，第 37 页。

和发展的。在前文字时代即口语媒介时代，由于生产力发展极其落后，科技发展水平极其低下，人类社会处于人与人之间直接的口语交流与传播的时代，即口语媒介时代。口语传播（口语媒介）只是人的自然语言，是人们面对面的不借助任何外物和外力的交流和传播，因此既没有等级和权力的介入，也没有资本的控制，这就决定了这是一个自由、平权的文化传播时代。

但是，口语媒介具有天然的局限性。口语传播靠的是人的大脑的自然记忆，这在无形中给人类的大脑带来了极大的负担，随着社会的发展和社会事务、人际关系的复杂化，摆脱大脑的过度负担，寻找更加便利的记忆的符号体系成为必然，语言也就在这种社会需要中逐步产生并不断发展起来。正如郭沫若先生在《古代文字之辩证的发展》一文中所讲："文字是语言的表象。任何民族的文字都和语言一样，是劳动人民在劳动生活中，从无到有，从少到多，从多头尝试到约定俗成，所逐步孕育、选炼、发掘出来的。它决不是一人一时的产物。它随着社会的发展而发展，有着长远的历程。只要民族的生命还存在，或者没有受到强大外力的长期扼制，文字也和语言一样，总要不断地发展。它们仿佛都是有生命的东西，不断地在新陈代谢，一刻也不曾停止，一刻也不会停止。"①

文字是为了记录语言而约定俗成的符号体系，"和自然的口语相比，文字完全是人为的东西。'自然而然'的书写方式是不存在的。口语对人完全是自然而然的，也就是说，每一种文化里的每个人必然要学会说话，只要他没有生理或心理的残障。说话是有意识的生理需要的工具，但言语是从无意识的深处涌入意识的，当然在这个上升的过程中，言语需要社会有意无意的合作……文字不是事物的表征，而是言语的表征。"② 因此，从一般意义上讲，人类文字的产生大都经历了"结绳记事""符契记事""文字画""图画文

---

① 郭沫若：《古代文字之辩证的发展》，《考古学报》1972 年第 1 期。

② ［美］沃尔特·翁：《口语文化与书面文化：语词的技术化》，何道宽译，北京大学出版社 2008 年版，第 62 页。

字"等初期发展阶段，然后逐步选炼、净化和抽象化为系统的文字符号体系发展演化过程。

结绳记事。所谓"结绳记事"，就是在一条绳子上打结，用以记录所发生的事情。它是在文字发明前，许多地方的人们所使用过的一种实物记事方法。我国有"上古结绳而治"的传说。秘鲁人"在一条主绳上系上许多绳结，以颜色和位置来表示各种事件，如黑结表示死亡，红结表示战争等。他们用结绳的方法来登记户口、记载赋税、传递命令等，还用结绳的方法编了英嘉帝国的年史，每个市镇上都设有结绳官，专司其职"①。上古时期的中国、秘鲁、澳洲、非洲等地的一些人们皆有此习惯，即到近代，一些没有文字的民族，仍然采用结绳记事来记载信息。

符契记事。符契记事，即刻竹木记事。结绳记事非常不便，不能很好地表达事物的信息，因此人们又在此基础上进行刻竹木记事，以更便利地记载所要表达的信息。我国古代有"上古结绳而治，后世圣人易之以书契"之说。"原始人在交易的时候，常刻竹木为记，各执一块相互验证。澳洲人、马来亚人和非洲人都曾使用刻木来传达消息或作为凭证。英国到十九世纪初期财政部还发行一种木契作为证券。"② 符契记事尽管与结绳记事相比，更加便利，但是，它仍然属于实物记事的方式，是辅助语言和帮助记忆的一种方式和手段，而文字则属于脱离了实物的独立的符号系统，因此，符契记事仍然离文字的起源相去甚远。

文字画与图画文字。随着社会的发展和人们交往关系的日益密切，人们愈来愈感到结绳记事、符契记事等辅助记忆方式的不便和局限，文字画应运而生。所谓文字画，是指通过一幅幅画面来表达和传递画者的思想意图的图画。文字画具有辅助人们记事和进行人与人之间社会交往的双重作用和意义，它已脱离了实物记事，具有

---

① 施效人：《文字的产生及其发展的一般规律》（上），《文字改革》1965 年第 1 期。
② 同上。

文字的一定特性和功能，是象形文字的先驱。按照施效人先生的观点，文字画虽然是象形文字的先驱，它的进一步抽象发展即是象形文字，但是，"它本身还不是文字，因为文字画是以整副的图形和语言相结合，像连环画一样，它只表达整段的意思，它既不表达个别的词和词在语言里出现的次序，也不表达一定的语法关系。文字画发展为图画文字（最原始的象形字）必须具备三个条件，这三个条件便把文字画与图画文字划清了界线。三个条件是：（1）图画文字必须与语词相结合，就是说它的部分形体必须代表固定的语词，成为可以诵读的东西，不像文字画那样只可意会，不可诵读。（2）图画文字必须成为约定俗成的符号；而文字画只是感性的形象，不是符号。（3）图画文字必须把物象外表相对地规范在一定的形式里，一般只描述出较简单的线条轮廓；而文字画是随物赋形，不拘规格的。"①

施先生还认为："由文字画发展为图画文字是质的变化；有图画文字发展为象形文字只是量的变化。图画文字经过不断地整理简化，图画的性质逐步减少了，符号的性质逐步加强了，终于成为完整的约定俗成的象形文字体系了。"② 对于文字画与图画文字的区别，施先生还给出了形象的公式：

图画文字 = 部分的形象 + 词义 + 语音

文字画 = 整体的形象 + 笼统的达意

文字是第一套外化于人类的媒介符号系统，从本质上讲文字与其所表达的事物之间已没有了什么直接的本质联系，但是，从文字起源的视角来看，最原始的文字绝不可能仅凭个人——哪怕是多么伟大和睿智的人物的主观好恶来创造，而只能是发端于视觉形象，因为，只有"随体诘诎，随物赋形"才能比较容易地取得水到渠成、约定俗成的效果，也才能被更多的人所接受，成为社会流传的

① 施效人：《文字的产生及其发展的一般规律》（上），《文字改革》1965 年第 1 期。
② 同上。

符号系统。正如鲁迅先生在《文外文谈》中所说的："在社会里，仓颉也不止一个，有的在刀柄上刻上一点图，有的在门户上画一些画，心心相印，口口相传，文字就多起来，史官一采集，便可以敷衍记事了。"①

从象形文字到表意文字。象形文字随物赋形，抽象度不够，尽管看起来很美，但是书写起来非常费事，不便写作和表意，无法适应社会的发展和人们交流表意的需求，特别是对那些抽象的事物更是束手无策，而人世间之事物又多有无形可象的。同时，象形文字在应用过程中，由于同音、假借以及自己演化等现象的存在，形与义脱节自是必然，最后象形文字徒有虚名，最终演变为具有纯粹象征意义的表意文字——独立的文字符号系统。由此可见，象形文字表达的局限和书写的繁难，使其必然逐步走向简化，失去其原型，最终蜕变为抽象的符号——表意文字。这是必然的，是人类交往的自然需要，也是社会生产力发展的历史必然。

二　汉字的产生、演变与发展

中国的汉字，也同样经历了由最初的"结绳记事"到"符契记事""文字画""图画文字"等初期发展阶段，然后逐步选炼、净化和抽象化为系统的文字符号体系这样一个历史演变与发展的过程，即最初的文字画：陶符经过——甲骨文——大篆——小篆——隶书——楷书等一系列选炼、演变和进化发展到今天的庞大的汉字符号体系。

（一）陶符—文字画

根据考古发现和历史研究，我国的文字——汉字，显然也是起源于图画，即由文字画和图画文字逐步发展而来。1955 年在陕西西安半坡出土的仰韶文化"彩陶"上，每每有一些类似文字的刻画符号，人称"陶符"。彩陶亦称陶瓷绘画，它是具有悠久历史的我

---

① 《鲁迅全集》第 6 卷，人民文学出版社 1991 年版，第 87—88 页。

国文化"国粹"。它们笔画简单，是人们在制作或使用陶器时有意识地刻画的具有表意作用的记事符号。彩陶艺术中融合了当时人们的各种创作思想和创作风格，创作出风格各异而又多姿多彩的艺术珍品，是我国不可多得的文化瑰宝。中国的"彩陶文化"基本属于文字画和图画文字发展阶段和状态。"彩陶多样的形制、神秘的纹饰，传递出中国远古的信息，开启了华夏文明的源头。读懂中国，必须先读懂中国传统文化；读懂中国文化，必须先触摸仰韶彩陶。仰韶彩陶文化无疑是中国的人文晨曦。彩陶，是生活在黄河流域的新石器时代晚期的我们中华民族的祖先，制作的一种红色的上边再画上彩色花纹的特殊陶器。……彩陶记载着人类文明初期的经济生活、宗教文化等方面的信息。"①

郭沫若先生认为："我国后来的器物上，无论是陶器、铜器，或者其他成品，有'物勒工名'的传统。特别是殷代的青铜器上有一些表示族徽的刻划文字，和这些符号极相类似……由后以例前，也就如由黄河下游以溯源于星宿海，彩陶上的那些刻划记号，可以肯定地说就是中国文字的起源，或者中国原始文字的孑遗。"② 中国社会科学院考古研究所实验室曾用碳十四放射性同位素测定半坡遗址的年代，其结果表明距今已有 6000 年左右的历史。郭沫若先生认为："半坡遗址的年代，距今约六千年左右……这也就是汉字发展的历史。"③

（二）甲骨文和金文

甲骨文是中国迄今为止发现的最早独立成体系的文字。甲骨文是当时契刻在龟甲或兽骨上的一种文字，因此得名甲骨文。它主要是记载殷商后期王室的活动，是殷商王室的档案。由于当时社会还处于一种原始愚昧状态，人们对当时发生的一些事物和事件还不能

---

① 费国华：《读懂中国文化　先触摸仰韶文化（一）》（http：//blog. sina. com. cn/s/blog_ 4c2614830100199o. html），2017 年 7 月 16 日。

② 郭沫若：《古代文字之辩证的发展》，《考古学报》1972 年第 1 期。

③ 同上。

用科学的方法进行解释，因此生活在殷商时期的人宗天、尚鬼、敬神灵，鬼神至上、巫舞合一（属于神本文化），占卜之风盛行，龟甲便是重要的占卜工具（被钻凿打孔后的甲骨孔，烧到一定程度便会出现裂纹，然后人们根据裂纹的形状判断人事的吉凶），契刻者将判定的吉凶结果刻在龟甲或兽骨上。由于这些字是用刀刻在龟甲或兽骨之上的，而且又多是用来占卜的，所以被称为"甲骨文"或"卜辞"。

"金文"是铸刻在青铜器上的文字。殷商王朝被周王朝所代替，建立西周之后，逐步制定了周礼，由此"华夏文明进入了礼乐文化阶段。由神本转向人文，改卜为筮，大兴礼乐之风。最能代表这一文化特征的便是青铜器的兴盛，据考古发现，早在夏王朝已经出现有简单形制的青铜器物。随着科技的发展，青铜技术的不断提升，商代末年至周王朝是青铜器的鼎盛时期……青铜器的运用，上至祭祀典礼，下至日常器具，无不昭示着青铜文化的兴盛。青铜是红铜与锡的合金，古代称铜为'金'，因此，把铸刻在青铜器上的文字称之为'金文'"①。

从考古和历史的研究可知，尽管"甲骨文与金文在商代以及西周初期同时存在，但就目前所发现的出土文献资料来看，商代以甲骨文为主，西周以金文为主。在一定程度上可以定义为甲骨文代表商代文字、文化及书法状况；金文代表西周文字、文化及书法状况……金文稍晚于甲骨文"②。

（三）文字的定型与发展：大篆、小篆、隶书、楷书

从陶符到甲骨文和金文，在漫长的社会劳动发展和文字创造过程中，经过大量的选炼、形变，以及去粗取精，归纳整理，文字趋于逐步定型，并得到全社会的承认和采纳。春秋战国时期，社会的巨大变革，社会交往的频繁，使得文字的使用更加广泛，但由于长

---

① 高兴全：《甲骨文与金文》，《中国书法》2015 年第 2 期。
② 同上。

期处于分裂割据状态，诸侯国各自为政，各霸一方，显然文字上也各搞一套，使文字的发展演变出现了区隔和分化，形成了"言语异声，文字异形"的不利局面：同样一字在不同的地区有着各自不同的写法，给信息的交流和文化的传播带来困难和麻烦。

　　公元前221年，秦帝国的建立为我国文字和文化的统一奠定了基础。秦始皇为建成统一的帝国和民族文化，着手进行车同轨、书同文、统一度量衡的改革。在文字改革方面，秦始皇命令李斯等以秦国流行的文字为基础，整理出一套"秦篆"，也叫"小篆"，作为全国法定的标准文字，把笔画繁复的"大篆"以及六国其他地方的文字统统宣布作废。"经过整理的小篆文字形体统一，偏旁固定，不能任意取代或移动位置，每字的笔划数和书写笔顺也基本固定，所以秦始皇统一后的小篆比起大篆与六国文字要简便、易认、易写。"① 在小篆书通行的同时广大群众又创造了一种比小篆更简便的"隶书"。隶书字体笔划直线方折，结构平整，书写方便，一经呈报，便得到秦始皇的奖励，从此便被广泛采用。到了汉代，隶书完全代替了篆书，隶书的进一步发展就成为了今天的楷书，汉字进一步进化并成熟。"秦代统一文字，使小篆和隶书成为全国通行的字体，对我国社会文化和政治、经济的发展产生了深远影响，为中华民族的形成作出了特殊的贡献。以后我国历史上虽然曾经有过几次分裂，文字发展亦有演变，但文字始终是相对统一的。隶书的出现，又把原来在很大程度上仍带有象形味的秦篆进一步符号化，成为汉字发展史上的一大转变。到了汉代，隶书就完全代替了篆书，进一步发展就成了今天的楷书。秦代隶书的出现和通行，可以说是我国文字由古体转变为今体的里程碑。"② 鲁迅先生称赞这一创造过程，他说："古人并不愚蠢，他们早就将形象改得简单，远离了写实。篆字圆折，还有图画的余痕，从隶书到现在的楷书，和形象

---

① 姚新鉴、金来恩：《再谈文字的产生与演变》，《南方文物》2005 年第 4 期。
② 同上。

就天差地远。不过那基础并未改变，天差地远之后，就成了不象形的象形字。"①

　　汉字的诞生有着极其重大的价值和意义，它使人类真正脱离了茹毛饮血的野蛮人的生活方式，开启了人类文明创造、交流、传播和传承的过程，为人类文明的更大发展创造了条件，奠定了基础。

三　文字诞生与发展的价值和意义

　　文字的诞生减轻了人类大脑的记忆负担，为人类的文化交流与传承开辟了全新的广阔空间。"文字把知识持有人和已知对象分离开来，使人的内省日益清晰，打开了心灵通向外部世界的大门，而外部世界和心灵是截然不同的；而且，文字还为内部心灵世界打开了通向自身的大门，使外部世界成为内部心灵世界的背景"②，从而为人类文明社会的建构与发展提供了必要的前提条件。

（一）　文字的诞生开启了人类文明的历程

　　恩格斯在总结文字的产生及其价值和意义时说：人类"由于文字的发明及其应用于文献记录而过渡到文明时代"③。文字的诞生对人类社会发展来说是一件惊天动地的大事，有着极其重要的价值和意义。人类发明了文字，使人类文化发展进入文明状态，才能使人类真正脱离野蛮人的生活方式。"完全意义上的文字就是经过编码的可见的符号，它充分地调动了语词的特性，所以语音精巧的结构和所指可以用符号表现出来，而且其复杂的特性也能够被表现得精确到位。再者，由于文字是可以看见的符号，它就可以产生更加精妙的结构和所指，大大超过口语的潜力。在这个平凡的意义上文字过去是，如今仍然是人类技术发明中最重大的发明。文字不只是言语的附庸，它把言语从口耳相传的世界推进

---

　　① 《鲁迅全集》第 6 卷，人民文学出版社 1991 年版，第 89 页。
　　② ［美］沃尔特·翁：《口语文化与书面文化：语词的技术化》，何道宽译，北京大学出版社 2008 年版，第 80 页。
　　③ 《马克思恩格斯全集》第 21 卷，人民出版社 1965 年版，第 37 页。

到一个崭新的感知世界。这是一个视觉的世界，所以文字使言语和思维也为之一变。木棍上刻画的痕迹和其他记忆辅助手段固然导致文字的产生，但这些记号不能够像真正的文字那样赋予人类生命世界新的结构。"[①] 文字是人类第一套外化于人类的媒介符号系统，它的产生大大拓展了人类的传播能力，开启了人类文明创造和文化传播以及有效保存、传承的历史，从此人类不再受时间和空间的局限，而是能够异时异地地传播和接受信息，使超越时间与空间的间接分散传播成为可能，从而成就了一个人文美好世界迅速发展的历史进程。

（二）文字的诞生进一步促进了社会阶级和阶层的分化以及社会文化出版和传播权力的转移与更替

文字是第一套外化于人类的媒介符号，它在大大拓展人类传播能力的同时，也在不断加深人与人之间的知识鸿沟，进而导致社会阶级和阶层的进一步分化。这是因为"文字把知识持有人和已知对象分离开来"。[②]"在语言媒介当中，如果说言语是人类进化习得的第一个直接的认识工具，那么文字则无疑是人类所发明的第一个间接的认识工具，文字技术也是人类第一个'离体而去'在体外不断进化的媒介技术。"[③] 口语主要把意义托付给语境，人们只能进行直接的面对面的交流；而文字则把意义集中于语言本身，只要能够接受到文字（没有必要是面对面的）就能够理解文字所表述和转达的思想和意义。并且，人们从原来早期的面对面的"交互式"平等交流与对话，变成了一方是高高在上的"传授者"，而另一方却成了俯首听命的"接受者"，双方成了泾渭分明、角色清晰的"传"与"受"的对立与"独白"。正如利普斯在他的《事物的起源》一

---

① ［美］沃尔特·翁：《口语文化与书面文化：语词的技术化》，何道宽译，北京大学出版社 2008 年版，第 64 页。

② 同上书，第 80 页。

③ 李曦珍、楚雪、胡辰：《传播之"路"上的媒介技术进化与媒介形态演变》，《新闻与传播研究》2012 年第 1 期。

书中所言：“有了书写的知识，一个新的时代开始了。”① 另外，文字并不是先天的自然拥有的，而是后天习得的。文字完全是人为的东西，人自身之外的、需要特殊训练才能掌握的东西。由于文字媒介的高知识含量和高技术含量——它并不是像口语媒介那样是每个人的一种自然而然的不需要其他投入就能获得的交流工具，使其成为特殊阶级的特权，也大大加深了人与人之间的知识鸿沟，进而发展成为阶层和阶级分化与对立的工具。正如媒介大师沃尔特·翁所言：“文字把知识储存在头脑之外，使能够重述历史的贤明老人的地位降格，于是，社会就向比较年轻的新知识的发现者倾斜。”他又说：“任何一种形态完备的文字从外部进入一个社会，在初期都必然是只局限于特定的阶层。”② 这就必然地造成了社会阶级和阶层的进一步分化，和社会话语权力以及社会文化出版和传播权力的更替和转移。詹姆斯·卡伦也说：“新媒体会导致新的权力中心的出现，从而在现存的主导型威权结构内部引发日趋激化的紧张状态。”③

（三）文字的诞生极大地增强和改变了语言的表达方式和能力

文字作为语言的间接的书面表达形式，它是人们用以记录语言的符号和思想交流的工具。它不仅极大地减轻了人的大脑的记忆负担，而且同时增强了语言的表达能力。由于文字是记录语言的符号，因此文字的产生使语言结束了转瞬即逝的状态和历史，使语言不但能够听，而且还能够看，能够书写出来进一步加工斟酌和研究，从而更加从容地审视和调整语言结构，促使语言更加精密化，使语言对思想的表达更精确，更完美。“在原生口语文化或口语遗存丰富的文化里，即使是家族谱系也不是‘清单’，

① ［德］利普斯：《事物的起源》，汪宁生译，敦煌文艺出版社2000年版，第239页。
② ［美］沃尔特·翁：《口语文化与书面文化：语词的技术化》，何道宽译，北京大学出版社2008年版，第31、64页。
③ ［美］詹姆斯·卡伦：《媒体与权力》，史安斌、董关鹏译，清华大学出版社2006年版。

而是'记忆中吟唱的歌曲'。相反，书面文本像静态的事物，凝固在视觉空间里，可以接受谷迪所谓的'逆向扫描'"。① 这就在促进语言规则进一步完善的同时，也促使人类思维进一步发展。"文字把语词诉诸可见表达以后，语言的表达力倍增，潜力难以限量，文字重构思维；在这个过程中，文字把一些口语方言转化为'书面语方言'。方言用文字承载之后就成为一种能够超越方言的语言。文字使书面方言获得巨大的力量，使其表达力大大超过了纯粹的口语方言。"并且"书面语词磨砺分析，因为分离出来的语词要承担更大的任务。在不用手势、表情、抑扬顿挫的情况下，在没有听众的情况下，为了把自己的意思表达清楚，你必须要把一切可能的意义考虑周全。一句话，在任何情况下对任何读者可能隐含的意义，你都必须要能够预见得到。而且，你必须要能掌控自己的语言，使之可以在脱离生存语境的情况下意思清楚"②。这就大大增强了语言的表达能力，为人类思维的发展和社会文化的进步奠定了基础。

（四）文字的诞生更好地实现了人类思想文化的代际传播，促进了社会文化的进一步发展

文字的诞生突破了语言在时间和空间上的局限，使语言和语言所表达的信息和思想得以长久保存，这样不仅使社会群体的记忆有了飞跃性的增长，而且促进了群体记忆在代际之间的交流和传承。一个人的寿命是短暂的，其知识的积累显然是有限的，然而一代一代人的生命的延续却是永远的，其知识的积累是无限的。文字产生以前人们的经验、知识和思想只能靠口耳相传，其经验、知识和思想的传播是不准确的、或然性的，往往在传播的过程中发生变异，文字的产生则改变了这种状态。文字是人类第一套外化于人类的媒介符号系统，它能很好地记录、保存和传递人类的生活经验、知识

---

① ［美］沃尔特·翁：《口语文化与书面文化：语词的技术化》，何道宽译，北京大学出版社2008年版，第75—76页。
② 同上书，第4、79页。

和思想成果，使后人更好地站在前人的肩上，了解历史，汲取经验教训，总结和发展社会文化，以更好地促进社会的进步和发展。

第二节 书写媒介的产生与发展

有了文字，就有了对文字的书写，也就有了书写媒介及其书写媒介对社会文化的传播。中国是文字产生最早的国家之一，其书写媒介早在殷商（甚至殷商之前）就已经存在了。当时纸张还没有出现，除文字初创时期的极其有限的龟甲兽骨外，简帛成为文字的主要载体，这一时期在中国媒介传播史上被称为简帛时期。简帛即简牍与缣帛，简牍是中国古代用于书写的竹简和木片，它实际上是几种东西——竹简、木简、竹牍和木牍等的总称，而缣帛则是中国古代以丝织品为记录知识载体的帛书。缣帛文献大约起源于春秋时代，盛行于两汉。缣帛柔软轻便，幅面宽广，宜于书写，令人喜爱，但因其社会供给不足，价昂贵，不便获取，因此在简帛共存的时期，一般大都采用简牍，而较少使用缣帛。汉代"蔡侯纸"的发明既是中国古代四大发明之一，对人类文明进步作出了巨大贡献，同时由于传播媒介由过去的简牍与缣帛进化为书写方便、传递便利的纸张而使人类从书写规则到思维方式都发生了重大变化，引起了质的革命性变革，对人类文化传播产生了重大影响。从媒介形态理论研究的视角来看，与人类早期的口语媒介相比，无论是人类文化传播早期的简帛书写媒介，还是后来汉代"蔡侯纸"发明后的纸媒都极大地促进了人类表达方式的解放和文化出版事业的发展。

一 官书媒介（秦汉以前）

当文字跨越了甲骨书画文字时代，进入比较系统的文字符号传播以后，我国第一种书写媒介即为先秦时期的"官书"。所谓官书，即"在官府产生，在官府使用，在官府修订，在官府传承，总之由官府垄断，不准公开流通"的书。①

我国先秦的官书制度来源于我国的史官文化，史官文化的最大特征就是官府全面垄断文化的生产和传播。而史官文化又是从属于当时的"政教合一""以吏为师"集权政治制度的。我国"春秋以前，所有学校都是官学，分国学与乡学两类；官学之外，从未有民间私学。官学由官府执掌，官府机构就是教育机构，教育机构都是官府衙门，所谓'政教合一'。教师都由官员兼任，没有不是官员的教师，亦官亦师，所谓'官师合一'或'以吏为师'……'学在官府'。……'学在官府'的结果，必然是'书在官府'。天子将包括典籍在内的典章文物一概视为己有，史官就是天子的典书之官。这样就产生了官书制度"②。在我国春秋以前，除了官府典籍（官书）以外，没有其他书籍（新的媒介手段的稀缺，使其也不可能有更多的书籍），自然而然，天子是文化典籍的最高拥有者和垄断者。天子按等级次序，向诸侯分配文化典章。拥有什么样的文化典籍代表了贵族等级的高低，是一种贵族特权的象征。典籍不准随便复制，更不准公之于众。

当时"官书"的传播属于"小众传播"，即在社会上层极其有限的范围内流通，这在任何一种传播媒介诞生的初期都是一种正常的现象。因为一种新媒介的诞生和流行不仅其资源有限，而且是一种话语权力的象征。因此"任何一种形态完备的文字从外部进入一个社会，在初期都必然是只局限于特定的阶层"③。"一个阶级掌握政权的前提是掌握话语权，而无论个人的能力多么强大，都必须遵循语言的规则和结构。语言符号一旦进入社交场域，个人就不再拥有随意支配它的权力，只能在一定的规则和范围内使用。因此，历史上的统治阶级一旦掌握了话语权，总是千方百计地创造有利于自

---

① 刘光裕：《论中国出版史分期》（一），《济南大学学报》2008 年第 3 期。

② 同上。

③ ［美］沃尔特·翁：《口语文化与书面文化：语词的技术化》，何道宽译，北京大学出版社 2008 年版，第 64 页。

身统治的言语。"① 反过来说，要想创造有利于自身统治的语言，最简洁的办法就是掌握话语权。先秦的官书制度是文字书写媒介初期媒介资源有限制约环境条件下社会文化的有限传播，但与文字产生之前的口语媒介传播相比，它更好地实现了对人类文化和生活经验的传承和保存，是一种人类表达方式的完善与解放。

二 抄本复制媒介（自汉至唐）

抄本，即以手工抄写而成的书籍或文章。在中国的简帛时代，人们将文字抄于竹简、木板或缣帛上即形成抄本。抄本文化主要盛行于汉唐。春秋战国时期，史官文化瓦解，文化下移。"周文化主要是下移各地诸侯，周典籍也主要是下移到诸侯手里。从孔子、墨子都读过官府典籍看，大概从春秋后期开始，官府典籍允许某些民间著名学者阅读。流布到民间的官书，并非没有，但数量很少。"② 秦始皇"焚书坑儒"加强中央集权，颁行"挟书律"，在一定程度上减缓了文化下移的进程。西汉惠帝四年（公元前 191 年）颁行"除挟书律"，官书制度废止，为书籍文化的大众传播消除了社会制度障碍，从此书籍可以在民间自由复制与流传，文化下移速度加快。

自汉至唐书籍文化传播在社会上流行开来，人类文化出版是一个螺旋式上升过程，即早期的书写媒介时代的个人自由出版——印刷时代的社会（通过职业编辑）控制出版——电子媒介时代更高基础上的个体自由出版。汉唐时期的抄本文化出版属于人类早期书写媒介时代的个人自由文化出版：自著；自己书写；抄本复制传播。"自汉至唐上千年间，作品都由作者定稿后问世，或由亲友代表作者定稿问世。""大藏书家获得书籍，主要不是从市场，主要是靠

---

① 王伟利：《媒介·符号·权力——解析语言符号在媒介权力建构中的作用》，中央民族大学，硕士学位论文，2010 年。

② 刘光裕：《论中国出版史分期》（一），《济南大学学报》2008 年第 3 期。

自己传写"，"作品问世之事作者一概不让书商经手，迄今未见例外。"① 这是因为，当时文化产品社会需求量小，而手抄成本又高，不可能形成有效的文化产品交易市场，个别需求只能靠手抄复制完成。

在纸张发明以前，文化传播媒介主要是简牍与缣帛，然而，缣贵而简重，并不便于人们的广泛使用。东汉和帝元兴元年（公元105 年）"蔡侯纸"的发明和应用，为文化产品的传写和传播带来了极大便利。"作品传写长期风靡全国，以唐代最为壮观，可谓如火如荼，如痴如狂。读者通过传写作品，最后必须制成可以使用的书卷。因此，作品的传写者特别是藏书机构或藏书家，常常拥有书籍作坊。唐秘书省有'楷书手十人'负责抄写，又有'熟纸匠十人，装潢匠十人'负责装裱，证明藏书机构秘书省拥有书籍作坊。秘书省作坊生产的书籍，仅供自己藏书所用，不用于市场交换。这就是自给自足书籍经济。民间传写作品后也要制成书卷，所以民间藏书家也常常自备作坊。……当欧洲中世纪民间基本无书之时，中国到 6 世纪已是'四境之内，家有文史'，民间书籍普及率扶摇直上，遥遥领先全世界"。②

纸张的出现，不仅使人类文化传播告别了简牍与缣帛等"贵族介质时代"，极大地促进了文化传播事业的发展，而且在一定意义上改变了人们的思维方式，促进了人们表达的解放。纸媒取代简、帛，释放了巨大的写作空间，使创作思维获得了极大的自由和解放。在纸前时代，由于素帛成本昂贵和简册写作过程刮削的不易，人们在正式写作前，必然是辗转反侧，惜墨如金，因此，这就使这一时期的作品或篇制不长、缺少变化，或忧虑太多，阻塞内在情义的自然流露，使这种表达既缺少随心所欲、跌宕起伏的文气，又缺少一以贯之、酣畅淋漓的风骨与霸气，自然而然地给人们的表达以

---

① 刘光裕：《论中国出版史分期》（一），《济南大学学报》2008 年第 3 期。
② 同上。

制约与限制。造纸技术的发展与成熟，纸媒介质的出现则在很大程度上改变了这种局面。纸媒的低廉、轻便、易于写作，在一定程度上突破了创作者惜墨如金的心理负担，由于解除了过于谨慎的心理障碍，使思绪更加流畅，表达更加解放。从表达解放的角度看，纸媒写作是一次人类表达的解放和革命性变革。

三　雕版印刷媒介（五代、两宋至晚清）

雕版即刻版，它是文化产品复制出版的一种方式，是中国古代劳动人民在长期文化产品复制传播的实践中研究和发明的。尽管自东汉纸张发明以后，书写材料比起过去的龟甲、兽骨、简牍、金石和缣帛等要轻便、经济了许多，但是抄写书籍还是非常耗时费力的，远远不能适应社会的发展和文化传播的需要，人们从刻印章中得到启发，雕版印刷出现了。雕版印刷是我国劳动人民聪明才智和辛勤劳动的结晶，但对于雕版印刷究竟始于何时，由于社会实践的复杂性和渐进性，特别是像印刷术这样饱含人类文化发展高度智慧性的新技术的发明，绝不可能在某一时某一天内一蹴而就，而必然是在社会生产力和社会文化需求不断发展强化环境下长期发展的产物，所以直至目前雕版印刷发端的具体时间还众说纷纭，难有准确的结论，这是可以理解的。雕版印刷发端于何时，归纳起来大概有雕版印刷始于汉代说；雕版印刷始于六朝说；雕版印刷始于隋朝说；雕版印刷始于唐朝说，等等。但一般来讲，雕版印刷大约始于隋代，盛行于唐代。"史料关于唐代民间刻书卖书记载甚多，五代冯道令国子监雕印'九经'，是官府刻书之始。宋代雕版印书风行，有官府刻书、家塾刻书、书商刻书。元、明迄清，虽出现木活字、铜活字等多种活字印刷，雕版始终居于优势，并发展了彩色雕版套印技术。"[①]

雕版刻印主要分五个步骤：第一步，雕版加工，即根据雕版大

---

① 刘光裕：《论中国出版史分期》（一），《济南大学学报》2008 年第 3 期。

小对木板进行加工成型，用于雕字；第二步，写版，即按版式要求在纸上按一定格式和以一定字体写版并校定；第三步，刻版：将写好的版稿反贴于木板表面，用刻刀将文字反刻在木版上，使写版稿上的文字转移到木板上；第四步，在雕刻好的雕版上着墨印刷；第五步，装订成册，即将印刷好的散叶装订起来，制成成品书。"唐代印本中官刻仅处于萌芽阶段，书籍大部分出于坊刻。这又说明唐代的坊刻事业主要是为了满足平民的需要而兴盛起来的。……到了五代，雕版印刷的三大系统——官刻、私刻和坊刻开始形成。"①

中国的雕版印刷技术发明后，作为一种先进的信息传播技术和优势文化以其巨大的魅力很快传递到世界各地，特别是向西经由波斯传到埃及后又很快传到欧洲。"与中国雕版印刷内容长期被局限于佛经和儒家经典范围不同，雕版印刷因其容易用整版或插图形式来表达印刷物的特点而被迅速地应用到除宗教以外的数学、医学解剖、历史、地图等领域，如雕版印刷中版图的效果在数学著作中得到了很好的应用……雕版印刷因具有易于整版雕刻的木刻画和插图的特点也被大量用于医学著作的图谱中……同样，因为历史和地理图书中图解的需要，雕版印刷技术也被应用到史地图书中。"② 这样，雕版印刷不仅在短时间内出版了大量西方现代科技图书，促进了西方科技的传播和更大发展，而且也为此后不久的活字印刷奠定了基础。

雕版印刷一次成型，反复使用，不仅大大节省了劳动成本，而且进一步降低了抄本复制的错误，便于文化信息的大范围流通和传播，是人类表达方式的又一次解放，是先进科学技术在出版传播领域里的展现。它极大地加快了书籍的生产，加速了文化信息的流通和传播，有力地推动了社会文明的发展与进步，是书籍媒介和信息传播领域里的又一次革命性变革。

---

① 刘俊熙：《我国书籍雕版刻印的萌芽阶段——唐、五代时期》，《上海大学学报》（社会科学版）2001年第4期。

② 李晓菲：《试比较中西雕版印刷文化的差异》，《大学图书馆学报》2005年第3期。

第三节 书写媒介变革与表达的解放

　　媒介形态理论研究发现，与人类早期的口语媒介相比，书写媒介的发明极大地促进了人类表达的解放和文化出版事业的发展。口语媒介由于其只能是面对面的直观的近距离交流，因此只能适应于具有形象化仪式的礼乐思想的传播即宗教式的祖先崇拜。而这种具有形象化仪式的礼乐思想，由于其语言的地方性和仪式的直观性特征其传播的范围只能是局部的、地方性的、部落式的，这就大大限制了人们思想的表达和传播范围。这也直接或间接地导致了社会管理和统治的方式及范围只能是部落式的诸侯割据，这是因为任何统治方式都离不开一定信息的交流与传播，信息交流与传播的限度也就是社会管理和统治的界线。

　　文字是人类第一套外化于人类的媒介符号系统，而书写媒介不仅外化了人们的思想意识和抽象思维，而且还突破了种种限制，将这种外化了的思想意识和抽象思维进行远距离传播，使人类的表达得到延伸和解放，从而在更广的范围和更大的深度上进行交流与传播。"春秋战国之后，简牍等书写媒介发展起来，传播不再必须是在同一时空面对面进行，书写变成了间接交流的中介。借助于中介跨越空间的作用，祭祀场所的围墙可分开贵族与士的身体，但却难以封闭祭祀的内容。孔子之后的士人围绕礼乐思想的大讨论，就蕴涵这样一个前提：由口语和动作所表达、严格限制在贵族内部的礼乐思想，在书写媒介普及的影响下，成为士人案头分析的文本内容。"[1] 并且，书写媒介还进一步强化了人们的分析思维和对事物的抽象思辨能力，使人们在更大的范围内、更高和更根本的层次上分析和思考问题并得出结论。这就使人们的思维和表达愈来愈接近

---

　　[1] 王鑫宏：《书写媒介对中国"轴心时代"思想变革的影响研究》，《编辑之友》2015 年第 10 期。

事物的内在本质。"书写媒介的普及同时也带来了另一影响——书写固化了记忆，强化了思辨能力。人们从口语时代的记忆压力中挣扎出来，可花费更多精力来磨炼自身的思考能力。被媒介强化的思想能力加诸历代思想的文本分析之上，逐渐从以现象表达为主的宗教崇拜中，归纳出本质内容：无论是否支持礼乐思想，对天下进行道德和制度管理的要求都是一样的，不同点只在程度上，如儒家强调道德，法家强调制度。书写所强化的思辨能力带来的另一种思想趋势更抽象化——对形而上的本源问题的思考，这种思考主要表现在道家和阴阳家身上。随着战国到西汉几个世纪的发展，凭借书写媒介的归纳和分析优势，抽象的自然问题和社会问题最终融合，成为新的普遍意识。"① 这样，书写媒介作为新的思想文化新载体不断加速着旧的礼乐思想的瓦解，进而推动新的思想文化在更大范围内的交流与传播，形成了春秋战国时期的我国思想文化领域里的大激荡——"百家争鸣"，并最终促成了中华民族大一统文化思想的形成和封建帝国的建立。

一 官书媒介对表达方式的影响（个别人之间的"小众传播"）

官书是书写媒介的一种，它是我国早期的官府典籍，也是最早的书。从传播学和社会文化发展的视角看，官书记载和留存了我国早期的官府典籍，表达和体现了统治集团的利益和意志，与此前的任何时代相比，在一定程度上促进了社会文化思想的表达与传播，是社会文化发展的一大进步。但是，官书制度属于极少数统治集团内部的"小众传播"和个别统治阶层思想意志的表达，它对人类思想文化表达的解放是极其有限的。

所谓"官书制度""史官文化"就是官府全面垄断社会文化。在我国春秋以前，所有学校都是官学，官府统治机构就是社会教育

---

① 王鑫宏：《书写媒介对中国"轴心时代"思想变革的影响研究》，《编辑之友》2015 年第 10 期。

机构，正所谓"政教合一""官师合一""以吏为师""学在官府"，当然也就必然是"书在官府"。并且，"书在官府"，"官书不准公众传播。……天子是典籍的最高垄断者。天子按礼乐等级，向诸侯分配包括典籍在内的典章文物。……当时，拥有什么样的典籍与典章文物，代表贵族等级的高低，是贵族的一种特权。贵族从维护礼乐等级与自己特权出发，不准自己的典籍随便复制，更不准公之于众。……先秦官书，在官府产生，在官府使用，在官府修订，在官府传承，总之由官府垄断，不准公开流通。"①

这样一来，在官府全面垄断社会文化的环境下，一般公众不具有话语权，话语权掌握在极小一部分统治阶级甚至是天子一人手里。只有天子、上层统治集团里的核心人物才有话语权，才能表达自己的思想和观点。劳心者治人，劳力者治于人。一般社会公众不仅没有话语权，而且也没有知情权。

春秋后期我国史官文化开始瓦解，从而出现文化下移，周文化典籍主要是下移至各地诸侯手里。"从春秋后期到战国年间书籍领域最具革命性的事件是，经籍与子书相继崛起。经籍与子书都是不受官府控制的民间书籍，是官书制度中产生的异端。最早冲击官书垄断的重要人物是孔子。……孔子修《春秋》赞《周易》是将官府秘典作为私学教材，进而流向民间，最具反叛官府垄断的意义。"②

但是，即便是经籍与子书开始在民间流传，但也主要是靠口传，这是因为：其一，当时用于刻录官书的简牍比较笨重、费事，复制不易；其二，统治阶级的垄断和控制，文字、书写媒介的稀缺性导致其只能由少数人所拥有。

公元前239年《吕氏春秋》问世，在我国出版传播"官府垄断"——"师徒相传"——公众传播这一转化过程中具有划时代的

---

① 刘光裕：《论中国出版史分期》（一），《济南大学学报》2008年第3期。
② 同上。

意义。尽管此后这一过程还有反复，但是，它开启了我国早期出版传播由"小众传播"向"大众传播"转化的历史进程，在更大范围内促进了社会文化的发展和人类表达的解放。

官书制度是一种新的媒介在其初创时期一种典型的媒介话语权垄断行为，它不允许在普通公众之间进行传播，同时，由于媒介资源的稀缺也不可能在普通公众之间进行广泛传播，而只能是在极小一部分个别统治者之间的"小众传播"。与人类早期的口语媒介时代，甚至是文字出现前后的文字画、图画文字、甲骨文时代相比，它是人类表达方式的一种解放——能够更加充分地记录和表达人类的生活需求和文化需求，但它又是一种极其有限的表达的解放——极小一部分个别统治者才能随意地表达自己的思想意识和观念。

二 抄本复制媒介对官书媒介的突破及其表达方式的局限（仍然是"小众传播"）

"挟书律"是秦始皇在实行文化专制统治时期所颁布的一项法令，该法令规定："敢有挟书者族"，即对收藏违禁书籍的人处以灭族的酷刑。西汉王朝初期，汉承秦制，"挟书律"也被继承下来了，继续予以推行这一法令。《挟书律》对于中国古代思想文化文献的保存和学术的传授造成了很大的损失。西汉惠帝四年（公元前191年）"三月甲子，皇帝冠，赦天下。省法令妨吏民者；除挟书律"。《挟书律》被废除，从此书籍可以在民间自由传抄复制与流通。"除挟书律"结束了文化典籍在宫廷官府极小范围内的有限传播，开启了书籍面向社会在更大范围流通和传播的新时代。

随着书写媒介的发展私学在汉代有了较大发展：官书媒介时代"学在官府"，春秋时期，"'天子失官，学在四夷'，学术下移是以史官散落到华夏各个诸侯国作为开始的。当时学术下移的标志和主要推动力是私学的兴起，私学兴起过程中，书写媒介起到了很大作用"。"大量的士人把官方思想推广至全国；官方教科书也在不断出版，《四库全书总目》统计汉代注释"五经"的书达454种6578

卷。这就形成了一个普及思想的体系：书写媒介（只是动因之一）—教学规模—教化民众—思想普及。官学至迟在汉武帝前已成型，这为武帝后意识形态普及提供了帮助。汉代私学较之先秦大有发展，且以经学教育为主。"① 随着书写媒介的大量应用，为汉代思想的传播和私学的发展提供了便利，汉代私学有了较大发展。汉代书市的兴起又给普通人接触经典、学习和传承思想文化提供了便利。西汉思想家王充就曾在书市长期阅读，终成一代大家。其著名代表作《论衡》既是其独特思想文化的充分展现，也是我国历史上一部不朽的唯物主义哲学著作。

东汉以后，纸张的发明和普及应用为人们的写作和作品的传写提供了更大的便利，由此，传写之风盛行，因传写而引起"纸贵"之事，不绝于史。"汉魏以降，佳篇良作问世以后，传写速度之快，范围之广，空前未有。例如，南朝诗人谢灵运，身居浙江上虞，'每有一诗至都邑（建康，今江苏南京市），贵贱莫不竞写，宿昔之间，士庶皆遍'（《宋书》67 卷，中华书局，1987 年）。南朝作家刘孝绰，'每作一篇，朝成暮遍。好事者咸讽诵传写，流闻绝域'。（《梁书》，中华书局 1995 年，第 33 卷）南朝作家徐陵，'每一文出手，好事者已传写成诵。遂被之华夷，家藏其本。'（《陈书》，中华书局，1982 年，第 26 卷）。以上三例为 3—6 世纪的事，借此可以大致了解当年传写的盛况。论'传写'速度之快，或'宿昔之间，士庶皆遍'，或'朝成暮遍'，都是一天之内传遍京城，有点像今天日报的速度。……如此快速高效的作品传写，可谓'不翼而飞''不胫而走'，是世界古代史上的奇迹。魏晋以来数百年间，不断创造了这样的奇迹。快速高效的作品传写，反过来又提高了作者的创作积极性，提高了读者的阅读热情，进而推动文化不断繁荣。"②

---

① 王鑫宏：《书写媒介对中国"轴心时代"思想变革的影响研究》，《编辑之友》2015 年第 10 期。

② 刘光裕：《论中国出版史分期》（一），《济南大学学报》2008 年第 3 期。

汉代废除《挟书律》，不仅使文献典籍开始在社会上流通传播，而且进一步激发了人们表达的激情和创作的积极性，促使汉唐时期的作者群与读者群不断发展壮大。这是人类自由权利对封建垄断的胜利，是人类表达的又一进步与解放。并且，"简牍等书写媒介发展起来，传播不再必须是在同一时空面对面进行，书写变成了间接交流的中介。借助于中介跨越空间的作用，祭祀场所的围墙可分开贵族与士的身体，但难以封闭祭祀的内容。孔子之后的士人围绕礼乐思想的大讨论，就蕴涵这样一个前提：由口语和动作所表达、严格限制在贵族内部的礼乐思想，在书写媒介普及的影响下，成为士人案头分析的文本内容。书写媒介的普及同时也带来了另一影响——书写固化了记忆，强化了思辨能力。人们从口语媒介时代的记忆压力中挣扎出来，可花费更多精力来磨炼自身的思考能力。被媒介强化的思想能力加诸历代思想的文本分析之上，逐渐从以现象表达为主的宗教崇拜中，归纳出本质内容……凭借书写媒介的归纳和分析优势，抽象的自然问题和社会问题最终融合，成为新的普遍意识。"① 在书写媒介普及以前，由于口语以及口语方言的局限性——短距离的、局部范围内的交流——人们对一些思想文化的交流只能靠动作行为即进行仪式性的表达与交流，这样的交流不仅是繁杂的，而且是不准确的。而书写媒介的出现，文字克服了口语和口语方言的局限，抽象文本的分析，不仅大大加强了人们对事物的分析能力和认识能力，而且使人们的表达能力得到进一步的解放和发展，并进而形成表达方式的多样化和思想文化领域里的"百家争鸣"。

总之，书写媒介的应用和发展极大地促进了社会文化的传播和发展，以及人们表达的解放。书写媒介推动下的新的文化传播，不仅促进思想由具体到抽象的不断升华，而且深刻地影响了人们的思

---

① 王鑫宏：《书写媒介对中国"轴心时代"思想变革的影响研究》，《编辑之友》2015 年第 10 期。

想表达方式，使其不断多样化发展，最终推动了多元思想的融合，并进而促成了"百家争鸣"社会文化发展传播新局面的形成。

显然，抄本复制媒介是对官书媒介的巨大突破，但是，其表达方式的局限仍然是很明显的：手工的抄写复制，只是对文字书写的简单直观亦步亦趋的模仿，不仅效率低，而且劳动强度极大，不可能实现广大人民群众的广泛阅读需要，它仍然属于"小众传播"的范畴，只是这个"小众"其范围要比官书时代大得多，是扩大了的"小众传播"，但仍然属于"小众传播"的范畴。

三　雕版印刷媒介：表达方式的再突破（由"小众传播"向"大众传播"的转变与过渡）

雕版印刷是将需要复制印刷的东西雕刻在木版上进行印刷复制的技术。中国的雕版印刷滥觞于隋，孕育于唐，成熟于五代，推广于两宋，鼎盛于明清，结束于清代末年（现代出版诞生前）。抄本是文字书写的重复再现，而雕版印刷出版则是在此前抄本基础上的批量运作，可以实现更大规模和更大范围内的复制传播与流通，是人类表达方式的又一次解放和传播方式的进一步创新。

由于雕版印刷技术的发明和应用，"从 10 世纪开始，中国跨入雕版出版的时代，成为世界上独一无二的印刷出版强国"。[①] 雕版印刷复制，为大量的文献复制和传播奠定了基础，提供了可能，是人类表达方式和传播方式的一种革命性变革与解放。在雕版印刷大环境下，新古典书商大举进军被士人所轻视的大众文化或通俗文化领域，"创造了异彩纷呈的大众文化出版物，在这个出版领域独领风骚数百年，为中国出版的发展进步，也为中国文化特别是大众文化的发展与进步，做出了独特贡献。在世界上，中国的市民阶层最早享有属于自己的多种多样出版物。……与欧洲中世纪的少数僧侣垄断书籍上千年，不准民间染指相比较，中国古代刻书是自由

---

① 刘光裕：《论中国出版史分期》（二），《济南大学学报》2008 年第 4 期。

的。……宋以后大众文化长盛不衰，……像明清文人小说的兴起，就是直接受了书商刊行话本的影响。书商刊行的小说戏曲，数百年风靡全国，流布东亚各国，这是世界上第一次由出版引发的通俗文艺热"①。雕版印刷实现了复制传播方式由个别手工复制向批量运作的转变，是一种由"小众传播"向"大众传播"的过渡状态，由此足见雕版印刷对当时人们表达方式的解放和文化传播的巨大价值和意义。

第四节　书写媒介变革对出版方式创新的影响

一　官书媒介（秦汉以前）：出版传播的一小步，人类文化发展的一大步

官书——记录了人类文明的起点，但由于其自身的局限性，仅仅是人类文化传播的一小步；但是它却使人类在此基础上更好、更快速地发展，是人类发展的一大步。

官书是我国早期的官府典籍，也是最早的书。由于当时史官文化的特征——官府全面垄断文化："政教合一""以吏为师""官师合一""学在官府""书在官府"；"在官府产生，在官府使用，在官府修订，在官府传承，总之由官府垄断，不准公开流通。"② 官府之外无典籍，当然也无书。

官书到战国后期仍不准自由复制，显然也就不能公开流通。后来当史官文化瓦解而出现文化下移时，官书文化典籍主要下移至各地诸侯，真正流布到民间的官书数量很少，并且主要靠口传，"师徒相传"。

官书由官府垄断，不准公开流通和传播，一是由于当时的简帛书写媒介应用的不便。当时的官书主要靠简牍与缣帛，然而，缣贵

---

① 刘光裕：《论中国出版史分期》（二），《济南大学学报》2008 年第 4 期。
② 刘光裕：《论中国出版史分期》（一），《济南大学学报》2008 年第 3 期。

而简重，并不便于人们广泛使用。二是出于话语权力垄断的需要。官书既是当时官府典籍的记录——人类生活经验的积累和总结，也是一种话语权力，因此它必然牢牢掌握在统治阶级和阶层手中。"任何一种形态完备的文字从外部进入一个社会，在初期都必然是只局限于特定的阶层。"① 并且，"新媒体会导致新的权力中心的出现，从而在现存的主导型威权结构内部引发日趋激化的紧张状态"②。所以，官府、统治阶级必然对官书实施严密的管理与控制，直至这种管理与控制无法从容进行为止。

官书这种文化载体与传媒尽管由于当时官府的控制和媒介自身的局限——缣贵而简重，使其传播受到了极大的局限，但是与此前的口语媒介时代，甚至是文字出现前后的文字画、图画文字、甲骨文时代相比，它是人类出版方式的一种变革与创新。"先秦官书是三代以来中华文明的结晶，成就卓著，数量惊人。……官书著作在政治学、伦理学、哲学、语言学、医药学、天文学、数学等许多领域，为我国传统学术奠定了坚实基础。"③ 官书这种自身受到极大限制的、只能在最高统治集团内部极小范围内进行"小众传播"的传媒，也许只是人类出版传播的一小步，但是，它真实、系统和准确地记录下了人类早期活动的轨迹，为此后的人类文明发展奠定了坚实的基础，是人类文明发展的一大步。

二　抄本复制媒介（自汉至唐）：出版传播艰难中的发展（仍然属于"小众传播"、个别复制）

西汉惠帝四年（公元前 191 年）废除秦朝所制定《挟书律》。《挟书律》被废除，从此书籍可以在民间自由复制与流通。"除挟

---

① ［美］沃尔特·翁：《口语文化与书面文化：语词的技术化》，何道宽译，北京大学出版社 2008 年版，第 64 页。

② ［美］詹姆斯·卡伦：《媒体与权力》，史安斌、董关鹏译，清华大学出版社 2006 年版。

③ 刘光裕：《论中国出版史分期》（一），《济南大学学报》2008 年第 3 期。

书律"结束了文化典籍在宫廷官府极小范围内的有限传播，开启了书籍面向社会在更大范围流通和传播的新时代。

汉代废除《挟书律》，文献典籍开始在社会上流通传播，在汉代及其此后的抄本复制时代，作品的流通方式主要靠"传写"——作品问世后，作者将自己的作品无偿提供给读者"传写"，从而实现作品的流通和传播。汉代以后很长时间，作品由作者自己定稿书写问世，一般还不靠书商售卖，很少有书商"抄买"他人作品的。这种现象一方面说明，我国历来重农轻商，书籍销售是其薄弱环节；另一方面，而且是更根本方面，说明当时书籍的社会流通量还很小、很不普遍，不具有书商经营的价值和意义。这是抄本复制这一媒介形态劳动量巨大而效率不高（特别是在纸张没有发明或没有普遍使用之前）的必然结果和反映。

东汉以后，纸张的发明和普及应用为书籍的传写提供了极大的便利，由此，传写之风盛行，因传写而引起"纸贵"之事，不绝于史。每每有佳篇良作问世，或"宿昔之间，士庶皆遍"，或"朝成暮遍"，真可谓不翼而飞，不胫而走，是世界古代史上的奇迹。"魏晋以来数百年间，不断创造了这样的奇迹。快速高效的作品传写，反过来又提高了作者的创作积极性，提高了读者的阅读热情，进而推动文化不断繁荣。"①

纸张的发明和应用以及抄书传写之风的盛行极大地推动了书籍作坊行业的形成，"作品的传写者特别是藏书机构或藏书家，常常拥有书籍作坊。唐秘书省有'楷书手十人'负责抄写，又有'熟纸匠十人，装潢匠十人'负责装裱，证明藏书机构秘书省拥有书籍作坊。秘书省作坊生产的书籍，仅供自己藏书所用，不用于市场交换。这就是自给自足书籍经济。民间传写作品后也要制成书卷，所以民间藏书家也常常自备作坊。书籍作坊的工作，主要为抄写与装裱两项。抄写有佣书，装裱有佣工，……如火如荼的读者传写，成

---

① 刘光裕：《论中国出版史分期》（一），《济南大学学报》2008 年第 3 期。

为汉唐出版繁荣的主要标志。"①

汉唐出版以抄本复制为主，传写成为书籍传播和流通的主要方式，它在官书这种文化垄断形式被打破后极大地激发了人们的创作激情和书籍文化传播的热情。它促使文化解禁后作者群体与读者群体不断发展壮大，同时也促使民间拥有书籍数量不断增加。"当欧洲中世纪民间基本无书之时，中国到 6 世纪已是'四境之内，家有文史'，民间书籍普及率扶摇直上，遥遥领先全世界，这是汉唐出版史的无尚光荣。"② 但是抄本复制这种方式由于其完全依靠人工抄写复制，家庭作坊式生产，其生产效率极低，劳动强度又大，并且对抄写者——佣书自身的素质要求也比较苛刻，因此，它仍然是而且只能适应"小众传播"的个别复制生产方式，而要想实现更大范围的文化传播是难以想象的。它必然被生产效率更高，社会适应性更强的复制传播方式所取代。

三　雕版印刷，批量运作（五代、两宋至晚清）：由"小众传播"向"大众传播"的转变与过渡

雕版就是在纹质细密坚实的木材，如枣木、梨木等版料上雕刻图文进行印刷的技术。雕版印刷在中国大致经历了印章、墨拓石碑到雕版等过程。雕版印刷首先要将需要印刷的文字、图画等写在薄纸上，反贴在木板上，再用刀一笔一笔雕刻成阳文，然后着墨，继而印刷出版。

（一）雕版印刷的产生与发展

中国的雕版印刷滥觞于隋，孕育于唐，成熟于五代，推广于两宋，鼎盛于明清，结束于清代末年（现代出版诞生前）。在我国雕版刻书印刷大概有三大类：官刻、私刻和坊刻。

官刻。近代著名藏书家叶德辉先生在《书林清话》中，将我国

---

① 刘光裕：《论中国出版史分期》（一），《济南大学学报》2008 年第 3 期。

② 同上。

古代的书籍刻印分为官刻、私刻和坊刻三大系统。所谓官刻，是指国家机构出资或者主持的书籍刻印活动。雕版印刷技术发明以后最先在民间使用，直至五代后唐冯道奏请和主持刊印《九经》才标志着雕版印刷从民间走入官府。五代以后我国历代朝廷均设有刻书的专门机构，"官府出版以政治导向为重，出版物涵盖四部而以经、史为多，一般校勘精审，镌刻上乘，纸墨考究。官府利用自己资源刊刻大部头书籍如宋之《册府元龟》、清之《古今图书集成》等，最能体现官府出版的优势"。①

私刻。所谓私刻又称"家刻"，即私人私宅刻书，其出版主体多是士人学者，其刻书不以赢利为目的，而以学问欣赏和知识传播为目的。私人私宅刻书，发端于唐五代时期，到宋元时期，私宅刻书已相当普遍，明清时期，私家刻书盛行，从书籍的品种和数量来看已超过官刻。刘光裕先生认为：我国"民间出版多以文化与学术为重，不求牟利而崇尚后世扬名，出版物涵盖四部而以子、集为多。像寺院刊刻《大藏经》与明清刊刻'丛书'等，最能表现民间出版的巨大能量与高超水平。古代新作无不靠民间刊刻才得以问世；学术著作包括学术经典大都靠民间刊刻才得以传承至今。在明清两代出版物中，品种与数量以民间为最多，精品也以民间为最多"。"民间士人刻印自己文集，赠而不售是常有的事。赠书，本是古人交往的方式，也是书籍流通的方式之一。"②

坊刻。坊刻的出版主体是书商。我国早期印刷品多为坊刻本。南宋时期形成了三大坊刻雕版印刷中心：两浙坊刻（主要集中在杭州和金华）、福建坊刻（主要集中在建安）和蜀中坊刻（主要集中在成都和眉山）；元代的坊刻主要集中在平水、建阳；明代刻坊分布更为广泛，除建阳外，南京、苏州、湖州、徽州、杭州、北京都是书坊的集中之地；清代的坊刻业更为兴盛，北京、南京、苏州为

---

① 刘光裕：《论中国出版史分期》（二），《济南大学学报》2008 年第 4 期。

② 同上。

刻书三个中心地区。书坊刻书多以市场和读者需求为导向，"书商出版以赢利为尚，出版物涵盖四部而以大众文化或通俗文艺类读物为多，包括小说戏曲、歌谣唱词、科举应试、日用百科、版画年画等。宋以后大众文化长盛不衰，书商功不可没。我国的通俗文艺，原来多为口头艺术。书商将口头艺术变成印刷读物之后，才产生了可供阅读的小说、唱词、戏文等。像明清文人小说的兴起，就是直接受了书商刊行话本的影响。书商刊行的小说戏曲，数百年风靡全国，流布东亚各国，这是世界上第一次由出版引发的通俗文艺热。……与欧洲中世纪的少数僧侣垄断书籍上千年，不准民间染指相比较，中国古代刻书是自由的。"① 总之，我国雕版印刷出现以后所形成的官刻、私刻和坊刻等多元化印刷出版机制，推动了我国文化出版事业的更大发展，为我国的文化出版传播事业的长期发展与繁荣奠定了基础。

（二）雕版印刷与编辑流程的逐步规范化

当文献的复制由过去的抄本复制转变为雕版印刷，即从原来的个别文本的手工抄写复制转变为雕版印刷的批量化运作之后，规范化的编辑流程也就必然地提上了议事日程。这是因为，个别文献的抄本复制即便发现操作不当出现差错，其经济和其他方面的损失也是有限的、少量的，而雕版印刷、批量化运作则不同，雕版复制印刷一旦出现问题，其损失将是巨大的，因此，在雕版印刷之前的编辑、排版就应当慎之又慎。"随着雕版出版不断发展，印刷复制之前的校雠（校勘）这个环节，越来越受重视。出版者出资刻书时，除了可以自己校雠外，为了保证复制质量，往往延聘专家学者从事校书。在此同时，又雇佣刻工建立自己的书籍作坊。于是，以出资刻书的出版者为中心，使校书、印刷、销售三个环节紧密结合起来，建立了校书（编辑）、印刷（复制）、销售（发行）三者合一的新型出版机构。官府出版是如此，民间出版与书商出版也是如

---

① 刘光裕：《论中国出版史分期》（二），《济南大学学报》2008年第4期。

此。这样三者合一的出版机构，在冯道以前尚未正式形成。冯道刊行《九经》第一次成功实现校书、印刷、销售三者合一，它在出版史上的意义是：结束了一个旧时代，开创了一个新时代。"①

中国的雕版印刷术大约在公元 10 世纪开始向周边地区和世界各地传播。"与中国雕版印刷内容长期被局限于佛经和儒家经典范围不同，雕版印刷因其容易用整版或插图形式来表达印刷物的特点而被迅速地应用到除宗教以外的数学、医学解剖、历史、地图等领域。"② 如雕版印刷中版图的效果在数学著作中得到了很好的应用，著名的欧几里得《几何原理》于 1482 年由威尼斯印刷商埃哈德·拉特多尔特印刷。雕版印刷还因具整版雕刻的特点被大量用于医学著作的出版，如蒙迪诺《解剖学》一书于 1493 年印刷于威尼斯。此外，雕版印刷还被广泛应用于其他一些科技领域里的出版印刷，进而极大地激发了科学家们著书立说的热情和大量科学著作的问世，加快了人类文明的发展进程。

（三）雕版印刷：出版方式的革命性变革与创新

很显然，与抄本复制出版相比，雕版印刷出版更接近现代出版：抄本是文字产生以后最直观最直接的一种手工复制传播方式，它简单直观、手工书写，缺少技术创新。而雕版印刷复制出版则是在对此前抄本经验提炼、升华基础上的改造与创新，它由一字一刻、一字一写，简单直观书写模仿复制，升华为一次成型，多次反复使用，集约化集成性程度大大提高，是在一定创新基础上的质的提升。从文字书写到抄本复制，从复制出版工序改革创新的视角看，没有任何质的变化，只是量的变化——数量增多了；而从抄本复制到雕版印刷复制出版其复制方式则发生了质的变化，它不再仅仅是抄本复制数量的增加，而是改变了文字复制的生产方式——由直观模仿，亦步亦趋，上升到集成性运作，一次成型，多次反复使

---

① 刘光裕：《论中国出版史分期》（二），《济南大学学报》2008 年第 4 期。
② 李晓菲：《试比较中西雕版印刷文化的差异》，《大学图书馆学报》2005 年第 3 期。

用，这是一种质的提升，是出版方式的革命性创新与变革。"我国盛唐时期发明的雕版印刷术是中国劳动人民对世界文化的伟大贡献。这一印刷术的发明，使书籍得到大量出版，且每一部书籍都可以拥有大量读者，彻底改变了过去那种手抄本书籍很少，只在达官贵人上层领域中流传的状况，使读书人越来越多。这一新发明对当时出版业所带来的巨大影响绝不亚于今天现代化电脑打字排版在出版业中的意义和作用。"①

雕版印刷：印刷的起源。也许在西方人那里，活字印刷无疑是印刷术的起始或源头，但是，在中国雕版印刷在其文化发展和传播中却发挥了完全不同于西方的巨大价值和作用，因此，中国的印刷出版当起源于雕版印刷。"西方人常常认为，活字印刷的发明是印刷术的开始，在这之前的雕版印刷只是一个重要的准备阶段。但对中国人而言，尽管早在 11 世纪就发明了活字，但一直到 19 世纪，活字印刷一直也未占据印刷业的主流，中国人普遍应用的一直是比活字早几个世纪出现的雕版印刷。因此，在中国谈印刷术的起源，一定是指雕版印刷。而且，从印刷的性质——大量复制文字——来看，雕版印刷也是世界印刷术的源头。"②

中国的文字复制印刷出版钟情于雕版印刷，而活字印刷长期未能盛行开来，还有一些更为深层的文化因素：一是由于汉字的书写特征（汉字书写是一门艺术，即书法艺术），因此，早在春秋战国时期就已盛行用玺（即印章），印章与拓石是中国人和中国文化所独有的东西。有学者将印章、拓石与雕版印刷相联系，认为"把印章用颜色印在纸上和用雕版印刷，两者性质上并无太大的差别"③；"拓石是印刷术的先驱"④；"以墨拓印石刻文字的技术，是雕版印

---

① 许正文：《论中国古代雕版印刷术的发明与革新》，《陕西师范大学学报》（哲学社会科学版）1998 年第 1 期。

② 陈静：《拓石与雕版印刷》，《济南大学学报》2001 年第 2 期。

③ ［美］卡特：《中国印刷术的发明和它的西传》，商务印书馆 1957 年版，第 24 页。

④ 刘国钧：《中国书史简编》，书目文献出版社 1981 年版，第 40 页。

刷术发明的先河"①。显然，由拓石到雕版印刷并不存在技术上不可逾越的鸿沟，而只是存在观念上的问题而已。"雕版是印刷，拓石却不是印刷，印刷是为了大量复制而专门制造一个样本或原件，如雕版印刷中的木板，活字印刷中的活字版等，都是为了复制而制作。拓石所拓之碑石，其最初竖立的目的却并非为了复制，而是为了观瞻、歌颂、纪念或订正文字等，这一本质差别使得拓石者只能是被动地从已有的碑石上复制文字，在复制观念上缺乏印刷术那样的主动性。没有观念上的转变，拓石也就很难启发或者转变为雕版。而只要解决了观念问题，即拓石由最初的被动去拓已有之石转变为为复制而立石，即为拓而刻，则雕版印刷也就呼之欲出了。"②因此，无论如何，雕版印刷技术最早发明于中国，并在中国的文化传播事业中得到广泛的流传与应用，成为现代出版的滥觞，这显然是与汉字的书法艺术，与中国的文化传承分不开的。二是由于汉字是中华民族文化的主要传承载体，其中包含着中华民族在长期的历史发展中所逐步凝聚和形成的哲学思辨体系和文化传统。"这种哲学思辨从造字之始就已融进了汉字的结构和笔画之中，用它能表示事物的隐显向背之情，盛衰沉浮之性。它将象数、文义熔为一炉，其一句、一字乃至一笔一画，都能代表某种'场'及某种信息。由此衍生的博大精深的汉字文化哲学对中国人的影响深不可测，所以，当一种与文字有关的新技术出现时，必定要受到这一几千年业已形成的文字体系的检验，数量庞大内涵丰富的汉字很难像西文二十几个字母那样通过排列组合来形象生动地表达确定的含义。这也正是为什么朝鲜在 1403 年便开始了活字印刷，但'这项大有可为的发明在朝鲜是早产儿，它为中国语言文字的悠久传统威望所抑制'，而'15 世纪的西方印刷者则不受此樊篱的局限，无论是拉丁语还是各种地方语言都能用 26 个拉丁字母的排列和组合来表示。

① 钱存训：《中国古代书史》，印刷工业出版社 1988 年版，第 55 页。
② 陈静：《拓石与雕版印刷》，《济南大学学报》2001 年第 2 期。

凑巧的是，拉丁字母的古典大写体和加洛林时代的小写体，由于14世纪意大利学者的身体力行而重新复兴起来，非常理想地适用于活字印刷。西方人立即用希腊文、希伯莱文和阿拉伯文印刷书籍。'活字印刷技术因此在西方各国立即得到推广和应用。"① 而雕版印刷却以其顽强的生命力长久地存在于中华传统文化的历史传承过程之中。包括后来的打字机也是如此，第一台真正实用的打字机于19世纪60年代由一位美国人发明，1874年打字机正式进入市场，此后，打字机很快在英国、德国、瑞士、瑞典、意大利等推广开来，形成了一个新兴的打字机制造工业。但是，由于中文的特殊文化意蕴和特殊的汉字构造，打字机一直未能在中国的汉字文化复制印刷中推广开来，而雕版印刷长期承担着中华传统文化的复制印刷和传播功能。

（四）雕版印刷的局限与不足

雕版印刷是一次出版传播领域里的革命性变革与创新，它极大地促进了出版传播和社会文化事业的发展，但是，雕版印刷也存在明显缺陷：第一，刻版费时费工费料，特别是对社会需求量不大的文献的出版，性价比非常低。第二，大批书版存放不便。第三，错字不容易更正，常常需要整块版报废重新雕刻。随着社会文化传播事业的不断发展，和出版技术的不断变革，活字制版印刷必然提上议事日程，并将在此后的文化传播发展中发挥更大的作用。

这样看来，如果从人类文化复制传播的宏观进程和正、反、合的辩证思维过程来看，抄本复制（正：一个字一个字地抄写复制）是文化复制出版的发端——雕版印刷（反：整版复制）否定了一个字一个字繁复的劳动过程，提高了劳动效率——活字印刷（合：刻成单字再合成整体）保留了抄本复制与雕版印刷两者的优势，是一

---

① 李晓菲：《试比较中西雕版印刷文化的差异》，《大学图书馆学报》2005年第3期。

个螺旋式上升过程：机器印刷（只是活字印刷的继续）；激光印刷—网络出版则是在更高基础上的整合与统一。这既是人类复制出版技术的辩证统一过程，也是人类文化发展传播的辩证统一过程。

第三编

印刷媒介：大众传播时代的来临与文化出版创新

第三章 印刷媒介时代的表达 解放与出版创新

第一节 机器印刷媒介的奠基：活字印刷

我国北宋毕昇总结了历代雕版印刷的丰富的实践经验，经过反复试验，改进雕版印刷，克服了其不足，发明了活字印刷。他制成了胶泥活字，实行排版印刷，完成了印刷史上一项重大革命。活字印刷作为中国古代"四大发明"之一，对世界文明进程和人类文化传播发展产生了重大影响。活字印刷是印刷和文化传播史上一次伟大的技术革命，它通过使用可以移动变换的金属或胶泥字块，来取代传统的手工抄写或无法重复组版使用的雕版印刷。活字印刷能够移动变换，重新组版，省却无数复杂繁复的劳动，为近代机器印刷媒介的诞生奠定了坚实的基础。

一 活字印刷：机器印刷媒介的技术储备

任何技术都是随着生产力的发展和社会的进步而不断向前发展的，媒介技术的发展也是如此。然而，某种媒介技术之所以能够发明出来，是与当时的科学技术背景和具体的媒介技术形态状况紧密联系在一起的。我国宋代毕昇创造发明了用泥活字进行印刷出版的划时代成就，从而引导了此后木活字印刷、金属活字印刷以及近代以后机器印刷时代的到来。所谓泥活字印刷，宋代科学家沈括在其《梦溪笔谈》中作了概括说明："庆历中有布衣毕昇，又为活板。

其法：用胶泥刻字，薄如钱唇，每字为一印，火烧令坚。先设一铁板，其上以松脂蜡和纸灰之类冒之。欲印，则以一铁范置铁板上，乃密布字印，满铁范为一板，持就火炀之，药稍熔，则以一平板按其面，则字平如砥。若止印三二本，未为简易；若印数十百千本，则极为神速。常作二铁板，一板印刷，一板已自布字，此印者才毕，则第二板已具，更互用之，瞬息可就。每一字皆有数印，如'之'、'也'等字，每字有二十余印，以备一板内有重复者。"①

　　北宋毕昇发明活字印刷有其一定的历史必然性：一是我国有悠久的印章（活字）刻铸历史，早在春秋战国时期我国就已盛行用玺（即印章），印章与拓石是中国人和中国文化所独有的东西。印刷术与印章、拓石等有着内在的千丝万缕的作用与联系。二是纸张的发明和广泛应用，东汉蔡伦纸的发明和应用为印刷出版打下了基础。三是造墨技术早已相当成熟。印刷出版不仅需要纸张，而且离不开墨，并且墨对于活字印刷术的发明至关重要，尽管在我国究竟何时发明了墨尚不清楚，但从出土文物中可以肯定地说，早在公元前14世纪即殷商帝盘庚时就已有了墨。四是印刷工艺已相当成熟。北宋时期雕版印刷技术已相当成熟（中国的雕版印刷滥觞于隋唐，孕育于唐，成熟于五代，推广于两宋，鼎盛于明清），而活字印刷，在工艺上也就是比雕版印刷要多一道工序，即把一个一个的活字排在铁范中，用胶粘牢，然后进行着墨印刷。"古代印刷术之工艺问题其实不难解决。它与盖印章、拓片如出一辙。关键是造纸、造墨、铸字三项基本技术条件。由上可知，殷商时，有墨无纸，也无铸活字的技术；春秋时可以造墨和铸活字，但无纸，这两个时期自然不可能产生出活字印刷来。东汉虽纸墨具备，铸活字也似唾手可得，但我们假定技术从产生到成熟需要一定的时间，从魏晋时流传大量字画到明代看，魏晋时纸墨技术必定不低，铸造技术用来造活

---

① 沈括：《梦溪笔谈·卷十八》，见《四库全书》，上海古籍出版社1987年版，第862页。

字也是轻车熟路。把这些当时已经成熟但又各自分离的技术略加综合，便可创造出活字印刷的伟大发明来。"①

　　与雕版印刷相比，活字印刷具有明显的优点，它节省了雕刻印刷频繁更换整块雕版所用的时间和成本，降低了印刷的整体成本，加快了印刷速度。由于活字印刷技术的巨大优势，这一技术很快流向周边各国，并得到较快发展。1450 年，德国人谷登堡在德国的美因兹研制金属活字印刷成功，很快活字印刷技术便扩散到德国其他城市，接着席卷欧洲各国，成为西方世界的主要印刷方式。"公元 1400 年时，一个人抄一本书要用 100 天，公元 1500 年，一天能印 100 本书。"②"从 1450 年到 1500 年，半个世纪内印刷厂遍及欧洲各国，总共约 250 家，出书达 2 万种。每种以 300 部计，全欧洲在这 50 年的时间里出版金属活字本 600 万部。金属活字印刷可以大量地复制图书，这种先进的技术不仅给出版商带来巨大的经济利益，而且极大地刺激了科学家们著书立说的热情，科学著作大量问世。活字印刷极大地促进了人类信息传播的速度，加快了人类文明的进程。"③ 在西方工业革命所导致的机器大生产的作用下，活字印刷得到极大发展，成为媒介技术革命和文化传播创新的重要技术基础。

二　活字印刷对印刷出版和文化传播发展的价值和意义

　　印刷术是中国古代四大发明之一，印刷术的发明在人类文明史上是一件划时代的大事，培根将其与磁针和火药的应用并称为"改变了整个世界面貌和事物状态"的伟大发明。它在推动社会文化传播乃至社会历史发展中所起的作用，恐怕只有 20 世纪后期计算机的发明才能与之相比拟。具体到文字产生以后的印刷复制过程，活

---

① 张功耀：《从活字印刷的历史看中国古代技术的特点》，《长沙水电师院学报》1989 年第 1 期。

② ［美］房龙：《人类的故事》，广西师范大学出版社 2003 年版，第 233 页。

③ 李晓菲：《试比较中西雕版印刷文化的差异》，《大学图书馆学报》2005 年第 3 期。

字印刷应当说是复制出版的第二次质的飞跃：第一次是雕版复制印刷。在雕版复制印刷以前一直是抄本复制，抄本是文字产生以后最直观最直接的一种手工复制传播方式，它简单直观、手工书写，缺少技术创新。而雕版印刷复制出版则是在对此前抄本经验提炼、升华基础上的改造与创新；它由一字一刻、一字一写，由简单直观书写模仿复制，升华为一次成型，多次反复使用，集约化集成性程度大大提高，是在一定创新基础上的质的提升。它不再仅仅是抄本复制数量的增加，而是改变了文字复制的生产方式——由直观模仿，亦步亦趋，上升到集成性运作，一次成型，多次反复使用，这是一种质的提升，是出版方式的革命性创新。而活字印刷作为印刷复制的第二次质的飞跃（抄本是单体、单本的复制——耗时费力，效率低下，是文字发明早期个别行为的体现；雕版印刷是整体的印刷复制——一次雕版多次反复使用，体现了整体、整合的价值和意义；而活字印刷，刻写或铸模成单字再整合成整体，体现了人类辩证思维在文字印刷领域里的实现）是一个螺旋式上升过程……刻字、铸模成一个个单字……重新捡字排版后反复使用，是生产方式的革命性变革，为工业革命后机器印刷、规模化生产奠定了基础，是印刷复制领域里的又一次质的提升。此后，活字印刷（泥活字、木活字、陶瓷活字）尽管升级为机器印刷（铅活字等金属活字），其生产效率千百倍地增长了，但是，就其文化复制传播的生产方式来讲，它仍然是一种量的变化，是在同一性质的生产方式范围内印刷效率的不断提高和产品数量的急剧扩大。只是到了激光照排技术发明之后，它才在新的技术基础上实现了更高级的复制印刷出版方式的整合与创新。

三 起源于中国的活字印刷为何在西方得到了更为充分的发展

起源于中国的活字印刷，没有在东方中国催生出近代机器印刷的产业革命（尽管已经无限地接近——近在咫尺），而却在西方催生了大规模的机器印刷时代的到来，进而推动和引发了西方社会文化变革。这既有媒介变革自身的内在逻辑，又是由中西方社会发展的不同阶段所决定。

（一）补偿性媒介理论与社会变革的薄弱环节理论

1. 补偿性媒介理论

在人类传播媒介的演化发展过程中，人类在进行着不断的理性辨别与选择，并且，任何一种后继的技术媒介都是一种补救性措施，即都是对以往媒介的先天性不足的补救和补偿。因此，当一种新的媒介技术诞生以后，它并不能立即必然地取代旧有媒介，这是因为：一方面，不同的媒介技术有着自己各自不同的生命成长周期和创新扩散规律；另一方面，任何新技术取代旧技术，都会有自己的技术取代优势和技术取代成本，具体到媒介技术发展，就是只有当新的媒介技术足以弥补以往媒介技术的缺陷，并能有效地克服技术替代成本的时候，这种新的媒介技术才能被广泛采用，并取得应有的社会效应。

2. 社会变革的薄弱环节理论

列宁在具体分析和论述社会主义取代资本主义的历史过程时曾根据当时的具体历史条件，分析了帝国主义的经济、政治特征及其基本矛盾，揭示了帝国主义政治、经济发展不平衡的规律，提出了社会主义革命可以在帝国主义的薄弱环节、在一个或几个国家首先获得胜利，并且领导十月革命取得了胜利。具体来讲就是，在这些国家（薄弱环节）资本主义有一定程度的发展；各种社会矛盾极其尖锐；无产阶级的组织程度和觉悟程度比较高；经济发展水平还比较低下，资产阶级的统治比较薄弱，无产阶级可以在这些国家（薄弱环节）首先进行社会主义革命，并取得胜利。

列宁的社会变革薄弱环节理论具有一定的普遍价值和意义：首先，任何事物和社会形态的发展和变革，都有自己的诞生——成长——成熟——衰退——死亡的生命成长周期，当一个事物或社会形态，它的生命成长周期还没有完结，它的生命力还没有完全释放出来的时候，是不会退出历史舞台的。其次，任何事物特别是社会形态的生命周期是就整个人类社会而言的，它在某些个别具体环境下发展过程和发展阶段是不完全相同的，各自有其具体的发展个性和特征，其整体上表现为必然的东西在个别具体的事物发展中也许就成为了或然的东西。这是因为，社会经验的积累和学习过程是全社会性质的，是在世界范围内进行的。再次，一种社会形态的完善与成熟，标志着这种社会的运作与控制更加稳定与牢固，社会的神经系统已经牢牢地延伸到社会的各个角落，而要对此进行破坏和替代往往需要耗费更大的力量和更大的替代成本，对其进行替代也就更为不易。因此，社会发展往往会另辟蹊径，在汲取成熟社会发展成果和历史经验教训的基础上，而寻找发展相对不够成熟的"薄弱环节"进行突破，进而取得更大的变革效果，俄国十月革命是如此，中国社会主义革命是如此，活字印刷这种媒介形态的变革与发展显然也是如此。

（二）雕版印刷在中国发展更为完善和成熟，替代成本高，替代效益不明显

中国的封建社会发展时间长，长期处于世界领先地位，无论是社会生产力的发展还是商业水平、文化交流一直居世界首位，尽管自给自足的自然经济占主导地位，但商品交换、商品经济也有了一定的发展，商业交往频繁、文化科技发展成果显著，科举制所带来的文化教育普及也在不断发展。"与同时期的西欧相比，宋明之际的社会管制相对宽松……对民间私人办报房、刻印书籍和出版文学作品还比较宽容，没有苛刻的检查制度和特许制度。邸报经常报道官场斗争，民间出版的书籍和文艺作品也多有讽喻时政者，说明当时社会对言论的限制并不很严密。"① 正因为如此，中国的图书出版和文化交流发展较好，较为繁荣，"雕版技术历经几百年后工艺已相当成熟，优良刻本几乎可达到艺术品的境界。由于经史子集一向是出版物的重要组成部分，中国又是'书同文'的社会，故典籍

---

① 董子凡：《古代中国缘何未推广活字印刷》，《国际新闻界》2007 年第 5 期。

一旦雕制成版，就有条件在时间与空间上进行大规模传播。至于商业信息和民间文学的印刷工作，在专业书坊、雕版技师遍布各大中城市的情况下也并非难事。直到 18 世纪中叶以前，'用中文印刷的书籍比全世界所有别种文字印刷的书籍还多'（费正清语）。"① 正是因为雕版印刷的大力发展及其中国文人对优良刻本的喜爱和艺术欣赏，加之活字技术本身的缺陷：木活字易变形、泥活字粗糙易碎、金属活字着墨性差且价格昂贵，并且汉字结构复杂，一个个手工雕刻字模，对技工的要求非常高，制作一套汉字字模需要大量的投入，不比雕版更节省人力物力，没有相当大规模的生产就不可能将投入的成本收回，因此当时的活字印刷无论在工艺的精美程度上还是在做工成本上都无法与雕版印刷相抗衡。而且，更为重要的是，"已有技术使用的程度越高，革新成本就越大。只有新媒介技术创造明显高于已有媒介技术的价值，实际补偿超过更新成本时，新旧交替才可能实现。而若已有媒介技术能基本满足社会信息需求，新媒介技术又不够完善，后者虽然可获得一定生存空间，但暂时无法取代之。"② 这也就是尽管活字印刷发明于中国，但却并没有在中国得到广泛应用的根本原因。

（三）西方雕版印刷发展不完善，替代成本低，替代效益明显

与中国当时高度发展的雕版印刷技术不同，雕版印刷在西方一是发展较晚；二是发展不完善，只是昙花一现，根本没有得到充分的发展，更没有一个像中国那样的充分发展和完善的雕版印刷时代。当中国的雕版印刷工艺已经相当完美之时，西方各国还在苦苦挣扎于繁重的手抄复制之中。"手抄羊皮纸仍是主要的书面信息生产方式，尽管随后出现了本土纸张生产和标准化、工坊化的抄写业，但文本复制慢的缺点仍然存在，难以满足与日俱增的信息需求。印刷机发明前夕的 1450 年，整个西欧只有几万本

---

① 董子凡：《古代中国缘何未推广活字印刷》，《国际新闻界》2007 年第 5 期。
② 同上。

书，大部分是木版印刷（雕版）或手抄本。而且在谷氏印刷机之前，雕版在西欧的应用不过百余年，且主要用于印图画，文字为主的木版、金属版雕印有许多是晚于活字印刷的，也就是说，无论古登堡的活字技术是否为独立发明，它在西欧可谓生逢其时，用于'补偿'的技术是手抄，而不是与自己几乎处在同一起跑线上的雕版。"① 而且西方的字母文字的制模、排版远较汉字简便，所投入的精力和资本相对也就小得多，更易发挥活字印刷的优势。

根据"补偿媒介理论"和社会变革中的"薄弱环节理论"，西方社会活字印刷媒介当时所面对的是没有充分发展或发展不够成熟的雕版印刷技术，甚至主要是抄本技术，属于印刷媒介技术升级变革和进行媒介形态突破的"薄弱环节"，因此其技术优势明显，对此进行变革和替代往往不需要太大的替代成本。正如董子凡先生在其《古代中国缘何未推广活字印刷》一文中所言："活字印刷在中国与西欧出现时面临的市场和竞争对手是迥然不同的。西欧当时缺少合用的书面传播媒介，已有媒介对其威胁很小。而中国早已具备强大的雕版印刷生产能力和相应的雕版印刷业阶层，虽然直到明末社会经济、文化仍高度发达并持续发展，但对新媒介的要求并不迫切。"② 牢固的雕版印刷媒介形态和强大的雕版印刷业阶层，以及巨大的汉字字模壁垒，形成了巨大的技术替代成本，加之时代发展限制所形成的有限的印刷产品需求，使得活字印刷技术很难消化掉与雕版印刷之间所形成的巨大的技术替代成本，从而使活字印刷这一先进印刷技术形态之花尽管首先在中国种下，但却最早盛开在了西欧、西方社会的大地上。

① 董子凡：《古代中国缘何未推广活字印刷》，《国际新闻界》2007 年第 5 期。
② 同上。

第二节 机器印刷媒介的产生与发展：
大众传播时代的来临

世界文明、人类文化传播事业的发展与进步既是一系列偶然事件的链接（事物发展的偶然性），又是社会发展内在规律的必然显现：偶然中有必然；而必然的东西一定要由一系列偶然的事件来展现。生产力的发展、人们交往关系的密切，必然地促进了语言、文字、书写媒介和机器印刷媒介的产生，并在此基础上推动人们交往的发展和文化传播事业的发展与繁荣，进而促进大众传播时代的到来。

一 机器印刷媒介的产生与发展

印刷媒介是指以纸张和纸张上印刷的文字符号为主要表达方式的媒介形式，其中报刊、书籍是其基本的信息载体和存在方式，它为人类传递信息、传承历史、延续人类和民族记忆，发挥了不可替代的作用。法国媒介学家里吉斯·德布雷用"书写时代""印刷时代""视听时代"三个时期对人类社会的媒介发展进行概括，这一理论对于整个人类社会的信息传播发展导向有着极大的影响，由此也足见印刷媒介在迄今为止人类社会发展中的巨大作用和意义。

机器印刷媒介是将机器引入文字信息的印刷过程，从而使印刷媒介的生产效率大大提高。德国是欧洲印刷术的故乡，古登堡发明和创造了现代金属活字印刷术，并将其用于大规模的印刷媒介的产生过程，直接引发了近代信息传播革命。1450 年，古登堡研发和制成了木质的、靠螺旋在印版上加压的印刷机，第一次使机器进入了人类信息传播过程，从此，人类信息复制与分享的能力发生了革命性的变革与提高，印刷媒介开始全面介入人类社会的大众传播领域，成为真正的大众传播媒介和对人类信息复制传播和人类认知方式有重大价值和影响的媒介形态。从 1452 年到 1456 年，古登堡用印刷机总共印刷了约 185 本《圣经》，此后，机器印刷又先后进行了一系列的改革和完善，使近代印刷术发展到一个全新阶段。

二 机器印刷媒介与大众传播时代的来临

18 世纪下半叶至 19 世纪上半叶第一次工业革命，特别是机器大生产的出现，使人类文化传播进入了机器印刷媒介时代。机器印刷媒介的出现——流水作业、批量生产、效率高、产量大，将大量低廉的文化产品快速传递到千家万户人的手中，实现了普通民众的大众文化消费，是社会文化的一次解放运动，它使人类文化传播进入了大众传播时代。

（一）大众传播时代的来临

机器印刷媒介具有以下特点，它借助机器等印刷设备将需要传递的信息进行快捷、大批量的复制与生产。机器印刷媒介不仅包含大量充足有价值的信息，而且印刷媒介可以使受众自主选择观看的时间和地点，同时，机器印刷媒介整齐划一的版面风格和由前至后的顺序线性排列方式，不仅增强了人们的逻辑认知能力，而且展现了媒介自身的可信度、权威性和责任感。

机器印刷媒介在更大程度上将人从大范围传播的体力劳动中解放出来，实现了人类表达的社会化——使个人的思想观点快速地向社会大范围的人们传播。机器印刷媒介是一次更为广泛的人类表达的解放运动。机器印刷媒介的出现将大量低廉的文化产品送到千家万户，实现了普通民众的大众文化消费，是社会文化的一次解放运动。书写媒介由于其低下的手工劳动过程和传播效率，因此，在当时还没有真正意义上的公共传媒和大众传播，文化产品的传播还属于个人私人的行为、个人的喜好，藏之名山，传之后世。机器印刷媒介的出现，使其成为一种真正的公共媒介，使个人意识的表达、文化的传播不再仅仅是一种个人行为，而是成为一种更大范围的社会行为。

"诗人拜伦曾把历史喻为驿使，把日期比作驿站，历史在每一

144

站都要换马，然后再继续驰奔。在人类传播活动的进程中，古腾贝格发明金属活字印刷的 15 世纪中叶就是一个新的释站。传播史就在这里换上一匹昂首奋蹄的骏马，踏上新的路程。"① 古登堡机器印刷的诞生使得印刷效率得到极大提高，印刷制品的成本大幅下降和印刷品数量急剧攀升，印刷媒介作为大众传播媒介日渐成熟：由普通书籍到新闻书；由不定期刊物到定期刊物；由周报到日报，大众信息传播的序幕拉开了。并且，这种新的传媒"立即被当时的知识群体和宗教阶层所接受。至 15 世纪末期，在教会的支持下，借助印刷英、德、法、俄等拉丁文字体系各种语言版本圣经的契机，古登堡印刷术在西方的各个角落迅速流传，法国、意大利、西班牙、瑞士、荷兰等国家先后引进该技术。到公元 1500 年，欧洲各国已兴建印刷厂所达 250 家之多。……在 15 世纪后期，古登堡印刷术普及后，印刷掀起了一股势不可当的信息传播潮流，以宗教为开端到法令、科技、文史，都开始了大规模复制，信息垄断被彻底打破，积压已久的巨大信息量凝聚成视觉信息如潮水般灌输到普通民众之间。至 15 世纪末，欧洲大约复制了包括法令、书籍、文章等 3.5 万种，1200 万份印刷品。欧洲藏书量也激增至 900 万册……"② 到 20 世纪初，大众传媒的普及率更广，全世界共约发行各类期刊报纸 5000 种，总发行量过亿，其中廉价日报 2000 余种，读者人数估计是总发行量的 3 倍。机器印刷媒介带来的不但是市场和金钱，更是一场人类历史上信息传递方式、传播范围的颠覆性变革和巨大的视觉信息革命。它创造了一个新的时代——大众传播时代！这种大众传播时代的到来，在弱化人类"异质"概念的同时，也在不断增强人类的知识水平和"同质化"趋向，从而在一定意义上开启了真正的"民智时代"和积极参与社会公共事务、表达个人理念的现代民主新时代。

---

① 李彬：《西方早期的印刷媒介及印刷新闻》，《国际新闻界》1995 年第 2 期。

② 王楠：《印刷媒介和数字媒介的冲突与并行》，山东轻工业学院，硕士学位论文，2011 年 11 月。

（二） 中国近代印刷媒介环境下的信息形态

尽管活字印刷早在宋代就由我国古代伟大的发明家毕昇所发明，这一发明比德国人古腾堡发明金属活字印刷早了400多年，但是，印刷传播领域里的这一伟大发现和发明并没有在我国的文化传播领域得到大的发展，而在其400年后由德国人古腾堡发明的金属活字印刷很快风靡世界，进而推动了世界范围内的信息文化革命。究其原因：一是雕版印刷在中国的发展相当完善和成熟，其替代成本很高，用活字印刷进行替代社会效益不明显。二是与西方的字母文字相比，汉字文字制模较为复杂（西方的字母文字的制模、排版远较汉字简便，所投入的精力和资本相对也就小得多，更容易发挥活字印刷的优势），在文献复制数量有限的情况下（文盲较多，文献需求量有限）单位价格较高，极大地限制了活字印刷的推广。三是毕昇的活字印刷其动力主要还是人力，而古腾堡的金属活字印刷与工业革命的伟大成果——机器紧密地联系在了一起，极大地提高了印刷效率。因此，在中国，雕版印刷一直延续了很久，直到近代西方传教士带来了西方的机器印刷技术。"机械化的印刷发掘了纸张在存储以及传播下的无限潜力，它加快了知识存储的速度，扩大了知识存储的容量，降低了知识传递的成本，正是凭借它，纸张媒介才得以在与声音媒介的较量中脱颖而出，成为了社会主流的传播媒介。"[①] 从此，中国才开启了机械化印刷的大门，逐步进入了现代传播的时代。

（三） 机器印刷媒介是时代发展变革的必然

机器印刷媒介的产生，从社会科技和社会生产力发展的角度来说，是西方工业革命的产物，工业革命、机械化大生产为印刷革命提供了物质技术基础。然而，从社会思想文化和时代精神的内在视角来看，它并非是由一项偶然技术的发明和创造所致，而更是时代

---

① 李俊忆：《媒介与信息形态——从口语传播时代到纸质传播时代》，《新闻世界》2016年第1期。

发展的必然和时代精神的自然外溢。

"印刷诞生在一个曙光初露，新春在即的年代——文艺复兴。其时中世纪的漫漫长夜正在隐退，万象更新的文明即将崛起。正是在这个如火如荼的伟大时代，人们渴望知识、研究科学、探寻真理的热情极度高涨，普及文化知识、提高教育水平已成为迫切的时代需要。……如果说文艺复兴为印刷术提供了一个充满生机与活力的时代氛围，那么宗教改革则为它开辟出一片广阔的生长沃土。换言之，前者只是一种时代的需要，而后者才是现实的可能。……宗教改革是一场声势浩大，影响广远的思想解放运动，其宗旨乃在破除罗马教廷对人的精神的专横统治，把宗教的权威从罗马转回到《圣经》。宗教改革的先驱和领袖路德在《一个基督教徒的自白》一文中，就主张每个基督教徒都有同上帝直接对话的权利，而不必像先前那样通过中间人牧师作为人与上帝沟通的媒介。为此，每个人都需直接阅读《圣经》，而以前阅读并解释《圣经》只是少数教会人士的特权。这种《圣经》至上的主张直接导致《圣经》需求量的增加，在此情况下手抄方法显然力不胜任，必须发明一种新的大量复制书籍的技术以满足宗教改革运动的迫切之需。印刷术的出现已是势在必然。"[①] 正是在这种大势所趋之下，古登堡印刷术在德国诞生后很快传遍西方世界：1466 年传入罗马；1473 年传到匈牙利；1476 年传入英国；1502 年传入美洲新大陆……它是大众传播时代的一把钥匙，一个开启新的时代之门的钥匙。

第三节 机器印刷媒介与社会文化 变革和出版创新

从历史的发展过程来看，媒介形态即传播媒介本身比传播的内容更重要，对人类和人类社会发展的影响更根本、更深远。文化出

---

① 李彬：《西方早期的印刷媒介及印刷新闻》，《国际新闻界》1995 年第 2 期。

版在人类文化的传播过程中占有极其重要的地位，媒介形态与文化出版和出版创新之间存在着内在的、本质的必然联系，媒介形态嬗变必然导致社会文化革命和出版方式的变革与创新。

一　机器印刷媒介与社会文化的繁荣

18 世纪下半叶至 19 世纪上半叶第一次工业革命，特别是机器大生产的出现，使人类文化传播进入了机器印刷媒介时代。机器印刷媒介的出现将大量低廉的文化产品送到千家万户，满足了千千万万人的文化需求，实现了普通民众的大众文化消费，是社会文化的一次解放运动。英国著名学者赫·乔·韦尔斯在《世界史纲》中谈到，由于造纸业和印刷业的产生，"世人的生活进入了一个新的和更为活泼有力的时期。它不再是从一个头脑到另一个头脑的涓涓细流，它变成了一股滔滔洪流，不久就有数以千万计的头脑加入这一洪流"[1]。

由于种种主客观原因的作用和限制，中国的印刷术特别是效率更高的活字印刷的出现，并没有在中国大地催发大众传播媒介的诞生，而在几个世纪以后，德国古登堡发明的金属活字印刷技术和所造出的印刷机却因为与现代生产力相结合，"真的抬起了用印刷符号的经纬线编织的世界地理大发现后的地球"[2]。印刷术的进步推动了报业的发展，从 16 世纪初欧洲出现的单页印刷报纸到 19 世纪 30 年代第一张成功的廉价报纸纽约《太阳报》的诞生，在印刷技术的发展基础上，报纸走向了"大众化"阶段，面向普通大众的大众传播媒介开始发挥它的强大的社会作用。

马克思认为，印刷术是"最伟大的发明"[3]。在印刷术之前，交往的主要形式仍然是口头交往，文字交往被限制在较小的范围之

---

① 李敬一：《中国传播史论》，武汉大学出版社 2003 年版，第 210 页。
② 陈力丹：《精神交往论：马克思恩格斯的传播观》，开明出版社 1993 年版，第 96 页。
③ 《马克思恩格斯全集》第 47 卷，人民出版社 1979 年版，第 472 页。

内，印刷术以迅速的发展速度，摧毁了以往口头交往的传统。恩格斯认为，近代社会机器印刷的出现直接造就了现代精神发展的历史条件，是欧洲科学复兴的四个条件之一，[①] 并说："印刷术的发明以及商业发展的迫切需要，不仅改变了只有僧侣才能读书写字的状况，而且也改变了只有僧侣才能受较高级的教育的状况。在知识领域中也出现劳动分工了。新出现的法学家把僧侣们从一系列很有势力的职位中排挤出去了。"[②] 无论是历史学还是人类文化学家，无不注意到印刷媒介在人类文明和人类文化发展中所产生的极其重要的作用。正如诺曼·卡曾斯所评价的那样："迄今为止，还没有任何一项发明象印刷媒介那样充分地满足人脑的知识需要。人的思想把纸上的小小符号转变为一定意识的能力，正是人类文明获得基本动力的方式之一。"[③]

据《世界通史资料选辑：近代部分》一书记载，1788 年，整个法国大约有 60 多种报纸，到 1789 年剧增到 250 多种，而整个法国大革命时期先后发行的报纸竟超过 1350 种之多。……作为新兴印刷媒介，以其所具备的自身的特点，"使其迅速成为当时信息传播载体的领头羊。成千上万的人们甚至官员、贵族们都竞相购买并阅读报纸，从报纸中寻找信息，并将其看作是唯一的实时信息来源。这时候，不觉间报纸已经垄断了整个社会的信息传播渠道。……它已经成为民众生活的一部分……"[④]

由于印刷媒介自身的特性，它发行快捷，印刷量大，包含信息量丰富，携带方便，充满社会责任感，具有极高的权威性，即在普通民众看来具有极高的权威性、可信任性，所以，自印刷媒介诞生以来，始终占据着人类视觉传播方式的主流地位，纵然是电视电影

---

① 陈力丹：《精神交往论：马克思恩格斯的传播观》，开明出版社 1993 年版，第 96 页。

② 《马克思恩格斯全集》第 7 卷，人民出版社 1959 年版，第 391 页。

③ 转引自刘津《印刷媒介的历史作用与前景展望》，《社科纵横》1997 年第 6 期。

④ 王楠：《印刷媒介和数字媒介的冲突与并行》，山东轻工业学院，硕士学位论文，2011 年。

等新的媒介形态的出现，也没有改变人们对它的信任与依赖。人们早已习惯于阅览一行行油墨所形成的字迹，将自己的信任与对未知判断托付于它，将未来的世界寄希望于它。印刷媒介真正托起了人类社会文化滚滚发展的巨轮。

二　印刷媒介促进了人类思维方式的变革

印刷媒介的线性阅读强化了人们的因果联系，培育了人们的逻辑思维。媒介是人体感官的延伸，不同的媒介偏重于不同的人体感官，从而影响人们的认知方式和思维习惯。每一种媒介背后都蕴涵着超越其自身工具性质的意义。媒介不仅决定人们能够对世界进行认识，而且还决定人们以怎样的方式去认识世界。

（一）印刷媒介培育了人们的理性思维和逻辑思维能力

与口语媒介相比，印刷媒介能够提供大量的经过人们思想过滤的以文字符号为表现形式的信息，它不仅在所提供的信息的量上大大优越于口语传播媒介，而且，它还极大地提高了信息的质。正如文化研究专家尼尔·波兹曼所说："如果一个句子不能起到陈述事实、表达请求、提出问题、明确主张或作出解释的作用，那它就毫无意义，就只是一个语法的空壳。"[1] 因此，这就要求文字的创作必须具有较强的内在逻辑性，同样，文字的阅读者也必须具有较强的分类、推理和判断能力，只有这样才能顺利进入由文字所构筑的意义世界。此外，由于印刷媒介的积累性特征——文字是由一系列的逻辑命题所组成，前面的文字内容没有理解和掌握，后面的信息内容就更加难以理解。特别对于印刷媒介所擅长表达的科学知识来说——科学知识体系是连续的、阶梯形的、层层递进的，如果没有对前面基本的概念和逻辑结构的准确把握和理解，后面的知识体系是根本无法建构的。[2] 印刷媒介文字符号的表达特性和铅字直线式

---

① ［美］尼尔·波兹曼：《娱乐至死》，章艳译，广西师范大学出版社2011年版，第47页。

② 刘华杰、班建武：《略论电子媒介的价值灌输》，《思想理论教育》2010年第20期。

的有序排列以及前后顺序的逻辑进程，养成了读者缜密的逻辑思维，迫使人们在日常生活和对事物的分析思考中运用线性的、因果关系的理性思维方式来组织视觉经验。铅字有序的排列养成读者缜密的逻辑思维，使人们的阅读严肃而富于理性。"印刷媒介在推动人类文明发展之时，使人类社会日益依赖媒介的存在，从而形成一系列传播规则。人们通过阅读形成对外界的认识，印刷媒介中的世界是理性、严肃而又明确的。各个国家通过白纸黑字来制定法律、创作文学和传播思想，可以说没有印刷媒介便没有世界文明。尼尔·波兹曼将印刷机统治思想的时期称为阐释年代。阐释是一种思想的模式，一种学习的方法，一种表达的途径。所有成熟话语所拥有的特征，都被偏爱阐释的印刷术发扬光大：富有逻辑的复杂思维、高度的理性和秩序，对于自我矛盾的憎恶，超常的冷静和客观以及等待受众反应的耐心。"[①]

（二）印刷媒介培养了人们的怀疑精神和社会文化批判意识

印刷媒介的阅读既为人们建立与外部世界的联系提供了纽带，但更为重要的是，同时它也帮助人们构建了自己内在的知识体系，形成了自己对于世界的认识方式，进而为人们独立思考和认识外界事物创造了条件，提供了可能。"印刷术统治下的文字传播时代：非现场的读写文化得到主流性发展，思想家、文学家、历史学家等深度思维者的情感、思想和生活都植根于印刷品这类媒介，他们带有怀疑甚至批判倾向的思潮曾经繁荣了人类文化"[②]。

（三）印刷媒介促进了严谨理性思想文化体系的形成

印刷品的写作和阅读可以赋予人们一种严谨的理性和社会文化思想。这是因为，阅读者的阅读和著述者的著述往往是孤立的，孤独地面对文本的：没有美感，没有诱惑，有的只是孤独、抽象的文字符号和自己独立思考的能力，以及在这种环境下所建构起来的文

① 高萍：《印刷文明之媒介素养洞见——新媒介时代对印刷文字的追思》，《北京印刷学院学报》2010 年第 5 期。
② 同上。

化的大厦和精密的思维体系。"特别是一旦语言付诸印刷机，语言就不可避免地成为一个想法、一个事实或一个观点……只要语言成为指导人思维的工具，这些想法、事实或观点就会具备某种意义，如果一个句子不能起到陈述事实、表达请求、提出问题、明确主张或做出解释的作用，那它就毫无意义，就只是一个语法的空壳。"[①]所以，与今天的视频图像相比，印刷机生产的必定是一种进行深度反省、反思的思维情境，和更成熟、更富有逻辑思维的话语体系和话语方式，印刷机流淌出来的必定是一种"阐释"文化和严谨的思想体系。

三 机器印刷媒介与表达的解放

表达的解放是媒介嬗变的内在逻辑。媒介理论大师麦克卢汉曾经说过："媒介是人体的延伸"，那么，从一定意义上讲，媒介的变革与发展也就是不断完善人类自身，将传播层面上存在的种种限制——消解，使人类的表达不断得到解放的程序与过程。表达的解放是人类追求的永恒主题，是媒介嬗变的内在的必然逻辑。

（一）口语媒介延伸了人类个体的思维，促进了人的表达

口语媒介出现以前的上古时代，人们只能是依靠非常有限的原始发声、简单的体态来表达自身的内在诉求，用结绳记事帮助大脑进行记忆。显然，这样的表达是极其有限的，对人类自身的束缚是全方位的。口语媒介的出现，使人类的表达得到极大的解放。所谓语言，就是人们在长期的共同劳作的基础上，彼此交换体认和共识，并将自己的声音加以组合变化形成的媒介符号系统。有了这种共同的媒介符号系统，人们不仅可以表达自己的喜怒哀乐等自然情感和具体需要，而且还可以表达自己抽象的思想，从而使人类的表达得到了极大的解放。然而，口语媒介有其自身的局限：它受面对

---

① ［美］尼尔·波兹曼：《娱乐至死》，章艳译，广西师范大学出版社 2011 年版，第 47 页。

面传播的局限，表达范围极其有限，且瞬间即逝，不易留存，给大脑的记忆造成负担，因此，它必将被更加适宜和更加高级的媒介形态所取代。

（二）书写媒介进一步深化了人类思维，促进了人的表达的解放

随着人类社会的发展，文字的出现，人类社会进入文字书写媒介时代。文字书写媒介是媒介形态的第一次革命。它第一次摆脱了人类大脑自然记忆的控制，是人的自然器官的第一次真正的延伸，它使人类文化可以真正地保存和流传下来。但是，由于当时用于书写的媒介是竹简木牍、帛和青铜器，由于这些物质媒介稀少且昂贵，又主要掌握在统治阶级手中，这个阶段可以说是文化出版传播的"贵族介质时代"。

纸张的出现，不仅使人类文化传播告别了"贵族介质时代"，而且在一定意义上改变了人们的书写方式和思维方式，促进了人类表达的解放。纸媒取代简、帛，释放了巨大的写作空间，使创作思维获得了极大的自由与解放。在纸前时代，由于素帛成本昂贵和简册写作过程刮削的不易，人们在正式写作前，必然是辗转反侧，惜墨如金，因此，这就使这一时期的作品或篇制不长、缺少变化，或忧虑太多，阻塞内在情义的自然流露，使这种表达既缺少随心所欲、跌宕起伏的文气，又缺少一以贯之、酣畅淋漓的风骨与霸气，自然而然地给人们的表达以制约与限制。造纸技术的发展与成熟，纸媒介质的出现则在很大程度上改变了这种局面。纸媒的低廉、轻便、易于写作，在一定程度上突破了创作者惜墨如金心理负担，由于解除了过于谨慎的心理障碍，使其思绪更加流畅，表达更加解放。从人类思想表达的视角看，纸媒写作是一次人类表达的解放和革命性变革。

（三）印刷媒介在更大程度上将人从大范围传播的体力劳动中解放出来，实现了人类表达的社会化

机器印刷媒介是一次更为广泛的人类表达的解放运动。机器印刷媒介的出现将大量的低廉的文化产品送到千家万户，实现了普通大众的大众文化消费，是社会文化的一次更大规模的解放运动。书写媒介由于其低下的手工劳动过程和传播效率，因此，在当时还没有真正意义上的公共传媒，文化产品的传播还属于私人行为、个人喜好，藏之名山，传之后世。机器印刷媒介的出现，使其成为一种真正的公共媒介，使个人意识的表达、文化的传播不再仅仅是一种个人行为，而是成为一种社会行为——向社会大众表达、向社会大众传播。但是，由于印刷媒介的特性所决定——它既是社会生产力有了较大的发展，实现了个人意识表达的公众化、社会化；但又还没有充分地发展，还不能做到私人创作劳动的直接的社会化，而是还要经过社会（编辑）的把关，才能使个人创作的私人劳动转化为社会劳动，才能使个人的思想意识在社会层面展现出来，因此，这又是社会表达方式的一种局限。不仅如此，由于机器印刷媒介的社会化、大资本特征，又不可避免地受到社会资本的一系列控制。通过对机器印刷生产过程的控制和一系列议程设置，资本实现了对社会文化和社会舆论的更加全面和牢固的控制，这就不可避免地使印刷媒介时代人类表达的解放带有了资本的色彩和特性。

四 机器印刷媒介的发展与出版的创新

机器印刷媒介时代的出版创新：水到渠成的变革与选择。社会生产力的发展与进步必然导致媒介形态的嬗变、表达的解放，并进而导致出版方式的变革与创新，出版方式的变革与创新是社会进步和媒介形态嬗变的必然。

（一）口语媒介时代文化"出版"的自由与局限

口语媒介时代是一个自由、平权的文化传播和"出版"（当时还没有真正意义上的文化出版）时代。口语媒介的自然属性（只有人的自然语言，是面对面的、不借用任何外物和外力的交往时代，因此既没有等级和权力的控制，也没有资本的控制），决定了这是一个文化传播的自由、平权时代。但是，口语媒介时代具有天然的局限性。口语传播靠的是人的大脑的自然记忆，这既是平权的基础，又具有极大的局限性。从本质上讲媒介是人类器官的延伸，由于当时还没有发展出人类自然器官的辅助手段（其他传媒），对人类文化出版传播来讲自然也是一种天然的局限，从根本上说以口语为主导的媒介形态还没有真正意义上的文化出版。

（二）书写媒介时代真正文化出版时代的来临

随着社会生产力的发展和文字的发明，人类由口语媒介时代进入书写媒介时代。书写媒介是媒介形态的一次革命，它第一次摆脱了人类大脑的自然记忆的控制，是人的自然器官的第一次真正的延伸和解放，从此人类第一次拥有了自己真正的文化出版，使即传即逝的信息到流传可存，使人类文化可以真正地流传和保存下来。正如利普斯在他的《事物的起源》一书中所言："有了书写的知识，一个新的时代开始了。"① 文字发明后，简牍和缣帛的出现为个人表达传播提供了较为普遍的书写材料，它极大地促进了私人著述和出版的发展，由此形成了春秋战国之交我国古代出版史上的第一个高峰。

作为一种书写载体和重要的传播媒介，廉价易书写的纸的广泛使用与个人的出版传播活动紧密相连，标志着个人表达传播的第二次飞跃。特别是适合书写且价格低廉的东汉"蔡伦纸"的发明，最终为文字传播注入了新的生命和活力，并促进了人们通过文字进行个人表达传播能力的提高，自然而然，也促进了出版活动的发展与繁荣。两晋南北朝时私人修书盛行，动辄鸿篇巨制；之前东汉就出现了抄书的职业，文学家左思用10年时间写成的《三都赋》，传诵一时，士人竞相传写，一时间"洛阳为之纸贵"。古抄本的时代"始于纸的发明，终于印刷术的发明"，② 对书籍的出版与流传影响

---

① ［德］利普斯：《事物的起源》，汪宁生译，敦煌文艺出版社2000年版，第239页。
② 吴东权：《中国传播媒介发源史》，中视文化事业股份有限公司1988年版，第493页。

深远。

当人们感受到手抄书籍劳动的繁重和困难时，印刷术应运而生。雕版印刷产生后，人们开始从低效率的手抄复制出版传播中解放出来，刻书代替了抄书，推动了社会文化传播和出版事业的发展。

（三）机器印刷媒介的发展进一步推动了社会文化解放运动和出版传播事业的发展

机器印刷媒介的问世，是一次广泛深入的出版传播和社会文化解放运动。机器印刷媒介的出现将大量低廉的文化产品顷刻之间送到千家万户，实现了普通大众的社会文化消费，是社会文化出版和传播的一次解放运动。英国著名学者赫·乔·韦尔斯在《世界史纲》中谈到，由于造纸业和印刷业的产生，"世人的生活进入了一个新的和更为活泼有力的时期。它不再是从一个头脑到另一个头脑的涓涓细流，它变成了一股滔滔洪流，不久就有数以千万计的头脑加入这一洪流"[①]。

由于种种主客观原因的作用和限制，中国的印刷术特别是效率更高的活字印刷的出现，并没有在中国大地催发大众传播媒介的诞生，而在几个世纪以后，德国古登堡发明的金属活字印刷术和造出的印刷机却因为与现代生产力相结合，"真的抬起了用印刷符号的经纬线编织的、世界地理大发现后的地球"[②]。印刷术的进步推动了报业的发展，从16世纪初欧洲出现的单页印刷报纸到19世纪30年代第一张成功的廉价报纸纽约《太阳报》的诞生，在印刷技术的发展的基础上，报纸走向了"大众化"阶段，面向普通大众的大众传播媒介开始发挥它强大的社会作用。

机器印刷媒介的出现使社会文化出版和传播摆脱了"贵族介质时代"的局限和传统权力的控制，然而，机器印刷媒介它的生产

---

① 李敬一：《中国传播史论》，武汉大学出版社2003年版，第210页。
② 陈力丹：《精神交往论：马克思恩格斯的传播观》，开明出版社1993年版，第96页。

线、大资本特征又自然地具有一种极强的权力集中化趋势。通过资本的渗透和一系列议程设置，资本实现了对社会文化出版和文化传播的更加全面和系统的控制。并且，从媒介形态的特性来说，印刷媒介倾向于隔离不同的社会场景，即按照场景理论来说有利于保护前后台的表演，从而有利于维护统治集团的政治权威和政治统治，从而使其控制更加系统和牢固。而要改变这一切，实现更高基础上的更加民主、自由和平等的社会文化出版和传播，从技术基础层面来讲，必然依靠新的媒介的诞生。

第四编

电子媒介：人类自由交流的平台和真正社会民主治理的开端

第四章　电子媒介时代的表达
解放与出版创新

第一节　以电视为代表的早期电子媒介对
社会文化出版的影响

从工业社会、后工业社会到当代全球化信息社会，电子媒介对公众生活的影响越来越广，越来越深入，从进入社会公共空间的电影，到进入家庭空间的电视，继而再到进入私人空间的互联网，电子媒介出现了一个空间不断延伸和扩展的现象，电子媒介逐渐呈现出公共性、家庭化、个性化和私人性特征。在电子媒介的发展和延伸过程中，社会大众的民主自由程度逐渐扩大，从失语、半失语状态逐步挣脱出来，进而其表达方式和表达程度不断获得解放和自由，普通大众获得了越来越多的话语权利。显然，在电子媒介这一发展和演变过程中，社会文化出版也不断出现新的样态，获得愈来愈多的平等与自由。

一　早期电子媒介（广播、电影、电视等）的兴起

按照媒介理论和媒介环境学的观点，人类社会发展的历史就是媒介发展和嬗变的历史，显然，媒介的变迁可以作为划分人类社会历史发展的标准和标尺。从这一观点和视角出发，媒介理论学家麦克卢汉将人类历史的发展划分为口头传播、印刷传播和电子传播三个阶段；美国当代历史学家威廉·麦克高希把5000年人类文明发

展的历史划分为原始表意文字阶段、字母文字阶段、印刷文明阶段、电讯文明阶段和电脑文明阶段等五个阶段。也有学者将人类传播史划分为语言传播、书写传播、印刷传播、电子传播、互动传播（即以电脑为主体、以多媒体为辅助的多种功能的信息传播）。① 但无论哪种划分，电子媒介的诞生，的确都是一件影响人类历史发展的惊天动地的革命性事件。

　　自古以来，人类就有一种不断突破已有界限，极力将自己的信息传播到远方更大范围的渴望与冲动。1836 年人类发明了电报，8 年后的 1944 年美国人莫尔斯将电报应用于传播实践，人类开始进入了电子媒介传播的新的时代。1853 年，第一台传真机投入使用，文字和图片可以实现远程复制传播。1876 年英国发明家贝尔发明了第一台电话机，从此使人可以用最自然的、人性化的方式进行远距离人际交流。电报和电话的发明，被传播学者公认为 19 世纪传播领域最重要的发明之一。以电报和电话的发明为基础，1860 年有线广播出现；1877 年爱迪生发明了留声机；1882 年，法国人马瑞根据中国灯影原理发明了摄影机；1895 年，电影在法国诞生；1906 年，无线广播技术诞生；1920 年 11 月，美国匹兹堡的 KDKA 电台播音，标志着新的面向社会的大众媒介——无线广播电台诞生；1936 年 11 月，英国 BBC 电视台节目播出，世界电视广播进入人类大众传播领域；特别是 20 世纪 60 年代，苏联和美国先后将通信卫星送上太空，并成功地进行了卫星信号的洲际传播……所有这一切共同构成了人类传播史上的第四次传播革命——传播的电讯革命。人类传播史上的电子革命，对人类社会、政治、经济、文化等各个领域以及人类的生产和生活方式产生了巨大的革命性影响，据此，麦克卢汉预言人类即将进入一个传播史上的全新时代，即"地球村"时代。②

---

① 邵培仁：《论人类传播史上的五次革命》，《中国广播电视学刊》1996 年第 7 期。
② 夏德元：《电子媒介人的崛起——社会的媒介化及人与媒介关系的嬗变》，复旦大学，博士学位论文，2011 年 6 月。

二 电子媒介极大地改变了人们对信息的传播和接受方式，增强了人们的信息接收和传播能力

电子媒介极大地改变了人们对信息的传播方式和接受方式，增强了人们对信息的接收和传播能力，并进而改变了人们对信息的认知方式。詹姆斯·凯瑞这样评价电子传播的巨大价值和革命性意义："电报的发明可以在喻意上代表将人类带入现代的所有发明……它第一次使传播从运输中有效地分离出来……在电报之前，communication 一词被用来描写运输，还用于为简单的原因而进行的讯息传送，但是讯息的运动依仗双足、马背或铁轨运载。电报终结了这种同一性，它使符号独立于运输工具而运动，而且比运输的速度还要快。为了体现细微的差别，于是，电报将传播从地理束缚中解放出来，电报不仅改变了传播与运输之间的关系，它同时改变了人们想到传播一词时的基本思维方式。它提供了一种思考传播的模式——我将这一模式称为传递模式——它替代了过去 communication一词所具有的宗教涵义……电报无论在正规的理论领域还是在日常生活行为意识中，都开启了思考传播的新途径。"[1] 也就是说，电子媒介改变了人们的时空观念，改变了信息传递、交通运输的面貌和关系，改变了世界市场秩序和政府统治方式，以及人们对信息和其他事物的感知、认知方式。"以广播和电视为主体的电讯传播，不仅彻底突破了时间和空间的限制，使信息传播瞬息万里，而且挣脱了印刷传播中必不可少的物质（书、报、刊）运输（通过人及交通工具把印刷品送到读者手中）的束缚，为信息传播开辟了一条便捷、高效的空中通道。特别是广播、电视，一旦插上卫星转播的翅膀，这种传播就已不再是通常的大众传播了，而是无处不在、无

---

[1] ［美］詹姆斯·凯瑞：《作为文化的传播》，丁未译，华夏出版社2005年版，第162页。

时不有的跨国传播甚至全球传播了。"① 同时，电子传播媒介与以往印刷传播媒介相比还有一个更大的特点，即它不像以往印刷媒介那样是将人推向信息，而是将信息推向人。电子传播是"在没有识字需要的情况下，为人类提供了超越识字障碍，跳入大众传播的一个方法。"（罗杰斯，1988）电视集声、光、电和音、字、形于一身，一出现便光彩照人，这又进一步增强了人们多方位全视阈接收和传播信息的方式和能力。

三 电子媒介对人类表达的解放及其资本的控制

电子媒介时代，不仅急剧改变了人们周围信息生态环境，同时也改变了以往人们对信息的接收方式，并进而实现了人类表达的解放和文化出版传播方式的变革与创新。

（一）电子媒介时代社会的"内爆"与人类表达的解放

电子媒介延伸了人的嘴巴、耳朵、眼睛等器官，使人类感知和接受各种信息的能力不断提高，从而极大地解放了人类的表达。加拿大传播学家麦克卢汉在他的名著《理解媒介：人体的延伸》中认为，广播是人的耳朵的延伸，电话是人的嘴巴和耳朵的延伸，电视是人的眼睛和耳朵的延伸。每一种新媒介的出现，都使得人的各种感官的功能得到提高，并进而带来人的心理上和认知方式上的改变和影响，给人类的表达提供更多更有效的方式和手段，进而多方面全方位地提高了人类表达的能力与效果。例如，与印刷媒介报刊相比，电影、电视的活动图像和声音打破了印刷媒介的无声世界，丰富了视觉和听觉这两个最重要的感觉器官，把现实生活逼真地搬到了荧幕，延伸了人的眼睛和耳朵。电影、电视集声音、图像和文字于一体，它们的诞生，在进一步延伸人类的感官眼睛和耳朵的同时，还进一步穿越了时间和空间的障碍，使人类成为真正的顺风耳

---

① ［美］詹姆斯·凯瑞：《作为文化的传播》，丁未译，华夏出版社 2005 年版，第162 页。

和千里眼。电子媒介给人类器官带来的每一次延伸，都带给人类大众以全新的体验，使人类的表达更加自由，表达能力和话语权日渐扩大。

电子媒介（电影、电视等）使公共空间与家庭空间界限日益淡化，这种淡化和消失意味着社会处于一种半"透明"的状态，人的全部生活处于一种半暴露半透明状态，这就进一步促进了人们对社会的了解，并进而增大了人们有限的话语能力和话语权，促进了社会的民主化进程。

麦克卢汉在《理解媒介》一书中提出了"内爆"这一概念，认为在电子媒介社会里，"一切社会功能和政治功能都结合起来，以电的速度产生内爆，这就使得人的责任意识提高到了很高的程度。"[①] 的确，印刷媒介倾向于隔离不同的社会场景，即按照场景理论来说有利于保护前后台的表演，使其有利于维护统治集团的政治权威和政治统治，从而使其控制更加系统和牢固。而电子媒介"以电的速度产生内爆"，它模糊了社会前后台的界限，把场景内的表演暴露给了场景之外的观众，使社会进入了"内爆"时代，从而使社会大众更多地了解并参与到社会政治变革的大剧之中。电子媒介这种新的媒介形态使每个人都能在一定程度上洞悉社会变革的密码，并有自由参与和逐步发布自己见解的权利以后，人类社会发展历史上历来泾渭分明的社会精英与普通大众、管理者与被管理者的界线也就日益模糊和逐渐消弭了，人类社会会逐步进入一种共治和真正的民主状态。从本质上讲，这是人的本质力量的复归，它为人的自由全面发展提供了现实的可能性空间。

（二）电子媒介对人类生存空间的入侵及资本的控制

任何事物都有其正反不同性质的两个方面，电子媒介也是如此。伴随着科学技术的进步，电子媒介在不断突破人类认识时间空

---

① ［加］马歇尔·麦克卢汉：《理解媒介：人体的延伸》，何道宽译，商务印书馆2000年版，第22页。

间局限，使人类逐步取得表达自由的同时，电子传播媒介也在不断地入侵人类的生存空间。"可以说，电子传播技术的发展过程就是电子媒介在时空的延伸过程，同时，也是电子媒介对人类生存空间入侵的过程。""电子媒介的每一次延伸，带给大众全新的体验，自由民主走近大众，大众的话语权日渐扩大，个体逐渐得到尊重。其结果是，人类在享受更多的民主权利的同时也逐步丧失了越来越多的生存空间，它们先后侵入到人类的公共空间、家庭空间和私人空间，大众最终丧失了主体地位。当人类进入到电子传播的高级发展阶段——信息社会时，个体在享用电子媒介带来的高度方便快捷的同时，也被剥夺得一丝不挂，赤裸裸地暴露在自己发明的电子媒介面前。透过皮肤这最后一层堡垒，电子媒介渗透到个人的心灵，以技术手段窃取了个人全部的秘密，个人隐私被完全公开，人类自身的最后一块领地也被电子媒介无情占领：电子媒介在时空之中的不断入侵，一步步地消解了人类的现实生存空间，传统社会出现离散的倾向，为资本主义的离散社会奠定了基础，适应了资本主义经济的深化发展。"①

电影诞生之后，从表面上看是电影院为观众提供了一个固定的观赏空间——公共空间（当然，这一公共空间为大众观察社会提供了一个全新的视角），而实际上也是传播者把广大观众聚集在一个他们预先设定的空间领域，而传播者在从他们的口袋里掏走大把大把钞票的同时也将自己的思想观念和价值准则灌输到他们的头脑之中。广大观众在电影中的参与度极低——是"沉默的多数"。在这种公共空间中，受众处于一种平面的、单向度的、被动的接受过程和经验之中。他们在接受信息和形象的同时也在接受和被灌输社会知识精英阶层的思想和观念，即资本的意志。在这样的公共空间里，话语权被牢牢地掌握在少数人即具有资本优势的制片人和导演

---

① 杨席珍：《电子媒介的延伸——民主、空间与生存仪式》，兰州大学，硕士学位论文，2004 年，第6—7 页。

手里（广大观众在关键时刻被排挤在了权力之外）。资本、资本的代言人——他们才是电子媒介时代真正的言者。他们的立场、观点代表的是资本的利益和意志，是电子媒介真正反映的东西，而观众只不过是沉默的看客，演员则是在台前表演的傀儡，必然要遭受幕后老板和资本的支配和调度，根据老板和资本的要求去表演。"公众在这个公共空间里几乎不享有话语权，唯一的权利就是沉默地欣赏，不过这不是一顿免费的午餐，进入这个公共空间是以付出经济代价为前提的。"①

在电影侵入社会公共空间的同时，电视的出现有进一步将资本的触角侵入了人们的家庭空间。电视是具有家庭特色的电子媒介。现代家庭生活与电视互相渗透，融为一体，这不仅表现为电视的播放环境是家庭，而且为了提高收视率，迎合家庭受众的需要——当然，最终还是为了资本利益的需要，电视节目的内容也经常以家庭为中心。从表面上看，电视节目家庭成员聚集在一起，延长了家庭成员之间的团聚时间和自由掌控时间，家庭空间也为社会大众提供了话语权的潜在环境与生存空间，但实际上电视却大大减少了家庭成员之间彼此交流的时间甚至独立思考的时间，进而取消了人们真正的话语权。电视的出现导致了现代家庭形聚而神散和个人思考的浅显化倾向。单向度的人机传播，不仅造成了电视受众的单面向性——话语权的偏向形成"沉默的螺旋"效应，而且在电视立体型、多视角的强大攻势面前，受众失却了独立理性思考的能力（受众大多是具有较大局限的）和空间，只能被动地接收电视传播者（代表资本）为自己做出的价值判断。表面上那些电视节目宣扬的是客观中立的思想观点，但实际上其背后却有一只无形的巨手在暗中操控，这就是资本、资本意志（超额利润、收视率）和社会意识形态。失去了独立的思考和独立的价值判断，广大的观众也就自然

---

① 杨席珍：《电子媒介的延伸——民主、空间与生存仪式》，兰州大学，硕士学位论文，2004年，第6—7页。

地有意无意地失去了自己的话语能力和话语权。由此不难看出，"电视对赋予观众的有限话语权利终究是维护自己的根本利益和长远利益。电视传播的主要话语权实际上仍然为传播者享有，通过在一定程度上关心受众让受众感激不尽，传播者却因此树立起人文关怀的仁慈形象。电视传播者的立场终究由电视机构决定，电视机构必须为它的所有者服务，所有者的性质终究决定了电视的根本立场。……安德鲁·古德温和佳里·惠内尔说，电视是除议会和法律之外的第三级公正，它是一种自由言论的工具，它是大街小巷中普通人的声音。它集中反映人民对我们社会内部各种权力集团的不满和批评，但同时它永远不会反对资本主义消费社会的根本制度。虽然我们强调电视节目的矛盾性，但在某些方面它们明显地倾向于统治集团，因为它们并没有向统治权提出异议。意识形态的作用表现在掩盖、置换和归化社会问题及矛盾，而这一过程表现在电视节目的形式和内容上。电视首先构筑自己的世界观，然后通过它自己的一套编辑、选择及摄影方法使之自然化并成为一种正确的观点。电视声称为人们提供一个'观察世界的窗口'，而它幕后那些调解过程似乎根本不存在。这番话生动地刻画出了电视假借为公众服务的名义，表面上湮没了传播者（传播者为电视机构所有者服务）自己的声音，为公众观察世界认识社会提供了一个新的途径。但实际上这只是一个假象，是个自欺欺人的骗术而已。在后工业化的电视时代，电视在传播过程中设置了道道无形的关卡，编辑、记者就是这些关卡的守门人，观众接收到的只不过是经过守门人层层过滤过的信息。电视依然是个你传我看的电子媒介，传播者在传播活动中始终处于核心地位。在电视传播过程中，谁掌握着电子媒介，谁就拥有最终的话语权，所以，在后工业电视时代，传播活动的话语权理所当然地为掌握着传播媒介的传播者所真正享有。"①

---

① 杨席珍：《电子媒介的延伸——民主、空间与生存仪式》，兰州大学，硕士学位论文，2004年，第12—13页。

福柯也认为："任何权力的行使，都离不开知识的提取、占有、分配与保留。"① 而大众传播机器是弥漫在日常生活之中的"全视之眼"。"福柯的理论提示我们，传播成为权力认可的仪式，传播的话语规则体现了话语的社会结构，表明了谁可以讲话，可以讲多少，可以讲什么，以及在什么场合讲。"② 因此，在资本控制和垄断的社会里，传播媒介由资本所拥有和控制，话语权、话语霸权也显然由资本所掌握和控制，这是必然的。

四　电子媒介对社会文化传播和文化出版事业的影响

（一）新的标准、新的尺度、新的发展

传播学大师麦克卢汉曾经说过："任何媒介（即人的任何延伸）对个人和社会的影响，都是由于新的尺度产生的；我们的任何一种延伸（或曰任何一种新技术），都要在我们的事务中引进一种新的尺度。"③ 人类的文化生产和文化出版活动的历史发展，同时也是一部媒介形态发展和出版技术发展的历史。纵观人类社会文化发展的历史，人类文化出版发展的每一次重大历史变革都与媒介形态的嬗变和出版技术的发展息息相关。新的媒介形态的产生必然带来新的技术和新的发展尺度，进而引起文化出版的新的变革。社会文化的出版传播，从最初的口语媒介，到后来的书写媒介（甲骨、竹简、帛和纸张），再到后来的印刷媒介和电子媒介，印刷传播媒介经历了一次又一次的重大变革与革命，社会文化出版也经历了一次又一次激动人心的重大发展和变革。19 世纪三四十年代兴起的电子媒介，给我们的社会文化传播和出版引进了新的尺度，带来了新的巨大变化。

"每一次新媒介的诞生，都是对传播的一次拓展，从某种程度

---

① 转引自陈卫星《传播的观念》，人民出版社 2008 年版，第 123 页。

② 陈卫星：《传播的观念》，人民出版社 2008 年版，第 127 页。

③ ［加］马歇尔·麦克卢汉：《理解媒介：论人的延伸》，周宪、许钧译，商务印书馆 2003 年版。

上也满足了我们幻想中的某些需求。具体到电子出版与传统出版来说，人们阅读传统图书是线性的过程，即从打开图书开始一直阅读至结束，没有声音、色彩的变化甚至是味道，而电子图书则打破了这种线性阅读，将阅读提升至自主选择的状态，而且从声音和色彩变动上满足了人们要求阅读更生动的需求。从这个角度来说，媒介使用的人性化原则直接关系到新旧媒介的受众接受程度，从而决定了新旧媒介在互动中哪方占据更有利的位置。"①

梅罗维茨继承了麦克卢汉和英尼斯关于利用媒介对社会进行划分的方法，将社会分为口语媒介社会、印刷媒介社会和电子媒介社会。他认为不同时代的传播手段与形式，创造了不同的社会情境，而电视、电话以及计算机等新媒介的使用，则形成了新的媒介信息系统。

口语语言作为人类的第一种传播媒介，它繁衍和培育出了人类的认识能力，但是，由于自然口语传播只能适用于距离很小的范围之内，这就决定了单纯的口语媒介社会注定只能是封闭有限的原始家族部落社会。文字作为一种新的传播媒介（给社会带来了新的标准和新的尺度）打破了原有口语媒介社会的秩序，使得人的抽象思维得以发展，极大地促进了人类智力的发展，改变了人的知识结构和社会结构。然而，识字和书写并不像说话那样可以通过日常生活就能自然获得，而是需要长期的专门学习，因而只有极少数人有机会掌握这种技艺，这就必然地形成知识的垄断阶层，构成一种等级性极强的社会权力结构。印刷媒介的发明和应用是传媒史上的一个转折点，它造就了信息传播向社会下层转移的契机。印刷媒介成为第一种大规模的人群可以共同接触的传播媒介，它为文化信息的大众化普及奠定了基础、创造了条件。印刷文化蕴藏了数百年人类深入思考的文化成果，但它的解放意义仍然是有限的，特别是机器印

---

① 史建华：《大媒介背景下电子出版的新探讨——电子出版与传统出版的互动理论分析暨实证研究》，北京印刷学院，硕士学位论文，2002 年。

刷媒介，它的流水线、大资本特征，又在新的文化环境下形成了社会资本的新的垄断。随着电话、电视等电子媒介的兴起，新的媒介（新的标准和新的尺度）对社会信息系统的结构产生了显著的影响，电子媒介使得过去各不相同的社会场景融合在一起，模糊了私下和公开行为的分界线，打破了物质位置与社会位置的内在关联。

　　与印刷媒介时代文化传播相比，电子媒介（电视、电影等）所传播的信息更容易被观众所解码，它不需要专门的学习和培养，即使是文盲和小孩也很容易看懂电子媒介所传递的文化信息。电子媒介（电视、电影）还模糊了穷人与富人、年轻人与老年人、学者与文盲、男性与女性等各种年龄、职业、阶层和宗教信仰之间的界限和群体身份等级认同，给新的媒介文化传播以极大的影响。① 另外，电子媒介的广泛应用，还使得"场景和行为的界定不再取决于物质位置。身体与某人单独在一起，并不表示在社会上也一定是在一起。同样，身体与某人不同时在场并不表示与某人不在一起，因为我们可以用电话或者是收音机联系他人，或者收听远方'他者'的讯息。"②

（二）电子媒介对社会文化发展和出版的制约

　　电子媒介给社会文化发展和出版带来了新的标准、新的尺度，进而给社会文化发展和出版以多方面多维度的极大推动和影响，但是，任何事物的作用和影响都不是单一的只具有积极的影响，而是还有它的另外一个方面。电子媒介的作用与影响也是如此，它对社会文化发展和出版的作用和影响也存在一些实质性的负面制约和影响。

　　1. 电子媒介时代的读图话语方式与发展导致"无思"时代的到来

　　电子媒介的产生与发展造成新的话语方式的形成，即以图像—

---

① 张海燕：《电子媒介——场景与社会行为》，兰州大学，硕士学位论文，2006年，第8—9页。

② 同上书，第10页。

读图为特征的话语方式代替了印刷媒介时代以文字为特征的"线性阅读"话语方式。在这种新的话语方式下，"电视已经赢得了'元媒介'的地位———种不仅决定我们对世界的认识，而且决定我们怎样认识世界的工具"。① 电视、图像成为我们认识和了解世界的最主要的方式，是我们形成社会文化的最重要的符号系统。用桑塔格的话说："我们处在的电子媒介盛世是一个'奇观社会'，所有的社会现实都要被电子媒介的大口嚼掉变成影像奇观吐出来，否则就不是真实的，就无法引起人们的兴趣。"② 然而，就是这看似斑斓的"奇观"使我们一步步走向"无思"的荒漠。电子媒介以图像—读图为话语方式，极大地压缩了人们思考的空间。③

在印刷媒介时代人们以线性文字阅读为主的话语方式，依靠阅读获得信息和知识。面对线性排列的一行行抽象文字符号，人们必须调动和运用自身内严密抽象的逻辑思维能力去进行仔细缜密的逻辑判断和思考，这就必然不断锻造和训练自己的逻辑思维能力，从而使思维变得愈来愈强大。并且，在阅读的过程中人们还要依靠自己的智力和自己已有的知识储备不断对印刷媒介信息进行同化和顺应，即将符合自己已有知识系统的知识和信息吸收进来纳入、同化到自己原有知识系统，而对于相异于自己原有知识系统的知识和信息，要么排除，要么顺应——建立和扩充新的知识系统。显然，这样一个过程既是个人独立思考的过程，也是每个人的知识系统和理性思维能力不断变得日益强大的过程。因此，印刷媒介时代是锻造理性思维，培育思想大师的时代。正如 20 世纪思想家和理论家诺思洛普·弗莱所说的那样："书面文字远不只是一种简单的提醒物：它在现实中重新创造了过去，并且给了我们震撼人心的浓缩的想

---

① ［美］尼尔·波兹曼：《娱乐至死》，章艳译，广西师范大学出版社 2011 年版，第 92 页。

② 苏珊·桑塔格：《关于他人的痛苦》，黄灿然译，上海译文出版社 2006 年版，第 100 页。

③ 刘爽：《浅谈电子媒介对"无思"时代的生产及其教育消解》，《科教文汇》2014 年 9 月（上）总第 289 期。

象，而不是什么寻常的记忆。"① 印刷媒介推崇客观和理性的思维，鼓励严肃、谨慎并且有逻辑性的公共话语，为思考和阐释留有足够的余地和空间。②

"然而，进入电子媒介时代后，话语方式发生了改变，与印刷媒介不同，以电视为核心的电子媒介是用图像来表达的，其特点是让具体的形象进入人们的心里，而非让抽象的概念留在人们的脑中。一闪而过的图像是让人们看的，不是让人们思考的。"③ 加弗里尔·萨洛蒙曾经说过："看照片只需要能辨认，看文字却需要能理解。"④ 图像把世界表现为一个物体，而文字语言则把世界表现为一个概念。"从电视上获得的意义往往是一些具体的片段，不具备推论性，而从阅读中获得的意义往往和我们原来储存的知识相关，所以具有较强的推论性。"⑤ 电视、图像、读图是不鼓励人们思考的，甚至可以说是排斥思考的，人们看到的只是成千上万的有动感的画面，斑斓夺目然而却稍纵即逝。"如果没有能使不以感性形式呈现的东西显现出来的这种能力，那么思维过程和系列思想将是不可能的。"⑥ 电视、图像将一切以感性的形式呈现出来，缺乏理性的参与，更不需要深入的理性思考，必然导致思考空间的压缩、思维能力的弱化，和"无思"时代的来临。

2. 娱乐的泛化：电子（电视）媒介话语的超意识形态，戕害人们的深度思维和正常的社会文化建构

在印刷媒介时代，阅读从本质上来说是一件增长知识锻炼思维的严肃而又艰辛的事情，是一项需要调动自身知识结构和理性参与

---

① ［加］诺思洛普·弗莱：《伟大的符号：圣经和文学》，多伦多：学术出版社1981年版，第227页。

② 刘爽：《浅谈电子媒介对"无思"时代的生产及其教育消解》，《科教文汇》2014年9月（上）总第289期。

③ 同上。

④ 萨洛蒙：《媒介的互动，认知和学习》，洛杉矶：爵西－巴斯，1979年，第36页。

⑤ 同上书，第81页。

⑥ ［德］汉娜·阿伦特：《精神生活·思维》，姜志辉译，江苏教育出版社2006年版，第92页。

的思维活动。然而，在电子媒介时代，阅读却一概成了一项娱乐性的事件，"娱乐至上"成了电子媒介时代人们阅读的根本，"娱乐是电视上所有话语的超意识形态。不管内容，也不管采取什么视角，电视上的一切都是为了给我们提供娱乐。"① 电子媒介传递的知识信息在很大程度上说只是为了娱乐，是娱乐的一种形式，而不是为了思考，不是为了那些费力但对人类来说却是极具价值和意义的逻辑推理与思维。这种电子媒介传递信息的娱乐本性决定了它必然是舍弃思维与人文精神来迎合人们对视觉快感的低级需求，这就必然地带来人类理性思维的退化和人类价值追求的迷失，从而给人类社会文化的建构带来无法弥补的损失。正如波兹曼在《娱乐至死》中所说："我们的问题不在于电视为我们展示具有娱乐性的内容，而在于所有的内容都以娱乐的方式表现出来。"② "对于电视的娱乐性我们已经适应得非常彻底，完全接受了电视对于什么是真理的定义，语无伦次变得合情合理，无聊的东西在我们的眼中也充满意义，一切都被打上了'娱乐至上'的烙印。电子媒介时代娱乐的泛化不仅使我们失去了思考的能力，更重要的是，我们不愿去思考了。"③ 娱乐的泛化，电子（电视）媒介话语的超意识形态，戕害人们的深度思维和正常的社会文化建构，给我们正常的社会文化建构造成了极大的伤害，必须引起我们高度的重视。

3. 加强现代媒介意识，破除电视媒介的超意识形态性质，为科学合理的文化建构和文化传播奠定可靠的思想理论基础

电子媒介的作用、价值和意义既是客观存在的，又是多方面的，我们既要充分发挥电子媒介便利人们交往传播、灵活多样的传播方式和现代传媒优势，同时又要努力克服其泛娱乐化和"无思"

---

① ［美］尼尔·波兹曼：《娱乐至死》，章艳译，广西师范大学出版社 2011 年版，第 112 页。

② 同上书，第 92 页。

③ 刘爽：《浅谈电子媒介对"无思"时代的生产及其教育消解》，《科教文汇》2014 年 9 月（上）总第 289 期。

状态的影响；不是让其"自由泛滥"控制一切，而是充分利用电子媒介，以我为核心，为"我思"服务。有学者在谈到教育与电子媒介的相互关系时就曾说道："一说到教育的媒介意识，很多人的第一反应是教育的电子媒介化，将电子媒介技术应用到教育过程中，通过电子媒介来控制教育而不是通过教育来控制电子媒介。教育并不排斥对电子媒介的运用，但问题的关键在于如何通过教育来控制电子媒介，使它的负面影响得以抑制，而正面效应得以最大限度发挥。一方面，教育要认识到电子媒介已然存在并且广受欢迎的事实，将人们与电子媒介完全隔离开来是不可能的。教育对媒介的控制不应该是简单粗暴的禁止，而是积极的干预。……在当今电子媒介盛行的时代，完全禁止学生接触电视、网络等电子媒介是不切实际的，也缺乏其相应的合理性与可操作性，所能做的只能是采用教育的方式加以引导。另一方面，要向学生揭示电子媒介的危险性。如果某种媒介的使用者对其危险性已经有所了解，那么一般来说这种媒介就不会过于危险。通过开设相关课程等方式使学生深刻地意识到信息的结构和效应，消除对媒介的神秘感，认清电子媒介的娱乐本质以及它对思考能力的负面影响，使学生学会怎样疏远某些信息形式，从而对电子媒介获得某种程度的控制，消解其对思维的负面影响。……想要改善电子媒介时代'无思'现状，单单树立正确的媒介意识是不够的，学校教育还必须主动出击，用'对话式'教学代替传统的'独白式'教学，培养学生乐思、善思的能力。……思维起源于疑惑，是一个不断提问、不断解答、不断明朗的过程，通常是在主体内部进行，以内隐的、自问自答的方式，而外部的提问却能够成为思维发生的起点。对话教学的重点是教师能有效地利用提问来引导学生的思考过程和思考体验，把教学看作一个促进思维发展的过程，系统地控制引起思维和指导思维的种种条件，掌握学生加工学习内容所采用的思考方式，为学生的思考创设安全的环境。……只有这样，才能培养出乐于思考、敢于思考并且善于思考的人，也只有这样才能在某种程度上改善电子媒介时代'无思'的社会大环境。"①

社会文化出版与传播其实就是更大范围的社会大众的教育和引导问题，"泛娱乐化"倾向的形成、"无思"时代的来临，既然是社会教育的结果，显然这一趋势的扭转和改变也要由社会教育——社会文化出版和传播来实现和完成。首先，要提高社会文化出版和传播的社会责任意识，克服利益至上的短视行为和唯利是图的狭隘资本本性和意识，服务广大人民群众的最根本利益，建构科学合理的社会文化。其次，科学技术、当代传媒是手段，是服务于健康向上社会文化的传播手段，要不断进行理论思考和顶层设计，要跳出社会乱象，不要为一时的乱象和假象所迷惑，使现代科学技术、电子传媒真正为现代科学、健康文明的社会文化的建构服务。再次，客观、合理和公正地展示和评价现代信息媒介技术，既要看到其科学先进和高效的信息传递优势的一面，同时也要看到其对社会文化传播所造成的"浅""散""乱"，不系统，不全面，少深度，缺理性的一面，并且要极力利用各种方式和手段，创造条件，扩大其优势，减少和克服其对文化出版和传播不利的因素，为健康向上科学严谨的社会文化的建构创造更加适宜的环境和条件。

第二节 计算机互联网：文化传播媒介的 颠覆性革命与创新

任何一种媒体形态的出现和发展都有其必然的现实技术基础和必然遵循的历史变动轨迹。近几十年来，现代信息技术的变革和快速发展，特别是计算机互联网技术的迅猛发展，给媒介形态和具体的传播媒体的发展奠定了强大的物质技术基础。从某种意义上讲，计算机互联网技术改变了过去信息传播和接受的方式，从技术手段

---

① 刘爽：《浅谈电子媒介对"无思"时代的生产及其教育消解》，《科教文汇》2014 年 9 月（上）总第 289 期。

上真正实现了把话语权最大限度地交给网民和公民大众，给每个人创造了平等地进行交流和信息发布的机会。它使得社会大众平等基础上的信息的生产与发布成为可能，使人类文化传播进入了一个颠覆性变革的崭新时代。

一 计算机互联网：媒介技术的革命性变革

英国哲学家弗兰西斯·培根认为，操纵时代命运、对人类生活的改善给予根本影响的既不是政治和宗教，也不是思想，而是技术上的发明和创造。20世纪是一个技术大变革的时代，20世纪以来人类经历了多次重大技术变革，而且每一种新的技术都具有革命性意义，特别是互联网和当代数字信息技术。联合国教科文组织在《迈向知识社会》的报告中，将信息和传播新技术革命称为第三次工业革命。

当代计算机互联网和数字信息技术的发展，使人类文化传播进入人类传播史上一个崭新的时代，它把人类延续了几千年的单向传播变为双向传播，真正实现了传播者与接受者之间的双向即时互动。它的低门槛、便捷化、自主化、普泛化和平等性、平民化特征为普通公民大众获取话语权利提供了前提条件，同时也给当今的社会民主发展以极大的推动，显然，也必然给予公民个人的自由全面发展以极大的作用和影响。正如美国学者马克·波斯特在他的《第二媒介时代》中所指出的那样：第一媒介时代是由文化精英、知识分子主导的自上而下的文化传播和发布；而第二媒介时代则是对"交往传播关系的一种全新构造"，其中"制作者、销售者、消费者"的界限不再分明，产生了"双向的、去中心化的交流"。读者成为作者，作者草根化。① 数字网络传播使得人们的生产方式、生活方式、思维方式和行为方式都发生了一定程度上的质的变化。正如有学者在20世纪90年代末就曾断言的那样："互动传播和信息

---

① ［美］马克·波斯特：《第二媒介时代》，范静哗译，南京大学出版社2005年版。

革命正在进入一种'临界状态'，一个崭新的社会即将到来，新的社会包容着整个世界，互动传播连接着整个人类。"①

互联网去中心化的电子媒介，是创造新知识和新话语的有力方式，是解构传统权力结构使权力分散化的新的技术工具。"网络传播与传统传播具有截然不同的技术特征，它为现实生活中处于边缘位置的弱势群体找到了一个突破口，突破传统权威的话语霸权，传达出自己的声音，因特网成为边缘人类和弱势群体争取话语、争取权力的新阵地。互联网的开放性、交互性、网络化、虚拟化等特点，使弱势群体掌握更多的信息与知识成为可能。随着弱势群体掌握信息和知识能力的增长，必然会导致边缘权力的增长，这种增长最终将会削弱统治阶层的'主流话语'……换言之，由于弱势群体的增长，'主流话语'作为理性主体的中心权力有可能被'边缘话语'所解构。这样一来，作为整体机制的科层制也有可能在根基上被动摇。互联网在使统治阶层更方便地实施数据语言监控的同时，'边缘话语'也在数据语言中构建着自身的地位以削弱'主流话语'，从而在事实上导致两种话语同时被强化。'主流话语'不再能够'一手遮天'，权力出现多元化和离散的取向。权力的多元化促进了大众的自由民主……从理论上说，因特网解构了传统社会的从中央核心向周围边缘蔓延的大众传播模式，摧毁了以中心化和非交互为特征的传统媒体的传播空间，建构了一个去中心化和交互开放为特征的数字化生存空间。公众变被动为主动，从信息的接受者摇身一变成为信息的发布者，实现没有时空障碍的双向交流。……从这个意义上来说，因特网的确是个典型的平民化的电子媒介"。②数字网络开辟了一个新时代，造就了一个崭新的世界！

（一）信息革命与自媒体传播时代的来临

现代信息技术的发展使互联网全面步入了 Web 2.0 的大环境时

---

① 邵培仁：《论人类传播史上的五次革命》，《中国广播电视学刊》1996 年第 7 期。

② 杨席珍：《电子媒介的延伸——民主、空间与生存仪式》，兰州大学，硕士学位论文，2004 年，第 14—15 页。

代，从某种意义上讲，Web 2.0改变了过去互联网信息技术和信息传播的方式，从技术手段上真正实现了把话语权最大限度地交给网民和公民大众，给每个人创造了平等地进行交流和信息发布的机会。如果说Web 1.0的显著特征是互联网用户可以通过浏览器随时随地获取相关大量信息的话（单向地获取），那么，Web 2.0时代则更加侧重于用户、公民大众在网络平台上的交互信息传递与发布（双向的、多向的），也就是说，互联网用户已经不再仅仅是网络庞大、繁复信息流中的冲浪者，而是逐步成为层层信息波浪的推动者和发起人。他们不再仅仅是网站内容的被动接收者、使用者，而且已经成为网络信息的主动创造者、发布人。在信息传递的运作模式上它已经由之前单一的"读"向当下"读"和"写"并用，乃至"大胆创新、共同建构"的发展模式演变，从而使数字网络大环境变得更加人性化、合理化和实用化。目前，Web 2.0技术给互联网带来了一场信息传递方式的革命，也即以自媒体、自出版为基本特征的信息传播时代的来临。自媒体是相对于传统媒体而言的，尽管自媒体具有传统媒体的功能和作用，但它却不需要有传统媒体的运作机制和架构。它与传统媒体相比更加自由化、私人化、普泛化和平民化。如果说"全媒体"是对当下众多媒体形态的宏观层面的把握与描述，那么，"自媒体"则更多的是从微观视角描述媒体大众个人参与媒体活动形态的方式和过程。媒介形态的嬗变、出版方式的变革最终为人的自由全面发展创造了条件，奠定了基础。

（二）自媒体：信息时代个性表达的需要

当代自媒体的出现是信息时代个性表达和人的全面发展的需要。社会生产力的发展和科学技术的进步以及科学技术向生产力的快速转化，为人类自身的解放和发展提供了雄厚的物质基础。第三次科学技术革命的浪潮席卷全球，全面而深刻地影响着人类社会政治、经济和思想文化等各个领域的发展，改变着人们的生活方式、认知方式和思维方式，同时，变革的时代，激荡的社会发展环境，各种新鲜事物不断涌入人们的生活，使得人们对外部世界的探索欲望更加强烈，并且由于网络的高度隐蔽性，在现实生活中个人内心中平时被隐藏、被压抑的各种欲念找到一个释放的缺口——把自己的心灵世界完全交给了网络，使个人的思想、意念在这个隐秘的世界里得以酣畅淋漓地表达和宣泄。在这里，互联网掩藏的是面孔，暴露和表达的是心灵的世界和灵魂。

特别是"社会转型带来的利益分化是每一个体都在面对的社会现实，如何有效地维护自身的合法权益是个体存在与发展的一个重要问题。要维护自身权益，有效的利益表达是不可或缺的要素，因此，自媒体时代的众声喧哗背后有着个体利益诉求的强烈色彩。在这个利益分化的时代，以个体利益为基础的个人权利意识极大增强，维护和发展自身权益的个体诉求正成为普遍的表达内容，不同看法背后往往是不同利益的博弈，自媒体的出现为个体的利益表达提供了有效的工具，利益表达为自媒体的个性化发展提供了强有力的内在社会支撑"。① 当然，在这种个人利益诉求表达的背后也深深地蕴含和记录着社会民主进步的烙印。

（三）信息传播内在规律不断加大现代信息的传播效应，凸显一般社会公众的主体地位和能动作用

自媒体的出现极大地改变了传统媒体的运作格局和方式，它的便利性、平民性、隐秘性、低门槛，极大地提高了普通民众的话语权。过去单个、分散、有限的公民个人因其人微言轻，影响不大，作用有限，所以不被重视，很难参与到宏观的社会治理之中。建基于数字网络技术基础之上的"自媒体"，由于社会公众普遍的好奇心，加之信息传播的"首因效应""蝴蝶效应""第三人效应"以及"群体极化效应"等信息传播趋向和社会心理的作用与影响，极易使个人信息迅速流传、分散和扩张，并在全社会范围内形成一个个影响巨大的社会舆论圈，从而使得公民个体在信息的传播和流动过程中具有了一定的主动性和主导权，即从以往单纯的信息接受者

---

① 刘振磊：《自媒体的传播个性与公共性重塑》，《传媒》2014年第10期。

转变成了信息的发布者和传播者，以及社会舆论的制造者，由此凸显出了一般社会公众在当今信息社会中的主体地位和能动作用。

二 互联网媒介时代：人性化传播理念的回归与表达解放时代的真正来临

人类的一切活动及其文明成果的积累和传播，都有赖于传播媒介，媒介、媒介形态及其媒介的使用状况是人类社会众多变化的一个极其重要因素。同样，人类表达的解放也依赖于媒介、媒介形态的变革与发展。媒介理论大师麦克卢汉曾经说过："媒介是人体的延伸"，那么，从一定意义上讲，媒介的变革与发展也就是不断完善人类自身，将传播层面上存在的种种限制——消解，使人类的表达不断得到解放与完善的程序与过程。表达的解放既是人类追求的永恒主题，也是媒介嬗变的内在的必然逻辑。

在以往信息欠发达的传统社会，社会精英阶层与一般社会公众之间存在着巨大的信息不对称，信息发布权与诠释权为社会精英阶层所把持，一般社会公民被动地接受着来自社会精英阶层所发布的信息和社会治理思想，而自己的声音与诉求却往往被忽视，始终处于被压制的状态。当代信息传播技术的发展与变革成为推动社会民主化发展的重要技术力量，它进一步促进了话语权由社会精英阶层向社会大众的下移与回归。正如利文森在其《数字麦克卢汉》中所宣称的，"因特网是传播的民主化"，在网络传播的"地球村"里，垄断将难以为继，并认为这将是一种全新的生活方式和生活状态。在这种新的技术环境下，普通社会大众将从原来的"受众""旁观者"转变为信息的发布者和"当事人"，每个公民都可以拥有自己的网络报纸（博客）和网络广播或网络电视（播客），任何时间、任何地点，社会大众都可以自主地发布自己的信息，经营自己的"媒体"。人们自主地在自己的"媒体"上"想写就写""想说就说"。信息传播的普泛化、便利化、简单化带来了信息发布权力的分散化、普泛化和平民化，信息发布的权利日益向普通社会大众回归。这样就在逐步消解和打破优势群体——社会精英群体的技术垄断地位的同时，也在不断地增强着弱势群体——普通社会大众的话语权，真正满足了民主化发展时代个性表达的需要。自媒体成为社会大众张扬个性、宣泄情感、表达自我的适宜场所和领域。计算机互联网最重大的价值和意义就在于，它将我们从大众传播时代带入到了现代个人信息发布与传播新时代。正如德克霍夫在其《文化肌肤——真实社会的电子克隆》一书中所说："计算机不是一种大众媒介，而是一种个人媒介"，现代意义上的（有大众传播效果的）个人媒介。由此不难看出，媒介的变革与发展必然导致表达的自由与解放，表达的自由与解放是媒介嬗变内在的必然逻辑。

三 互联网媒介时代出版方式的变革与创新

社会生产力的发展与进步必然导致媒介形态的嬗变、表达的解放，并进而导致出版方式的变革与创新，出版方式的变革与创新是社会进步和媒介形态嬗变的内在必然逻辑。客观地讲，人类要求在交往中全面占优对象，以自己的全部感觉肯定自己，但文字、印刷媒介只能把交往限制在视觉范围内，通过思维这种"精神的眼睛"与书报上抽象的对象发生接触和交往。恩格斯说："站在真正的活生生的人面前，直接地、具体地、公开地进行宣传，比起胡乱写一些令人讨厌的抽象文章、用自己'精神的眼睛'看着同样抽象的公众，是完全不同的两回事。"[①] 希望通过媒介实现对对象的全面占有，这是人类一直以来的向往与追求，然而这一切只有到了电子媒介时代特别是计算机互联网有了一定发展的今天，才能逐步变成现实。

电子媒介技术的变革与发展，计算机互联网和现代信息技术的发展与完善，为这种全息化地相互占有与交往提供了可靠的技术基础和广阔的发展空间。可以说电子媒介时代的文化出版是迄今为止

---

① 《马克思恩格斯全集》第 27 卷，人民出版社 1972 年版，第 24 页。

人类社会最灿烂的文化景观，特别是近年来由于计算机互联网这一新的媒介形态的革命性变革和快速发展所导致的"网纸替代"，是一场全方位的社会生活方式的大变革，显然同时也是社会文化出版领域里的一场最广泛、最彻底的文化出版革命。

封闭的圈子不论多么庞大，其实都是渺小的，而电子媒介，特别是计算机互联网，它将众多符号体系的传播功能熔为一炉而产生的"聚变"效应，使当代所构建的庞大的信息系统成为一个由无数节点所组成的包罗万象、化育万物且永远也续写不完的大书。它实现了全息化地与对象的接触、占有与交流，既极大地促进了人类表达的解放，显然也从根本上实现了社会文化出版方式的革命性变革。

数字网络技术的出现和广泛应用导致了出版范式的新的转换：从基本载体上看，导致了从有形媒体向无形的网络化媒体的转换；在传播形式上，导致了从传统的以文本传输为主向文本、动画、音像等综合传输方式的转换；从传播的维度上看，导致了由传统的单向传播向双向多维传播的转换；从传播的角色上看，导致了传播者与接受者，作者、编者和读者之间的融合与互动，和一定意义上的角色的互换。这是一种全新的变革，革命性转变。

网络的发展，自媒体的出现，把过去的一切媒介变成内容，变成了自己的内容。它在开创了一种鲸吞此前所有符号代码形式的传播渠道的同时，也开辟了一种全新的出版模式和人类主体自我发展完善的全新状态，从而使每个人都能够充分地展现自己，完善自身。电子媒介（特别是计算机互联网），它改变了口语交往时代原始低效的"全息化"交往，扬弃了文字印刷媒介时代抽象的（失全息化的）交往与传播过程，从而在更高的基础上实现了社会交往、文化出版和传播的"再全息化"螺旋式上升，为当代出版和传播以及人的自由全面发展提供了条件，奠定了基础。

第五章　数字网络环境下文化出版创新发展

数字网络技术的迅速发展和应用，导致出版范式的转换与文化出版生态环境的变革，在物质技术基础层面，传播方式呈现出宏观与微观两极化发展与变革新趋向；在哲学、社会学层面，在某种意义上实现了主体间相互关系的完善与提升；在学术研究层面，数字网络技术的发展和应用极大地改变了文化出版生态环境，推动了学术研究事业的发展。然而，在当前新的信息技术环境下，也存在一些学术期刊创新发展的制约因素：一是发展思路落后，路径依赖严重；二是学术管理行政化导致学术研究的异化；三是内容积聚偏好，导致学术创新动力不足，内容弱化；四是浅阅读导致思维平面化，制约学术创新，影响学术期刊创新发展。为此，我们必须努力做到观念创新；制度体制创新；内容创新；发展模式创新；评价机制创新，以更好地适应新的媒介时代，促进学术出版的创新发展。

第一节　数字网络环境下出版范式的转换与文化出版生态环境的变革

数字网络技术的迅速发展与应用，使得社会信息传播进入了高速发展的新媒介时代。这一全新时代的来临，标志着编辑出版行业在告别了"铅与火"的时代之后又迅速地步入了告别"纸与笔"的新的媒介时代。这种新的媒介时代的到来并非仅仅表现为传播技术和媒介手段的多样化和多元化，而是更深刻地表现为传播内容的几何级数增长和传播方式的革命性变革。国内外学者对此进行了较为广泛的探讨和研究，如美国学者马克·波斯特在他的《第二媒介时代》中认为，"第二媒介时代"是对"交往传播关系的一种全新构造"，数字网络开辟了一个全新的时代。①

一 物质技术基础层面：传播方式呈现出宏观与微观两极化发展与变革新趋向

数字网络技术的出现和广泛应用给社会文化出版和传播提供了新的物质技术基础，从而导致出版范式的转换和文化出版生态环境的革命性变革，并且，这种变革朝着两个极化方向发展：一是进一步向更为宏大的宏观方向发展，即使其具有更大的广泛性、普适性和海量化；二是在微观方向上，向更加微型化、微缩化、即时性、个性化方向发展。具体来讲，在宏观极化发展方面，如以实现全社会知识信息资源共享为目标的国家级重点项目"中国知网数据库"，它一是集成整合知识信息资源的规模巨大；二是建构有知识信息资源互联、传播、扩散与增值服务平台，为社会大众提供资源共享，知识学习、应用和创新的信息化条件。万方数据库是涵盖期刊、会议纪要、论文、学术成果、学术会议论文的大型网络数据库，它集纳了理、工、农、医、人文五大类70多个类目各种科技类期刊文献，并且，其文献增长迅速。另外还有"中国科学引文数据库"、我国首个大型基础地质图数据库，以及网上最大的"科学数据库"等一系列大型数据库，它们不仅具有应用的广泛性、普适性，而且与传统数据的存储相比具有信息存储的海量性。

在向微观极化方向发展方面：在一个个大型数据库建设的同时，计算机网络技术的深化发展与应用，又不断将庞大的专业信息进行细分和资源重新调整与整合，进行产品的再设计、再规划、再

---

① ［美］马克·波斯特：《第二媒介时代》，范静哗译，南京大学出版社2005年版。

包装，实现了数据库的再造与增值，并在此基础上将目标市场细分化、精细化，为每一位客户的个性化需求提供定制服务。在出版印刷方面，充分发挥计算机网络技术优势，逐步摒弃原来那种出版印刷一种产品满足社会所有人需要的大众出版的做法，不断实现资源信息的再造与重组，以销定产、多向互动、个性化印制、即时出版，充分满足每个人的个性化需要。个性化印刷出版的实现真正改变了大机器时代机器印刷出版的范式与环境，真正实现了出版印刷由古老传统中的龟甲、兽骨和竹木上的个体手抄（手工作坊），到机器大工业印刷，再到数字网络时代个性化印刷更高基础上的"复归"。它在更高的技术基础上满足了每个人的个性化需要，是出版范式和出版生态环境的革命性变革，为当代学术创作和文化出版的创新发展打下了基础，创造了条件。

当代数字网络出版具有良性互动和高度细分化和个性化的特点。新的出版模式强调读者的参与性，使读者不再只是被动地接受作者的观点，而是可以随时随地地把自己的观点、看法和感受反馈给作者，实现了读者与作者、读者与读者，以及读者、作者与传者之间的良性互动。可以说，数字网络出版是由读者、作者和传者共同完成的，具有很强的交互性。同时，数字网络出版能够极大地满足读者多方面的个性化需要，进一步体现了网络时代人的生存本质和人文关怀。

二　哲学、社会学层面：主体性—主体间性，在某种意义上实现了主体间相互关系的完善与提升

在以往的社会传播中，社会传播的主体是不完善的，要么传播的主体与客体还未完全分化，主客体关系处于简单的同质化状态（古代社会），人的主体意识尚未完全形成，处于主客体混沌状态。在这种状态下传播主体还不是真正完整意义上的主体，最多只能算是形式主体；要么表现为主客体的分割对立状态。人类社会进入工业社会后，随着工业文明时代的到来，和人的主体意识的不断觉

醒，人的主观能动性发挥着愈来愈大的作用，特别是编辑出版和传播逐步从其他部门中独立出来，成为一种专门的社会职业，从而使得编辑、传播者和受传者形成两极，居于大众传媒的两极分立对应状态。社会编辑传播成了"一种'主体—客体'的两极模式，或'主体—中介—客体'的模式，它只承认一个主体，即传播者。受者是传播过程中的客体。传者和受者之间的'交往关系'被变成'对象化关系'"①。这种对象化传播关系，其目的在于传播主体通过传播这种方式有意识地贯彻自己的意志，进而改变客体，因此，在这一传播关系中，对象化关系是一种目的—手段关系，而不是一种主体间的真正的平等交流关系。在这种传播关系和传播活动中，受传者表现为传播者意志的塑造"物"，两者之间是一种控制与被控制、主导与服从的关系。这就必然导致人与人之间关系的紧张和异化。

从本质上说，人与人之间的交往关系应当是一种平等的主体—主体关系，是主体间的平等对话与交流，然而，这只有在人们提出并逐步确认了人们之间的"主体间性"这一关系的当代社会才有可能变为现实。"主体间性即主—主关系，是主体与主体的直接面对。一方面确立了主体之间的平等地位，不再把'他我'当成他物，也就是真正把人当作人看待，主体之间可以进行直接的交流"。"如果说，传播关系的核心是人的话，毫不夸张地说，我们只有在主体间性传播关系中才找到了真正的人……立足于主体间性来理解传播才是'人'的传播，着眼于主体间性的传播培养的人，才是真正的人，才是社会关系中的主体。也只有立足于主体间性的交往关系，传播者才能把受传播者当作'主体'，当作'人'，当作一个'生命体'看待。传播的过程才能成为生命的激情对话和心与心的交流，才能使传播过程尊重生命，体现尊严，给个性的发展以充分的

---

① 李欣人：《传播关系的哲学思考》，《新闻传播研究》2005 年第 4 期。

空间。"①

尽管主体间性这一论题很早就已经提出来了，然而，它（特别是在传播领域）只有到了现代数字网络技术有了相当大的发展的今天，才真正展现了其自身的价值和意义。在传统的文化传播过程中，传统的主客体二元对立的思维方式和与之相适应的物质技术基础，把自我（编者、传播者）看成是外在于对象的独立自足的存在，传播者与接受者、编辑与读者，其主客体地位是泾渭分明的，并且接受者、读者只能被动地接受由编辑、传播者等文化精英、知识分子主导的自上而下的文化传播和发布，信息的流动显然是单向度的。而现代基于数字网络技术的信息发布与传播，则彻底颠覆了原有的信息传播关系。它的开放性、即时性、互动性、多媒介和多样式，真正实现了对交往传播关系的一种全新构造，使传受双方在平等的关系中，客观地传授、接受、理解和反馈传播内容。其中，制作者、传授者、接受者和反馈者的界限不再分明，形成了平等、双向、去中心化的信息传播与交流过程。信息的发布者、传授者成了接受者，读者同时也成为了作者、传者和信息的发布者。这是一个交互式、平权化的新时代。②

三 学术研究层面：数字网络发展改变了文化出版生态

数字网络技术的发展和应用，极大地改变了文化出版生态环境，推动了学术研究事业的发展。

（一）数字网络技术的应用改变了人们获取信息的方式和渠道，激发了人们的创新灵感

在远古时代，信息的传递是口耳相传；到了工业革命以后，机器化大生产和电子技术的发展极大地拓展了人们获取信息的渠道，图书、报刊、电影、电视等传播媒介成为人们获取信息的主要方

---

① 李欣人：《传播关系的哲学思考》，《新闻传播研究》2005 年第 4 期。
② ［美］马克·波斯特：《第二媒介时代》，范静晔译，南京大学出版社 2005 年版，第 273 页。

式。然而，这一所谓的"第一媒介时代"不仅其传播方式是单向度的，而且其信息的容量也是有限的，人们获取信息的方式会受到多种多样的阻碍与限制。数字网络时代的来临，彻底改变了人们获取信息的方式和手段，给人以全方位选择的便利和自由。数字网络的应用不仅优化了人们原有日常信息的接受方式和渠道，而且增添了新的科学信息交流的渠道和平台。这些新的交流通道和平台的最大特点：一是资源丰富。计算机网络技术所支持的存储空间和其所能承载的数据信息是以往任何媒介都难以比拟的。二是存取和阅读快捷方便。互联网基于最先进的数字技术、网络技术和现代信息技术，能够在瞬间同时传送大量的文字、图像、声音、动画等各种形式的内容和信息。一方面，传阅者可以即时、随意、跳跃式地传送和阅读所需要的信息；另一方面，数字化阅读具有全方位的检索和建构功能，读者可自由灵活地选择和使用各种搜索引擎，尽可能在更大的范围内检索相关的资料和信息。三是信息多元，开放互补。在数字化和互联的时代，网络信息不仅具有自由、共享和海量化的特征，而且同时还具有多元异质和开放互补的特性：知识的多元化、信息模式的多元化、"意见基团"的多元化、价值观念的多元化等，这些都为新的知识的产生，新的理念的形成提供了条件，奠定了基础。四是交互性好，信息反馈便捷。在现代发展创新的时代，信息流动的交互性、互动性显得越来越重要。数字化和网络技术的最大优势就是能够实现跨地域、多媒体间的信息流通。交互性的网络信息处理、创制和传播过程在信息发布者与接受者之间建立起了某种即时互逆性的反馈式联系和沟通的有效渠道。这一方面缩短了传播者与受传者之间的距离；另一方面也在受传双方的互动过程中，相互砥砺，相互发展完善，进而不断激发出创新的灵感与激情。

（二）现代网络信息技术有利于人们知识结构的拓展和综合创新能力的提高

人们通过网络不仅可以围绕自己的研究专业阅读和接受到世界

上最先进的学术研究成果，了解学术前沿的最新动态，而且还可以任意浏览相关、相近和自己感兴趣的其他一些学科的研究状况和有关信息。有研究表明，人们的内储知识信息是作为一个整体系统而存在的。内储知识信息的功能如何，一是取决于人的内储信息的量；二是取决于人的内储信息的质；三是取决于人们内储信息的结构方式。数字网络阅读正好适应了人的内储知识信息功能不断发展完善的这种需要：众多开放数据库海量信息的存在，为人们自由获取丰富的知识信息提供了便利，从而使人们能够不断扩大自身内储信息的量；多学科全方位的索引和检索技术为人们不断完善自身的知识结构创造了条件；自由开放的学术交流平台有力地促进了人们的学术研究，为不断提高人们内储信息的质并优化内储信息的结构方式提供了条件，奠定了基础。

（三）一个个大型数据库的建成，为学术研究提供了新的基础和手段

"信息时代内容为王"，并且，在当今数字网络的新时代，内容为王又有其自身的特殊含义：一是文献信息的海量聚合；二是对海量信息资源的集约整合能力。目前，我国的学术期刊万余种，图书出版更是不计其数，清华同方、北大方正、重庆维普、书生公司、超星科技公司等，将这些海量信息积聚整合，形成了一个个大型、超大型数据库，并在此基础上跟踪研究用户特征，根据用户的阅读喜好和习惯以及其阅读轨迹，为其定制专门的个性化服务，真正做到了以用户为中心。数字网络的海量信息储存，方便强大的检索功能，迅速快捷的传输，个性化的服务，为学术研究提供了新的基础和手段，原来要耗费大量人力物力才能完成的工作，现在转瞬之间即可完成，极大地改变了人们进行科学研究的环境和条件。

（四）数字网络出版变革将极大地促进学术交流和文化出版事业的发展

人类文化出版事业的发展大体经历了如下三个阶段：著作稿自

审订阶段（原始的著作、编辑、出版三者合一阶段）——著作稿的编审阶段（著作、编辑出版分离阶段）——著作稿编审活动的回归阶段（著作、编辑、出版三者回归合一阶段）。在人类文化不发达的早期，由于受社会发展水平的限制，特别是文化出版媒介物质材料的限制（文字记录材料主要是龟甲、兽骨、玉版、竹简和后来的缣帛），文化出版数量极其有限，文化出版处于"著作稿自审订阶段"。著作稿的审定、刻写（或雕版）、印刷等主要是由作者自己完成，文化传播著、审、传统一，著作者的个人劳动直接表现为社会劳动，学术创作、文化传播是著作者个人的内在需要，同时创作主体也具有创作和传播的权利和自由。

然而，随着社会的发展，和社会生产力的巨大进步，特别是随着西方工业革命机器印刷时代的到来，出版物的大量增加，使编辑出版从社会其他部门中分离出来，成为一个专门的机构。编辑出版工作从选题、组稿到审选、校订形成了一个系统规范的流程，成为社会文化传播发展中的重要控制环节，也从此开启了著作、编辑、出版三者分离的著作稿编审阶段。著作稿编审阶段（著作、编辑出版分离阶段）的到来，编辑出版成为社会的独立部门，极大地提高了编辑出版和文化传播的效率，促进了社会的进步与发展。但是，这种著作与编辑出版的相互分离状态，使得著作者的个人劳动不再能够直接表现为社会劳动，而是要通过编辑的把关与控制才能"转化"为一般的社会劳动，否则，著作者的个人劳动就不能得到社会的承认，就只能永久地停留在"个人劳动""私人劳动"状态，其文化产品也就失去了进一步传播和流通的资格和权利。这在某种意义和一定程度上是对著作者"主体性"的否定，进而必然导致对这一"主体"能动作用的限制和损害。

数字网络时代的来临，彻底改变了此前由文化精英、知识分子主导和控制的自上而下的文化传播方式，数字网络的开放性、便捷性、交互性、平权性、即时性、低门槛、多媒介、多样式等特性，彻底改变了以往的文化创作和文化传播方式，是对以往"传播关系的全新构造"。它融著作者、编辑者、出版者、消费者等为一体，真正实现了由原来的"主体—客体"这一"对象性"关系到相互平等和相互尊重的主体—主体关系的转换与提升。这是对社会文化传播过程中诸多主体"主体性"的完善，从此人类的文化生产与传播将在更高级的阶段上回归到"著作稿自审订阶段"，即著作、编辑、出版三者合一阶段——自著、自审订、自复制出版。现在网络上的各种论坛、学术交流平台、博客、网络期刊、网络出版平台以及各种各样的网络出版样式（以后还会发展出更多的样式和形态），正是这种著作、编辑、出版三者合一雏形和样态。

数字网络环境下著作、编辑、出版三者合一的回归，使著作者的个人劳动、私人劳动再度直接表现为社会劳动，其劳动产品——著作稿再度直接进入社会文化传播过程，这是在人类文化传播层面上对著作者"个人劳动""私人劳动"的肯定和尊重，是对著作者"主体性"的进一步完善与提升。这一变革必将从根本上，从创作主体的内在动力机制上极大地激发出学术创作的动力和热情。正如一些学者所言：数字出版时代将是一个"众神狂欢"的时代，它必将促进文化出版事业的更大发展。

第二节　数字网络新的媒介环境下社会
文化出版发展障碍因素分析

数字网络的发展极大地改变了文化出版的生态环境和技术手段，但同时它也存在一些不利的障碍因素，影响和制约着文化出版事业的更大发展。

一　数字网络新的媒介环境下文化出版质量提升存在三大瓶颈制约

数字网络技术的广泛应用导致出版范式的新的转换和文化出版发展的新的变革，但是，数字网络的发展也给文化出版的发展带来了一些不利的影响,具体来讲,数字网络环境下文化出版质量的提升存在着三大瓶颈制约。

(一) 内容积聚的特殊偏好和价值法则泛化,形成对文化出版发展的瓶颈制约

"信息时代内容为王,谁掌握了内容,谁就是胜者",谁就掌握了打开社会宝藏的钥匙。但是,在新的媒介环境下,在数字化、网络化、信息激增、知识爆炸的今天,内容为王又有其自身的特殊含义。内容为王是指内容的海量聚合,即谁对内容资源具有更强大的集约整合能力,谁就会有更大的对读者的吸引力,和市场控制力,谁才会成为数字网络时代的内容之王。数字网络的发展彻底打破了传统出版业条块分割、地区垄断、渠道不畅、资源和经营分散的状况。它的自由开放、海量存储、按需印刷、快捷传输、方便地检索、自由地下载和低廉的边际成本,决定了原来传统方式下那种一刊一社独霸一方的状况已经一去不复返了,要想在这种新的媒介环境下占据资源优势,就必须具有巨大的信息集聚和整合能力。①

然而,信息的集聚与整合尽管其规模可以是很大的,甚至是海量的,但它却还不是内容的创新,而是与内容的创新有着本质的区别。并且,由于法律制度的不健全,和数字网络新的媒介环境下信息获得和复制的便利,加之社会风气的不利影响,使得学界人心躁动,浮躁之风盛行,人们醉心于那种内容积聚的特殊偏好,以及对信息的简单的复制、搬运、整合与拆分,而不愿意做那些艰辛细致的真正的学术研究和探索。这种不断的简单的复制、搬运、整合和拆分,又进一步消解了人们思想创新和学术创新的内在动能,使得平庸之作汗牛充栋,而既具有深刻的思想性又具有较大学术价值的上乘之作如凤毛麟角,由此,形成数字网络新的媒介环境下学术质量提升的瓶颈制约。

---

① 周林:《传统出版进军网络出版的困境与策略》,《编辑之友》2006 年第 5 期。

（二）数字网络新媒介的反向利用，学术腐败成本降低，形成对文化出版发展的瓶颈制约

数字网络新媒介的发展，海量信息的集聚，和一个个大型信息库的建立，便利了人们对信息的检索查询和利用，降低了信息的利用成本，提高了人们进行科学研究的效率，但同时，一些人对数字网络新媒介的反向利用，也大大降低了学术腐败的机会成本，加剧了学术腐败的发生。利用中国知网对作者发稿状况稍作分析就可发现，在当下的学术研究中抄袭他人、重复发表现象早已不是个别现象，再结合反学术腐败软件进行分析，有些抄袭重合率高达90%以上。更让人难以接受的是，现在只要轻敲键盘，那些"代写网""代写代发论文"的网站就会浮现在眼前。一向高雅的论文写作成了简简单单的复制和粘贴，一贯被认为是艰辛创作的学术创新活动成了机械地搜索、复制、粘贴加工和简单的攒合。的确，当下盛行的学术腐败有其更深层次的社会政治、经济、用人机制等制度根源，但是，数字网络新媒介技术的进步在对我们的社会文化发展提供便利的同时，也给文章的抄袭、攒合和重复发表带来了极大的便利，从而极大地降低了学术腐败的成本（这在传统传媒时代靠手工翻资料、爬格子，既没有便利的攒合、加工手段，又不可能在短时间内寻找到成规模的需求市场，因而是不经济，不可能的），加剧了学术腐败的更大泛滥，成为数字网络新的媒介环境下文化出版创新发展的新的瓶颈制约。这对我们在新的数字网络新媒介环境下加大学术创新，提高文化出版的质量，提出了新的挑战。

（三）数字网络新的媒介环境下信息获取的便利，国际范围内"马太效应"加剧，形成对国内文化出版发展的瓶颈制约

近年来，被誉为世界上两大顶级杂志，代表了人类自然科学研究最高水平的《科学》和《自然》，它们不仅在出版传统期刊的同时出版电子版，而且还开办网站详细推介其有关信息，比如栏目介绍、稿件选择的程序、接受稿件的条件、在线数据补充、参考文献的格式等。《自然》网站内容涵盖相当丰富，它不仅提供1997年6

月到最新出版的《自然》杂志的全部内容，而且还将其姊妹刊物《Nature》出版集团出版的多种研究月刊、评论杂志和工具书搬上网站，扩大其影响。同时它们还利用网站详细发布投稿信息，利用在线投稿，疏通和扩大投稿渠道。这样不仅扩大了期刊的影响，而且还有效地吸引了稿源，将大量优质文稿源源不断地控制在自己周围，从而导致我国国内大量优质稿源的流失，形成国内文化出版发展的又一瓶颈制约。

二　发展思路落后，路径依赖严重

除了客观上存在的三大瓶颈制约以外，在现代新的媒介环境下，我国的文化出版和发展还存在发展思路落后，路径依赖严重等问题。随着科技的进步、科学实践的发展和人们认识的不断深化，先前在人们认识中占主导地位的认识方法和手段已逐步完成了其科学认识的历史使命，并逐步丧失了其存在的价值和意义，为了更好地进行科学研究，唯一的出路就是放弃原有的陈旧的思想观念和不合时宜的理论框架，代之以新的理论和新的思想观念。然而，目前我国的文化出版界，在某种程度上还不能很好地适应数字网络这一全新的媒介环境的变革，缺乏新的媒介时代的创新思维，对传统出版存在着种种路径依赖问题，并这样或那样地影响和制约着当代文化出版的发展。

所谓路径依赖，就是在一个具有正向反馈机制的系统中，一旦某种规则、制度和理论被系统所采用，该系统便会沿着由这些规则、制度和理论所确定的固有路线和方向发展和演进，即事物存在着在既定方向上自我选择并不断强化发展的趋势和状态。由于这种自我选择并不断强化发展的趋势和状态的存在，势必导致该事物、系统对其他潜在的异质系统（甚至是更优系统）的排斥与阻抗，从而使其难以顺利进入更优的循环发展状态。数字网络新的媒介环境下文化出版发展存在的路径依赖主要有：思想文化路径依赖、制度机制路径依赖、理论路径依赖和方式方法路径依赖等。

（一）思想文化路径依赖

文化出版思想文化是社会在一定时期政治、经济和思想文化基础上形成的出版理念、活动目标、行为规范、传统风尚，以及在此基础上所选择出版的精神产品和思想成果。出版文化的精髓是选择、传播和积累优秀的思想理念和价值取向。以出版思想价值观为统领的精神文化是出版文化的核心和灵魂，它决定着整个出版活动的方向、路径和成效。每个时代有每个时代各自不同的出版传统、思想理念、选稿原则和价值取向，但是，这些传统、理念、原则和价值取向又是逐步演变的，具有一定的传承性，人们必然是在前人所形成的出版价值文化的基础上进行发展和变革的，先前的出版理念、价值取向必然这样或那样地影响和制约时下出版价值文化的形成和文化出版业的发展。由于历史文化传统和思维惯性的巨大作用，以及许多现实因素的制约，使得数字网络新的媒介的出版在很多方面还难以摆脱原有的出版路径轨迹，而是沿着历史形成的原有路径"方便"地行进，这在某种意义上会减少创新的风险，但同时也会弱化变革的成效。

（二）制度机制路径依赖

传统的文化出版管理有着自己一套完整、系统的组织体系和管理机制，这种体制机制形成以后，一方面保障了文化出版活动的正常发展；另一方面也限制了某些非正常文化出版行为的发生，使文化出版活动按照组织机制限定的轨道有序进行。如在我国以往的出版管理体制下，传统期刊刊号的审批和出版书号的管理都有一套严格的申报和审批程序，传统学术期刊出版不仅拥有国家正式认定的刊号以及主管主办单位和事业或企业法人身份，而且社会对其运行发展早已有了一套成熟稳定的社会价值规则。数字网络新的媒介的发展，尽管使文化出版管理从技术手段到工作流程都有了极大的改变，但其一时还很难完全摆脱这种制度机制的影响与控制，会有意无意地受到原有路径的限定和制约。正如有学者所言：我们赖以到达今天的制度与过去是相关的，并限制着我们对未来的选择。

（三）理论路径依赖

现代信息技术——数字网络新的媒介技术来源与西方，西方的信息理论与经验无疑会给我们以一定的启示和借鉴，但在观念意识、民族文化背景和深层价值取向上难免存在一些矛盾和差异，并且，我们至今未能深入地、脚踏实地地探讨我国数字网络信息革命实践，在一定程度上存在着对这些理论的盲目推崇。这样就难以跳出对它的理论的路径依赖，而理论路径依赖所具有的不可预测性和潜在非效率等特点，难免会给我们的数字信息革命和数字网络新的媒介出版造成不利的影响。[①]

（四）方式方法路径依赖

传统的出版管理不仅具有一套完整、严密、系统的组织体系和管理机制，而且还形成了自己一套科学的工作流程和方式方法，比如从选题策划、组稿、审编到审校和印刷发行，都有一套严格的工作规程，正是这套科学严密的工作流程很好地保障了我们的文化出版和社会文化发展。而计算机互联网新的媒介技术的应用，使我国的文化出版管理发生了巨大的变化，但是，由于受路径依赖惯性的作用，原有这种工作流程和方式方法还会在今后很长一段时间内发挥作用，并在某些方面自我强化，路径依赖所具有的锁定和潜在非效率特性，会给新的媒介环境下文化出版和学术发展模式的变革带来种种阻碍。[②] 比如，相当一些学术期刊至今未能上网，即使上网也仅仅是制作一些简单的网页，或者把印刷版"拷贝"到网上，"单门独户"式的"庭院经济"经营方式仍然占据主导地位，原来的"千刊一面"变成了现在的数字出版的"千网一面"，如此而已。

[①]　裴伟廷：《网络教育发展中的路径依赖》，《远程教育杂志》2006年第4期。
[②]　同上。

三　学术管理行政化导致学术研究的异化

（一）行政权力一超独大，权力的层级意识不断强化，学术权力科层化

行政权力一超独大，权力的层级意识不断强化，学术权力科层化，比如，在学术研究重要平台大学内部（以及其他一些研究院所）的学术机构设置上，行政权力处于主导地位，并且，行政权力凌驾于学术权力之上，学术权力服从于行政权力。各种类型的学术委员会及其他学术机构要么被虚置，要么发生了异化，学术权力科层化。科层制又称理性官僚制或官僚制，它是一种依职能和职位进行分工和分层，以规则为管理主体的组织体系和管理方式，也就是说，它既是一种组织结构，又是一种管理方式。特别是现代科层制管理方式有一种技术化和工具理性至上的倾向，它以实用性、便于操控和高效率为目标，将一些复杂的问题和人们的行为一同化约为"技术性"问题，并用行政的方法加以解决。学术权力科层化不仅表现为行政权力对学术权力的直接干预，同时还表现为学术管理系统同样存在着的较强的等级性特征：学术权力主要掌握在几个专家、教授、学科带头人手中，他们操控学术场域，掌握学术评价和学术资源分配，影响学术发展，在有些地方甚至出现了学霸、学阀、学术寡头，严重干扰了正常的学术研究和学术事业的发展。

（二）学术资源配置行政化

行政权力一超独大，权力的层级意识不断强化，学术权力科层化，其直接后果就是学术资源配置的行政化：离权力中心越近，越是接近权力核心，获得的学术资源（科研资助项目、优秀科研奖励、较好的成果社会评价，等等）就越多；距离权力中心越远，所获得的学术资源就越少。在当代大科学大工程的时代，学术资源对学术研究和学术发展有着与以往相比更加重要的价值和意义，学术资源配置的行政化和异化，必然导致学术研究及其研究成果的异化

和低质化。

（三）学术成果评价方式的数量化和行政化

在我国现实的学术成果评价管理中，管理者过分追求短期管理效应，管理者的任期限制、考核方式和行政期望，直接导致了学术评价中对学术研究成果数量的过分追求。管理者总想在任期内创造出更优秀的业绩，以利于自己的晋级和升迁，这就必然导致其置社会责任于不顾，主观随意、急功近利。这种急功近利的心态在现实中又恰恰迎合了政绩考核的行政技术化管理倾向和方式，由此更强化了其短期行为，加重了其短期效应。在现实的考核体制下，不仅不断地加大着领导、管理者任期内多出成果、快出政绩的追求与渴望，而且他们还会采取各种办法，利用一切手段，将这种追求与渴望转化成现实的操作方案，量化为各种具体指标，辅之以利益诱惑，最终变为"激励"和"鞭策"学者们不断进行论文制造和学术生产的鞭子，以期实现最大的学术产出，彰显自己辉煌的政绩。他们将学术成果的评价和管理简单地化约为"技术性"问题，其唯一目的就是提高管理的行政"效率"，以彰显个人的"政绩"。

然而，学术活动毕竟是一种复杂的脑力劳动和价值创造活动，对其评价应当侧重于价值层面，并且这种价值层面的东西是很难被简单地化约为"技术性"问题的，更何况，学术评价所涉及的学科众多，不同的学科之间不具有可比性。而我国现实中的科研管理者，他们对管理学的潜在假设和理论的具体适用缺少深入的研究和反思，管理"操作"的意识和"纯技术性"的观点主导了学术评价实践，致使其过分追求学术评价活动的效率和可操控性。这就难免会导致其过分依赖学术评价过程中的客观技术标准（如数字化模型），通过整齐划一的简单化标准，抹杀评价对象的内在差别，并想进而通过这样的评价所引发的竞争激发起研究者更大的学术创作热情，得到更大的科研产出，从而使复杂的学术评价和学术创作问题简单化约为"行政领导、办事员与电脑的协同运作"。① 这样一来，行政化管理体制就严重阻碍了真正的学术创新，低层次重复出版不断，拼凑攒合之风盛行，学术创作内在动力的丧失也就成为必然了。

四 依托权威数据库上网，学术期刊的主体性丧失

（一）"搭载"方式湮灭了学术期刊的个性化品位与审美旨趣

目前我国学术期刊的网络出版大多是采取"搭载方式"上网，即在传统学术期刊印刷出版的同时将电子文本转交中国期刊网、万方数据知识服务平台，或中文科技期刊数据库等大型数据库，然后再由这些数据系统发布于网络。这种"搭载"式的学术期刊网络出版方式在初期发展阶段极大地减少了其网络运营和管理的成本与麻烦，但同时也湮灭了不同品质学术期刊的个性化特征与审美旨趣。② 这是因为任何一家学术期刊，在这些数据库中都不再是以独立"期刊"的形式而存在，其整体的文化品位和编辑思想已荡然无存，剩下的只是一篇篇形单影只被拆分于各个专题库中的文献，成为海量信息的一个部分。从期刊文化发展的视角看，"这样的数据库对读者阅读方式的改变，已不仅仅是介质上的——纸本的还是电子的，而且，更是实质上的——期刊不见了，因期刊而存在的刊物特色、编辑思想、编排风格、专栏结构、各专栏间的呼应对话统统不见了。"③ 期刊这一独立存在的个体已经迷失在网络的海洋之中。

（二）"读库的越来越多，读刊的越来越少"，传统学术期刊发展受阻

由于互联网新媒介的出现，改变了大多数读者的传统阅读方式，加之市场经济的发展，价值法则的泛化，人们阅读的功利性和

---

① 李存娜：《评价规则的两个面孔与学术评价逻辑》，《学术界》总第 122 期，2007 年第 1 期。

② 韩璞庚：《学术期刊的网络化转向》，《学习与探索》2010 年第 5 期。

③ 虞晓骏：《网络学术期刊出版模式探析》，《淮阴师范学院学报》（哲学社会科学版）2009 年第 6 期。

短期化行为，现在读"库"的人越来越多，而读书读刊的人则越来越少，图书、期刊发行量不断下滑，从而进一步削弱了传统文化出版在人们心目中的地位。

（三）学术期刊与数据库经营商之间的利益矛盾浮出水面

本来在数字出版产业链中作为内容提供者的学术期刊具有版权优势，技术提供商具有技术优势，网络服务提供商具有渠道优势，但是，在现实之中，我国的数字出版产业链并没有形成合理的利益分配机制。目前，具有渠道优势的网络服务提供商和技术提供商主导着数字出版产业链，垄断产业利润，成为利益链条中的最大赢家。而对学术期刊来说，作为内容提供商加入权威数据库的回报却很低。这不仅进一步降低了学术期刊的主体地位，而且学术期刊与数据库经营商之间的利益矛盾也不断加剧并日益浮出水面。

（四）学术期刊网络版发展空间受到局限

依托权威数据库的期刊网络版发展空间受到局限，如依托中国知识资源总库建立了相应的期刊网络版，其优势是能够在网络上提供印刷版的预印本，预印本比其印刷版提前3—6个月出版，从而提高了其时效性，扩大了期刊的影响。但是，其网络版功能比较简单，除了预印本完成了纸质期刊上网外，其他的功能很少。此外，该期刊网络版是和中国知网绑定在一起的，在网络版上只能查看文章的题目和摘要，若是需要查看全文则需要按使用中国知网资源方式付费，这就大大限制了期刊网络版的发展空间，制约了期刊网络版的进一步发展。① 另外，以在线投稿为主的网络版服务平台，与期刊相关的其他信息和功能则很少，不能使用户了解更多的行业动态，同时缺少双向交流空间。

目前，我国各类学术期刊万余种，期刊作为学术成果的重要载体承载着推动科技文化创新，促进社会经济发展，缔构和谐社会文

---

① 李傲霜、郑大渊：《学术期刊网络版发展存在的问题及对策》，《中国出版》2010 年第 10 期。

化的重要使命，网络出版的兴起极大地推动了我国文化出版格局和体制的新变动。在这一传播时代的重大变革中，传统的学术期刊如果依旧停留在"期刊上网"的观念层面，不思寻求根本变革，就完全有可能丢掉网络新的媒介出版的话语权，而遭遇被洗牌出局的尴尬与危险。

五 "浅阅读"导致思维平面化，制约学术创新，影响文化出版

当今数字网络新的媒介时代，传统阅读正在被一种人们所说的"浅阅读"所取代。所谓"浅阅读"是指泛泛的、浅层次的，以娱乐甚至猎奇为目的和追求的"快餐化""速读""缩读"和"时尚阅读"的阅读形式。近年来，这种以在线浏览为主要手段的"浅阅读"正在逐步取代传统青灯黄卷式的经典阅读，并且正在从时代的背景噪音中走出来，逐步升格为阅读的主流方式和趋向。浅阅读在当今数字网络新的媒介时代有其自身的合理性，但是，其对人们知识结构、思维方式乃至人类文化建构发展的不利影响，也是不能低估的。

（一）"浅阅读"导致思维的钝化和平面化，进而制约学术创新

"浅阅读"容易引起浅思考、思维的平面化和钝化。"浅阅读"往往跟风赶朝逐热点，由于媒体对于人们注意力的特别关注，前一个热点还未过去，接踵而至的就是更新的话题，人们的注意力和兴趣点在不同媒介的页面之间来回跳跃，思维不连贯，思考不深入，往往在追新逐异中使阅读碎片化，长此以往，必然导致思维趋向平面化和钝化，思考力和文化感受力随之萎缩。有人因此调侃说，网络快餐式阅读使"知识分子"变成了"知道分子"。

从哲学层面来说，人类阅读的终极目标是对事物终极根源的探究和人类命运的追问。古人读书，"俯而读，仰而思""博学、审问、慎思、笃行"，其核心在于"读而思之"。而当下流行的快餐

式、碎片化的"浅阅读"，草草涉猎、多读而少思，甚至不思，必将由"浅阅读"导致"浅思维"，由"浅思维"进而做出"浅判断"和无效的无价值的判断。的确，数字网络新媒介的快速超级链接给人们打开了一扇快速了解外部世界的信息窗口，然而，如果我们仅仅停留于这种一般的、浮光掠影式的涉猎与了解，那么，这种高技术手段在为我们打开这一扇窗的同时，也就关闭了对我们来说更具价值和意义的深刻探究事物根本的那一扇门。因为这种仅仅停留于事物表面现象的"知道"和"了解"，以及无价值的判断和决策，显然是不可能对事物有什么深刻探究的，更难以进行有价值的学术创作和研究。

（二）"浅阅读"：躁动的情绪，浮躁的学风，不利学术创新

美国塔夫斯大学玛丽安娜·沃尔夫教授认为：人的大脑进行学习和阅读的过程，就是不断地储存和重构一系列信息、语义和价值理念的过程，并且，在这一过程中人们可以自动地进行更加复杂的理解和判断，进而使我们将那些被破译的词语和推论、判断和分析、背景知识和超出文本的我们自己的思想融汇起来。而当下快餐式"浅阅读"却使人们不再有时间和兴趣对破译之后的文本做进一步深入的理解，人们的注意力被一个又一个新的信息和热点所分散。并且，长时间的浅阅读给人们带来的只能是短暂的愉悦与兴奋，而短暂愉悦与兴奋之后便是更长久的空虚与浮躁，久而久之，当人们面对大量的经典文字和对事物的深入剖析时，往往会变得犹豫不决和无所适从，不仅不能沉下心来攻坚克难，反而会对这种极具价值和意义的内容和信息产生极度的厌烦和排斥。而这种浮躁的心态一旦养成，带来的将是思维的钝化和学风的浮华，并进而加深整个社会的浮躁。① 而社会浮躁学风的形成又必然与当下急功近利的市场价值法则相融合，加剧学术腐败，进而形成对文化出版和学术创新发展的瓶颈制约。

---

① 梁希妹：《泛媒时代的浅阅读现象研究》，辽宁大学，硕士学位论文，2012 年 5 月。

（三）"浅阅读"影响民族文化素质的提升，阻碍学术研究和社会文化出版事业的发展

著名心理学家张怡筠博士认为，由于现在人们对搜索引擎的过分依赖，很多人已经不想再费力去记忆和思考了，"不记、不想、不争"已经成为许多人互联网新的媒介时代的普遍行为。以前人们的大脑是知识的蓄水库，而现在人们的大脑却成了抽水马桶，一切知识信息来去匆匆，丧失了基本的知识信息的积累功能。当人们的思维方式变得越来越简单，甚至不屑于去思考，人们大脑的思考记忆功能便会弱化，最终便只能依赖计算机、网络等这些外置的"大脑"了。更令人不安的是，阅读的深度往往决定着思维的深度，而思维的深度对一个民族的文化传承和国家发展来说有着重要的和决定性的价值和意义。这也正是很多科技发达的国家在新的媒介变革的今天反而更加强调传统式阅读的原因。比如美国政府先后提出了"美国阅读挑战""阅读优先"计划等；英国政府将"阅读周"改为"阅读年"。很多国家都把倡导健康的阅读风气、提升阅读能力列为教育改革的重点，并通过实施一系列行之有效的措施重新唤起人们对"深度阅读"的重视。[①] 阅读是一个人获取知识的最主要的途径，是提升其学识修养，培养其思维方式的最重要的手段，只有浅阅读而缺乏对事物深刻思辨能力的民族，是不可能成为一个真正强大的民族的。浅阅读一般来说既很少关注国计民生的大计，也很难深究事物的本质，进而形成浅尝辄止、平面思维的集体无意识。这种平面化的思维和浮躁心态所形成的集体无意识将严重阻碍民族文化的弘扬与传承，显然也极为不利于当代学术事业的进步与发展。正如尼尔·波兹曼在《娱乐至死》中所提到的，"如果一个民族分心于繁杂琐事，如果文化生活被重新定义为娱乐的周而复始，如果严肃的公众对话变成幼稚的婴儿语言……总而言之，如果人民蜕化为被动的受

---

① 梁希妹：《泛媒时代的浅阅读现象研究》，辽宁大学，硕士学位论文，2012年5月。

众，而一些公共事务形同杂耍，你们这个民族就会发现自己危在旦夕，文化灭亡的命运就在劫难逃。"①

第三节 新的媒介环境下社会文化出版创新发展

在新的传媒时代，必须实现出版理念的现代化转型：注重强化数字网络新的媒介出版意识，做出版资源的整合者；继续发挥自身的优势，做新的媒介出版时代内容创新的开拓者；充分利用自身所掌握的出版资源，借助网络新媒介这一新的传媒形式，引导读者接受新的阅读和消费方式，营造新的环境，培育新的市场，从而真正实现文化出版的创新发展。

一 观念创新

要做到观念创新，首先，要转变观念，主动迎接网络新媒介文化出版的范式革命；其次，立足新媒介，强化效率和服务意识；再次，要适应新的媒介需要，树立大文化、大媒体、大编辑观念意识。

（一）转变观念，主动迎接计算机互联网新的媒介时代文化出版的范式革命与创新

文化出版发展创新说到底最根本的是一个观念创新问题。库恩认为，随着科学实践的不断深化发展，人们对事物认识的深化发展是必然的，当以往在科学研究中占统治地位的思想观念和思想方法逐渐过时并丧失生命力的时候，为了保持科学系统的稳定发展，唯一的方法就是放弃已经过时了的陈旧的思想观念，使其更新和转移到新的更高级的思想观念和思维方式上来，从而建立起新的规则和方法，形成新的科学共同体。② 数字网络新的媒介出版是出版范式

---

① ［美］尼尔·波兹曼：《娱乐至死》，章艳译，广西师范大学出版社 2011 年版，第 133 页。

② 陈广仁：《网络学术出版的范式革命》，《编辑学刊》2004 年第 1 期。

的革命性变革与创新，数字网络新的媒介文化出版更是开启了一个编辑出版的新时代。编辑主体比以往任何时候都更直接地置身于现代媒介环境之中，只有树立全新的媒介意识，才能做一个真正的数字网络文化出版者，而不只是扮演一个蹩脚的数字网络时代文化出版资源的提供者，由此才可能产生真正意义上的网络文化出版。数字网络新的媒介环境下，编辑主体应具有开放的思维和国际化的视野；要树立科学、正确的网络观，更新编辑出版观念，重构编辑思维模式，充分利用新的编辑技术和编辑手段，为打造学术精品，服务社会主义文化建设作出自己应有的新的贡献。

（二）立足新媒介，强化效率和服务意识

数字网络新的媒介环境下的文化出版是一种新技术手段下的出版模式创新，与传统文化出版相比，首先，它更好地体现了信息传播中的信息最大效用原则：数字网络文化出版通过多媒介的交互作用和信息的双向流通，极大地提高了出版资源的利用效率，有效地避免了传统文化出版信息传播的盲目性，极大地拓展了当代文化出版的价值效用空间。其次，全面凸显媒介优势。数字网络的快捷性、时效性、交互性，以及信息的海量化和多媒体合一等特性，一方面在信息的广泛性上得到极大拓展；另一方面又促进了信息的深度加工，充分显示了新的媒介的价值优势。再次，数字网络新的媒介更好地体现了受众需要满足原则。数字网络文化出版，以其全新的技术基础手段，不断完善多样化、个性化信息服务，在更大程度上实现了受众需要满足的原则。现代数字网络新的媒介环境下的文化出版，就是要不断更新观念，立足新媒介，不断强化效率意识和服务意识，为社会文化的发展提供新的生长点和继续前进的动力。

（三）适应新的媒介环境需要，树立大文化、大媒体、大编辑观念意识

在当代数字网络新的媒介环境和世界经济全球化、一体化大背景下，作为新的媒介环境下编辑出版的主体，编辑主体应当树立大

文化、大媒体、大编辑观念意识。一是进一步建立"大文化"理念，更好地履行编辑出版对民族文化的责任；二是进一步建立"大媒体"理念，利用现代科技提供的一切可能，创新编辑手段；三是进一步建立"大编辑"观念，为民族文化的创新发展贡献智慧和力量。[①] "大文化、大媒体、大编辑"作为编辑学研究领域一种科学有效的引导性意识和理念，它改变了学界既有的惯性思维和研究模式，代表了当今编辑学理论研究的新成就。"大文化"强调的是一种具有历史深度和空间广度的文化视域，只有具备了这样的"大文化"视野，才有可能具备为社会文化创新发展而献身的能动和自觉。"大媒体"指的是信息和数字网络新的媒介技术飞速发展引领下的媒介融合新趋势，是媒体多层次、多种类、多机制的有效整合；要以内容为核心为基础将多种多样的媒介真正地整合起来，以更好地适应这种媒介融合的新趋势。"大编辑"则是指既具有"大文化"视野又具有"大媒体"技能，且理论基础扎实，实践能力突出的当代新型编辑。"大编辑"是当代信息革命和新的媒介变革背景下编辑角色和编辑实践的题中应有之义，是其主动转变观念、调整角色、提高素养、丰富技能的必然，是新的媒介环境下文化发展和文化出版变革的必然。

当今的文化出版早已远远超出了传统出版的范围，正在全媒介、多媒体、新技术领域越来越广泛而深刻地影响着人们的思想。着眼大文化，把握大出版，立足大编辑，是整合和提升当代文化出版的必然选择。在当代信息革命和出版范式转换的大环境下，中国编辑出版群体要拓展学术视野，把握历史高度，弘扬人文精神，不断对"大文化""大媒体""大编辑"进行高层次、宽领域、多角度的再思考、在探索和再认识，进一步拓展和强化文化出版和学术

---

① 桂晓风：《编辑要树立"大文化、大媒体、大编辑"理念》，《中国出版》2010年7月上。

创新的历史责任和使命，进而创造出无愧于时代的编辑业绩。①

二　制度体制创新

图书出版和期刊的数字网络化发展将给我国的文化出版带来全方位的变革与创新，为了更好地适应这种变革与创新，及时跟上新的媒介技术革新的步伐，应加大管理变革和市场调节的力度，加强文化出版体制机制创新，以完善制度体制机制，提升图书出版和期刊创新发展的能力。

（一）建立现代企业制度，发挥市场机制在文化出版和期刊发展过程中资源配置的基础性作用

中共中央在《关于深化文化体制改革的若干意见》中指出：要"按照现代企业制度的要求，加快推进国有文化企业的公司制改造，完善法人治理结构"。建立现代企业制度，发挥市场在文化出版和期刊发展中资源配置的基础性作用，说到底就是要尽可能地利用和发挥资本的力量，加快发展速度，提高发展效率。现代意义上的全球化，其实就是资本的全球化，资本主导的全球化。资本自身有一种无限扩张的内在冲动，永不停息地发展与扩张是资本的内在逻辑。马克思说过："创造世界市场的趋势已经直接包含在资本的概念本身中。"② 资本扩张的内在逻辑和冲动，使其必然冲破一切地域的、民族的和文化的界限，建立起世界范围的网络和联系，将其自身的力量和影响展现于全世界。具体到文化出版事业的发展，资本对文化出版发展的影响同样表现为无所不在的扩张冲动和快速发展。资本对文化出版消费的控制和影响并不必然表现为外在的强制，而更多的是将文化出版消费变成一种人们自觉追求的意识。建立现代企业制度，发挥市场在文化出版资源配置中的基础性作用，就是要在社会主义市场经济的环境下，在社会主义制度的有效约束

---

① 桂晓风：《编辑要树立"大文化、大媒体、大编辑"理念》，《中国出版》2010年7月上。

② 《马克思恩格斯全集》第46卷（上），人民出版社1979年版，第391页。

下，限制资本在自由资本市场条件下恶性扩张的危害，发挥其在社会主义市场经济条件下自由调节、不断创新发展的内在价值和冲动，以更快更好地发展我们的文化出版事业，促进当代数字网络环境下文化出版事业的更大发展。

（二）创新文化出版微观运行机制，促进文化出版创新发展

首先是创新文化出版激励约束机制。激励约束是现代管理的重要内容之一，一般包括激励约束主体、激励约束客体、激励约束方法、激励约束目标和环境条件等。激励主要是根据组织目标、人的行为规律，通过各种方式，去激发人的主动性和创造性，使被激励者朝着激励主体所期望的目标和方向发展。而约束则是规范人的行为，使每个人对其行为负责。建立现代文化出版发展激励约束机制，一是要建立文化出版集团内部激励约束机制，具体包括学术质量激励约束机制、编辑质量激励约束机制、校对质量激励约束机制和经济效益激励约束机制，等等。利用当代信息网络技术优势，在科学评价的基础上建立文化出版内部激励约束机制，加强编辑人员的质量意识和责任意识，是在新的媒介环境下提高文化出版整体质量的重要方法。二是建立外部激励约束机制，特别是对作者的激励约束机制。利用现代网络信息技术，和一个个大型数据库的便利，跟踪和掌握所出版著作和刊发文章的社会反响和其他有关信息，建立作者信息库，对责任意识强、科研水平高的优秀作者的作品给以优先录用等激励和奖励，以扩大优质稿源，提高文化出版的整体水平和质量。

其次是不断创新和完善文化出版发展的竞争机制。自然法则告诉我们，物竞天择，适者生存。没有相同物种和不同物种之间的生死竞争，物种就要退化，因此才就有了黄石公园引进狼群之说。文化出版的发展也是如此，在传统计划经济条件下，由于文化出版的发展缺乏竞争，文化出版和学术期刊生存靠行政审批，只生不灭；学术期刊的发展靠行政按级别进行管理，因此导致千刊一面，低层次重复运作。市场经济的发展，市场法则的介入，特别是近年来信息技术革命所导致的媒介性质和媒介环境的巨大变化，使得文化出版的发展站在了国家和世界范围的巨大统一的信息平台上，同一类型或相近类型的文化出版和学术期刊的可比性和进行比较的可操作性都大大增加，并且，受当前新的媒介性质和媒介环境的影响，一个学术期刊的生长周期（成长和消失）不可能像原来那样漫长和稳定，有些可能是在极短的时间内就完结了。这就加大了文化出版和学术期刊的生存危机，以及文化出版运作中的竞争压力。因此，在当前数字网络新的媒介环境下，应进一步增强竞争意识，创新文化出版发展竞争机制，增强文化出版发展活力，为社会主义文化出版的更大发展提供不竭的动力。

再次，建立文化出版和学术期刊编辑部业务集约化运作机制。马克思说："社会发展、社会享用和社会活动的全面性，都取决于时间的节省。一切节约归根到底都是时间的节约。"① 社会文化出版也是如此。学术出版网络平台、大型数据库本身就是集约化运作的结果，我们要充分利用现代信息技术和数字网络这一新的媒介平台，走文化出版集约化发展之路。一是组稿的集约化。充分利用数字网络新的媒介平台上作者数据库和作者的有关学术信息，寻找和联络所需作者，并及时沟通、交流，将编辑策划、组稿计划变为作者的学术创作活动。二是审稿的集约化。将投稿系统所接收到的学术稿件按照系统设置及时有效地进行处理、审定和编发。三是编排校对的集约化。充分利用现代信息技术和数字排版、校对技术，提高编校质量和编辑工作效率。四是发稿的集约化。稿件编排校对结束后，可在网络版随排随发，以解决文化出版的时滞问题。

（三）抛弃传统落后的管理体制，建立现代文化出版管理制度和体制

传统文化出版管理体制过分强调行政管理的权力，如学术期刊

---

① 《马克思恩格斯全集》第46卷（上），人民出版社1979年版，第120页。

从期刊的审批，到主办单位职能、期刊业务考核和期刊的定期审查等统统有行政管理部门用行政的方式来进行，造成行政干预过多，违背学术发展的内在规律。在宏观上，即学术期刊资源控制上，硬性规定期刊的数量，并且是只生不灭，学术质量监督也缺乏科学的依据。其实，学术期刊发展有自身的存在法则和规律，期刊的发展和消亡应当由市场、有学术大众的自由选择来决定。那种缺乏竞争，没有选择的状况，是对陈旧落后观念和落后的生产方式的保护，必然导致文化出版发展的故步自封，严重制约了文化出版发展和学术创新的积极性。从微观层面来说，学术期刊的分级管理也基本上是采取行政管理的方式进行的，缺乏市场的鉴别和真正学术大众的选择。在许多情况下，往往用行政命令的方式来解决学术创作和学术生产中的一些问题，严重背离学术创作规律。① 在当前新的媒介环境下，文化出版的媒介性质和媒介环境都发生了很大变化，文化出版的发展也应适应这种环境变革，逐步放弃或淡化文化出版发展和学术创作中的行政化色彩和倾向，创新文化出版管理体制，促进学术事业健康发展。在宏观层面，将文化出版和学术期刊的创生和消亡放给市场，有市场需求决定其生长和发展，逐步形成有进有退，进出有序的良性文化生产和文化出版发展机制。在微观层面，摒弃文化出版和学术期刊管理中的等级管理和量化指标短、平、快的评价方式，转而由读者，由学术大众决定学术著作和学术期刊的学术价值，真正使文化出版退去行政色彩，回归学术大众。

三　内容创新

内容创新是文化出版和学术创作的根本，是文化出版发展的关键，因此，必须下大力气关注和保障内容创新。

（一）内容创新是文化出版发展的应有之义

文化出版的内容创新是社会发展的内在必然要求。文化出版的

---

① 夏锦乾：《影响当前中国学术期刊创新的三大问题》，《绍兴文理学院学报》2012 年第 1 期。

根本和本质在于内容的创新，"四书""五经"、《资本论》《天演论》等传世名作之所以影响百代，就是因为它们在社会、自然和人类思维领域为人们提供了崭新的认识和极其有价值的思考。内容创新是文化出版存在和发展的生命，"制度创新和技术创新是手段，内容创新是关键……内容创新是出版生产力发展和出版繁荣的主要标志和根本体现。"①

（二）内容创新的根本条件

内容创新是文化出版发展的根本要求，但是要真正做到内容创新，首先是要具有强大的理论支撑，即具有深厚的理论功底，能够把问题放到恰当的逻辑思维和理论框架内进行思考和研究，只有这样，才能站在前人的肩上，借鉴已有的理论成果和经验教训，进行准确的理论研究和判断。浮出海面的冰峰看起来之所以庄严，是因为水下有更庞大、更厚重的支撑，理论的创新也是如此。其次是要有独立的思考能力和系统深刻的学术思想，要有独立的思考问题的能力，和对问题的严肃认真的探索和研究，不能浅尝辄止，更不能人云亦云。"思想可以提高学术，学术也可以充实思想"。真正的内容创新有赖于独立之精神，自由之思想。独立的思考和深刻的学术思想是学术创新的必要条件和保障。再次是关注人类命运，具有人文关怀精神。人不仅是物质生活的主体，在一定意义上更是政治生活和精神生活的主体，因此，要关心人的多方面、多层次的需要。只有这样，才能既有提出问题、研究问题和解决问题的愿望，又有深入探索研究，进而提出独立见解，形成新的判断的能力，"博观而约取，厚积而薄发"，从而真正做到内容的开拓与创新。②

（三）充分利用新的媒介优势，努力消除文化出版质量提升的瓶颈制约

新的媒介性质和新的媒介环境既为文化出版内容创新创造了条

---

① 蔡姗：《内容创新之我见》，《中国编辑》2007 年第 6 期。
② 杨光：《论出版内容创新之道及其原则》，《出版广角》2009 年第 12 期。

件，又给其创新发展带来了障碍。数字网络新的媒介时代彻底改变了人们获取信息的方式和渠道，激发了人们创新的灵感：资源丰富；存取和阅读快捷方便；多元信息，开放互补；全方位交互流通的信息，在受传双方相互砥砺，不断激发出人们的创新灵感和激情，有利于人们知识结构的拓展和综合创新能力的提高。人们完全可以借助新的媒介优势顺利实现学术内容的创新，即借助网络便利的检索实现更宽视域更大范围的选题创新；借助网络新媒介众多的信息数据库，实现知识的创新；借助网络即时的交互反馈实现与同行专家之间的交流与互动，从而多方面全方位地加大学术内容的拓展与创新。但是，新的媒介性质和新的媒介环境在促进社会文化内容创新的同时，也在某些方面形成了对内容创新的制约：选题重复、恶意克隆、跟风炒作，醉心于信息的简单的复制、搬运、拆分与整合，而不愿意做艰辛细致的学术研究和文化探索，使得平庸之作汗牛充栋，而质量上乘的精品佳作却寥寥无几，由此形成对文化出版质量提升的瓶颈制约。

（四）增强内容创新，提高学术质量，编辑主体应有一定的文化追求

在当前新的媒介环境下，增强内容创新，提高学术质量，编辑主体应有一定的文化追求：一是要有一定的文化眼光。在当今的媒介环境下（信息泛滥，鱼龙混杂），成功的高质量的文化作品发表问世在某种意义上可以说一半是作者艰辛的创造，一半是编辑成功的选择。编辑的文化追求能够促使其提高境界，识"货"（发现好作品）、识"人"（物色好作者），开拓创新；不辞辛劳，出土而现玉，淘沙而现金。二是要有一定的文化追求。不图虚名，不慕浮华，淡泊于心，唯真是求，以强烈的文化责任意识催生和践约出版人强烈的文化责任与使命。三是要有一定的文化积淀。一定的文化积淀是信息积累的必然结果。文化所特有的层累性，要求编辑主体在不断地将科学前沿的研究成果加以传播的同时，不断地咀嚼、反思和积淀，进而提高对民族文化的反思和吸收能力，这是提高编辑主体选择潜能，不断实现文化创新和内容创新的重要条件。四是要有一定的文化自信。编辑的文化自信，来源于对民族文化价值的充分肯定和对自身文化生命力的坚定信念。编辑的文化自信是遴选文化精品，实现内容创新的必然要求。① 只有这样，编辑主体才能具有积极的文化介入精神和严谨缜密的科学态度，将那些极具内容创新价值的高质量的研究成果遴选出来，促进文化出版的创新发展。

四　发展模式创新

传统媒介向数字网络新的媒介的转型，是文化出版业发展方式的根本变革，为了更好地适应这场革命性变革，文化出版业要充分利用先进的现代信息与技术，努力做好资源的综合利用以及整合与增值，要建立统一的数字出版和数字期刊编辑出版平台与相对独立的期刊发布平台相结合的文化出版运作机制，努力实现由期刊网络化向网络期刊的根本转变。新闻出版总署在《新闻出版业"十一五"发展规划》中明确提出，要有计划有步骤地实施数字化出版发展战略，以数字资源内容的有序整合为核心，建立集内容采编、信息加工、自动排版、按需印刷、网络传输和销售于一体的数字出版综合管理平台。在国家一系列重点工程建设项目的带动下，我国先后建成了一系列大型国家知识资源数据库。目前我国大多出版社和期刊社凭借这些数据库，实现了图书出版和期刊发行的网络化运作，这一过程在某种程度上改变和优化了我国传统文化出版的传播方式，但这还不是真正意义上的网络期刊和网络出版，还不能够实现新闻出版总署所提出的建立集内容采编、信息加工、自动排版、按需印刷、网络传输和销售于一体的真正的数字出版和数字网络期刊运作机制的要求。要真正实现由出版和期刊网络化发行向网络出版和网络期刊的转变，还必须在更大范围内建立国家或学科层面的数字网络出版联盟，并在此基础上建立统一的数字出版和数字期刊编辑出

---

① 孙欢：《编辑是要有一点文化追求的》，《编辑学刊》2010 年第 3 期。

版平台。在这个统一的中国数字出版和学术期刊全文数据库大系统中，不仅包括征稿投稿系统、图书出版和学术期刊审稿评价系统和学术文献浏览下载系统，[①] 而且还要包括能够展现该系统平台上独具个性化特征与审美旨趣的任一学术期刊的"期刊阅览室"，用以系统完整地阅读和欣赏任一学术期刊。这是因为数字网络期刊尽管由于其现代信息技术的应用在一定程度上改变了人们的阅读方式，给人们的阅读利用带来了极大的便利，但是，这种集约化的文献集合方式也在很大程度上湮灭了学术期刊的个性化品质与审美旨趣，使学术期刊主体性丧失，"因期刊而存在的刊物特色、编辑思想、编排风格、专栏结构、各专栏间的呼应对话统统不见了。"[②] 一句话，我们长期积淀和形成的出版文化和期刊文化不见了，学术期刊这一独立的文化个体迷失在了数字网络的海洋之中。期刊网络平台及其电子"期刊阅览室"能够很好地解决这一问题，它不仅适应了数字网络环境下学术出版和学术期刊的创新发展问题，而且克服了"搭载"方式湮灭了学术期刊的个性化品位与审美旨趣的问题，使出版文化和期刊文化在新的媒介环境下得到延续和发展。

五　评价机制创新：构建科学合理的学术评价体系

随着市场经济的发展和价值法则的泛化，社会需求随之发生变异：在社会选人用人机制上追求短期政绩效果；在学术研究和学术发展上追求简约式、快餐式文化生产与消费；在社会评价和认肯方式上采用一种简约的、形而上学的评价方式，特别是当下盛行的学术期刊的分级管理，更是严重制约了学术发展和学术创新。这是因为学术期刊分级管理的两个重要标准，一是看办刊单位的行政级别；二是看学术期刊刊发文章的转载数量、转载率和影响因子，并把这些因素看作是极重要的甚至是唯一的，这就导

① 余树华：《论期刊数字化与学术期刊体制创新》，《出版发行研究》2012 年第 10 期。
② 虞晓骏：《网络学术期刊出版模式探析》，《淮阴师范学院学报》（哲学社会科学版）2009 年第 6 期。

致了学术期刊选稿原则被扭曲甚至异化——以文章被转载是求，在选题策划、作者选择等方面以此为中心操刀运作，甚至北上南下跑转载，跑核心，期刊人沦落成为"转载率"和"影响因子"的奴隶，完全违背了学术创作和学术选择的根本价值原则，彻底摧毁了学术选择和文化出版发展的最后一点信仰和自由。它彻底窒息了学术创作和学术发展的内在冲动，成为文化出版创新发展的严重制约。

这种期刊分级管理所导致的期刊评价的异化，其主要根源在于社会选人用人机制和学术管理行政化行为：社会人才的选拔、个人的升迁，这一切都要成绩、政绩，需要用行政的短平快的方式在极短的时间内来完成，否则，整个社会的人才选用机制就无法正常运转。浮躁的社会、急功近利的管理方式，必然产生这种形式主义的人才选用机制，和荒谬的形而上学的学术评价机制。要消除这种文化出版评价的异化现象，首先就要铲除这种浮躁的形而上学的社会人才选拔和评价方式，还政于民，使人才在社会需要和生活实践中培养成长。其次要努力构建科学合理的学术评价体系，提高学术评价的公信力。而要做到这一点，就必须彻底改变学术评价方式，实现学术评价方式的创新。

（一）由量化评价、"小众化"评价到质量兼顾"大众化"评价的转变

充分利用数字网络新的媒介平台的信息技术优势，克服学术管理行政化和形而上学的局限，努力实现学术评价由量化评价、"小众化"评价到质与量兼顾"大众化"评价的转变。让权力在阳光下运行，使学术评价在学术大众的参与监督下展开。而数字网络这一新的媒介环境恰恰为这一评价机制的建立提供了条件、创建了平台。数字网络无中心的结构、开放的信息资源，以及其平民性和平权性特征使其天然地蕴含着某种自由与平等的理念；其网络舆论的存在形态，不仅使其具有了以"权利制约权力"的普遍功能，而且具有了创建新规制和建立新的评价方式的潜在功能。以往的一切学术评价方式也都存在着一定的监督和制约环节，但是，均是以"权力"制约和监督权力，而这种监督和制约的"权力"仍然是需要进行监督和制约的。这就难免出现制约和监督的无能和低效，并进而导致学术评价的异化，产生学术腐败。而以数字网络为平台的"大众化"评价，则是以"权利"（学术大众的"权利"）制约和监督权力的，是学者大众利用自身的"权利"所进行的一种公众监督和群众监督，是民主监督的重要方式和终极形式。"公共舆论一向被视为现代民主社会的重要基础……现代民主理论认为，对于公共管理活动，不仅需要以权力制约权力，更需要以社会制约权力，以公众力量来监督权力。"① 具体来讲：它一是使学术监督的主体真正回归了普通的学术大众，极大地拓展了学术监督的社会空间，扩展了有效监督的范围，使普通学术大众的话语权得到了切实保障，并且网络的虚拟性又进一步使一向被权威话语权所淹没的弱势学术大众的观点和声音得以表达和加强，学术活动中的潜在舆论在网络世界获得显性的表现。二是网络舆论是编织和构建科学合理学术评价体系的"天网"。在网络中，人们的各种意见不受限制地相互交流，在互动中趋同，构成了社会舆论的巨型"天网"，给现实社会、现实学术评价和学术发展以巨大的影响和规制。正所谓知屋漏者在宇下，知政失者在草"野"。② "网络监督的载体和手段具有原有监督不可比拟的优势。当不可胜数的民众共同采用一种在技术上具有隐蔽性、在表达上完全自由，且人人互通互联的公共权力监督形式的时候，公共权力运行透明化的时代就来临了"，③ 显然，科学公平的学术评价机制建立的条件也就成熟了，科学评价的春天也就到来了。

---

① 张东锋：《关注"女教师裸死事件"中的传媒角色》，《南方都市报》2003 年 9 月 26 日。

② 孙士生：《网络：民主政治建设的新平台》，《领导科学》2009 年 6 月中。

③ 吕静锋：《从权力监督走向权利监督——网络空间下的民主监督刍议》，《深圳大学学报》（人文社会科学版）2010 年第 5 期。

（二）对学术评价进行再评价

从某种意义上讲，学术评价是一柄双刃剑，它既可以促进学术创新和学术发展，也可能损害学术创新，扭曲学术发展，因此，有必要对学术评价进行再评价，也就是所谓的"元评价"。"元评价就是对于评价的评价。其目的是向原来的评价者们提出他们工作中存在的问题和片面观点。"① 学术评价元评价的真正价值在于它是对学术评价活动自身所进行的反思和总结。它使学术评价活动从一种纯粹的感性实践探索逐步走向实践反思基础上的理性建构。具体来讲，学术评价的元评价要对学术评价的评价主体整体信度、个人信度，以及评审专家权利与责任是否对等等方面进行评价；对学术评价的评价内容的科学性等进行评价；对学术评价的评价方法是否客观、科学和适用进行评价；对学术评价的评价结果是否准确、公正进行评价。为了保障学术评价的科学性和公正性，应当建立相应的元评价机制，同时允许多种多样的评价方法共存，进而从评价机构、评价方法、评价指标、评价标准、评价程序、技术手段等诸方面进行客观、科学、系统、开放性的研究，并在此基础上反复论证和实验，从而使我国学术评价走向规范化、制度化。"'元评价'的主要目的是对评价方建立约束机制。如果说程序公正机制是着眼于建立一种基于'过程'的约束机制；那么'元评价'则主要是着眼基于'结果'的约束机制"。② 学术评价元评价机制和制度的建立，是我国学术评价逐步走向成熟的标志，它将有利于我国学术评价制度的科学化和规范化，进而促进我们的学术创新和我国文化出版事业的健康发展。

---

① 高洁、蔡敏：《美国教育评价的元评价及其启示》，《教育研究》2007 年第 6 期。
② 朱少强、唐林、柯青：《学术评价的元评价机制》，《重庆大学学报》（社会科学版）第 16 卷，2010 年第 3 期。

第六章　新的媒介形态下的学术评价、学术批评与学术腐败治理

第一节　新的媒介环境下"泡沫文化"的产生与编辑的控制

"泡沫文化"这一概念既是"泡沫经济"概念的翻版，又是"泡沫经济"——市场经济的重要表现。"泡沫"表征了一种虚高、不实、膨胀、繁闹，五颜六色，而又虚无缥缈。当前思想文化领域里的"泡沫文化"现象是工业社会、市场经济高度发达的产物，同时又与计算机互联网这一新的媒介有着千丝万缕的联系，它给人类社会文化建设以多方面的影响。

一　"泡沫文化"现象的产生

随着市场经济的发展，市场价值法则的泛化，在社会文化的孕育和构建过程中也出现了一种独特的现象，即"泡沫文化"现象。所谓"泡沫文化"即虚假的、虚幻的文化繁荣现象。具体来讲它包括如下两个方面的内容：一方面"'泡沫文化'是现实生活中种种颠倒、虚幻影像的无反思的直接反映。"① 如现实中热衷于附和和赞誉西方发达的技术和"繁荣"的经济，忽视甚至有意淡漠对其"泡沫经济"对世界不发达国家的掠夺和影响的探讨和研究；一味

---

① 刘奔：《从"泡沫经济"到"泡沫文化"》，《哲学研究》1999 年第 3 期。

迎合西方社会对所谓"后工业社会""信息经济""知识经济"的宣扬，满足于对其作一些教条式、学理式的诠释，却无视与此同时西方社会价值观念的渗入和侵袭。由此导致民族虚无主义的滋生和教育上的种种失误。另一方面表现为文化市场的虚假繁荣，在书报刊市场上，炒剩饭、拼凑"攒合"式的"泡沫论著""泡沫论文"多，对真理的执着探索和对正义的执着追求少。现在每天充斥于我们文化市场的书刊何止成千上万，但能经得起历史的沉淀和检验的又能有几何？以至于人们现在将写书戏称为"攒书"，将写论文戏称为"攒论文"。这种学理式的，拼凑、攒合式的泡沫文化现象严重地影响了我国社会主义文化事业的健康发展。

二 "泡沫文化"现象产生的深层诱因

记得列宁曾经说过："河水的流动就是泡沫在上面，深流在下面。然而就连泡沫也是本质的表现！"① 造成当前"泡沫文化"现象的原因是多方面的，通过对"泡沫文化"现象及其形成原因的分析，可以更深刻地感知文化缔构的本质，并进而找到消除这种"文化泡沫"现象的途径。具体来讲，造成目前"泡沫文化"现象的原因主要有以下几个方面。

（一）市场经济的发展，西方思想意识和价值观念的渗入

随着我国对外开放的深入和中西经济的融合，西方思想意识和价值观念必然会逐渐渗入我国社会的各个方面，其中思想文化领域尤甚。在这种情况下如果我们放松了自己的警惕性，必然会自觉不自觉地成为西方思想文化的义务传播者，并这样或那样地受到西方价值观念的支配，从而难以从西方经济繁荣中洞悉其腐朽落后的价值观念和社会关系的本质，而是受西方一些虚幻文化影像的影响，成为"泡沫文化"的制造者。

---

① 《列宁全集》第55卷，人民出版社1990年版，第107页。

（二）市场价值法则的泛化

市场经济的发展，市场价值法则的泛化，难免使人们社会生活的各个方面受到影响；市场经济条件下拜金主义和享乐腐化思想的产生也使学界急功近利之浮躁学风盛行，假大空、吹吹、拍拍、剩饭炒作式的泡沫文化现象也就在所难免。

（三）大众传媒的过快发展，编辑队伍的急剧扩大

大众传媒的过快发展，文献需求量的急增，编辑队伍的急剧扩大，也给社会文化的健康发展带来了不利的影响。近几年来，各种传媒急剧增加。截至 2017 年，全国公开发行的期刊就多达万余种，每年出版期刊 7 万—8 万期；出版机构近千家，2017 全国图书零售市场总规模约 803.2 亿元，图书出版量连续多年居世界之首。如果将各种传媒的文献需求量合计在一起，真是近乎一个天文数字。如此巨大的文献需求量与我国整体相对有限的研究水平相对应，粗制滥造、拼凑、攒合在所难免。另外，传播媒体的迅速扩大必然要有与之相适应的庞大的编辑队伍，而编辑队伍的急剧扩张，也必然给编辑队伍素质的提高带来困难，从而使这一社会文化的"把关人"和"守门员"难以完全很好地履行自己的职责，成为"泡沫文化"现象形成的又一诱因。

（四）数字网络新媒介的反向利用：信息复制和学术腐败成本降低，进一步加剧了文化的泡沫化现象

数字网络的发展，海量信息的集聚，和一个个大型信息库的建成，便利了人们对信息的查询和利用，降低了信息的利用成本，提高了人们进行科学研究的效率，但与此同时，一些人对数字网络新媒介的反向利用，也大大降低了学术腐败的机会成本，加剧了学术腐败的发生。利用中国知网对作者发稿状况稍作分析就可发现，在当下的学术研究中抄袭他人、重复发表现象早已不是个别现象，再结合反学术腐败软件进行分析，有些抄袭重合率竟高达 90% 以上。更让人难以接受的是，现在只要轻敲键盘，那些"代写网""代写代发论文"的网站就会浮出页面。一向高雅的论文论著写作成了简

简单单的复制和粘贴，一贯被认为是艰辛创造的学术创新活动成了机械的搜索加工和简单的攒合。的确，当下盛行的学术腐败有其更深层次的社会经济、用人机制等制度根源，但是，数字网络新的媒介技术的利用在对我们的社会文化发展提供便利的同时，也给文章的抄袭、攒合和重复发表提供了极大的便利，从而极大地降低了学术腐败的成本，加剧了学术腐败和文化泡沫化现象泛滥，成为数字网络新的媒介环境下学术期刊发展的新的瓶颈制约。这对我们在数字网络新的媒介环境下加大学术创新，提高学术期刊的质量，提出了新的挑战。

三　编辑的控制

编辑是社会文化传播的"把关人"和"守门员"，肩负着构建健康向上社会文化的重任。编辑的活动具有对各个学科的横断控制性和对文化产品生产、传播、信息反馈整个过程的纵贯导向性。因此，编辑主体必须通过自己的一系列选择，实施对文化创新和创造的控制和导向，以利于健康社会文化的形成。编辑的把关和控制主要表现在如下三个方面。

（一）思想政治控制

从思想政治方面对出版物进行把关和控制，自从有编辑活动以来一贯如此，古今中外概莫能外。我国的编辑鼻祖孔子，删诗书，订礼乐，编辑六经，其指导思想非常明确，就是"拨乱世、反诸正"，"为后王立法"，对文化传播进行控制。司马光编《资治通鉴》指导思想也非常明确，就是"专取关国家盛衰，系生民休戚，善可为法，恶可为戒者。"后来的《永乐大典》《四库全书》的编撰都是在对古籍进行大量的删削、纂修的基础上进行的，其编辑者的思想控制意识非常明显。无产阶级的革命导师马克思也非常重视编辑的思想政治控制。1842 年 8 月 25 日，他在给当时《莱茵报》的主管达哥伯特·奥本海姆的信中明确指出："不要让撰稿人领导《莱茵报》，而是相反，让《莱茵报》领导撰稿人。"从实践来看，马克思恩格斯编辑过《莱茵报》,列宁编辑过《真理报》,毛泽东编辑过《湘江评论》,其目的都在于宣传无产阶级革命理论,控制社会舆论。作为现代编辑主体更不能放弃对思想政治的控制,而是要靠自己敏锐的目光选择那些符合无产阶级和广大人民根本利益的精神产品,进入传播流通,以形成有利于无产阶级和广大人民群众的社会舆论氛围。

(二) 价值控制

价值是物对人的一种关系,价值意义即有用性。编辑的选择必须以人类的意义世界为前提,对选择客体实施价值控制。这是因为,在现实人类认识研究的园圃中到处都是含苞待放的花蕾,处处散发着诱人的信息的花香。因此,在社会文化发展的每一个十字路口,到处都存在着多种多样的可能和树谱型发展的态势,但究竟哪一枝能够迅速成长,并开花结果,编辑主体的价值判断和控制起着十分重要的作用。编辑主体代表社会进行把关选择,自然应当理智地遵从社会价值原则,即遵从那些由典型的活动方式在人们千万次地重复选择中逐渐内化沉淀和形成的普遍的社会心理所趋向的行为方式和价值原则,实施价值控制。只有这样,才能使社会文化积淀符合人类的长远发展利益,否则,离开了价值控制,使那些靡靡之音和极端个人主义、利己主义的东西充斥于文化市场,必然导致"泡沫文化"现象的产生,并最终影响社会主义文化的健康发展。

(三) 质量控制

无论是物质产品的生产,还是精神产品的生产,提高产品质量是其常谈常新的永恒话题。在大众传媒迅速发展,信息的传递对人类的影响从来没有像今天这样广泛和深刻的情况下,对精神产品的质量控制就成为编辑主体义不容辞的重大职责。所谓质量控制,就是对精神产品所含信息质量(信息智化度)和文献信息密度的控制。一篇文稿如若没有高度智化的信息包含其间,只是一些对社会现象的学理式的诠释,甚或是无病呻吟,自我吹嘘,那它进一步传播流通的社会价值肯定是虚幻的,最终难免集聚而成为社会文化泡沫，同样信息密度太低，也不具有继续传播流通的价值。编辑的基本职责之一就是实施质量控制，将那些劣质的和低密度的文稿剔除出去，进而优选出那些信息含量大，智化度高的精神产品进入社会传播，参与社会文化建构，以消除"文化泡沫"，构建一种积极向上健康有益的社会文化。

对精神产品进行思想政治控制、价值控制和质量控制，不能仅仅停留在对文稿的加工修改这一环节上，而是要前向延伸，参与到作者的创作过程中去。现代新的媒介信息传播技术的高度发展，既给编辑主体对信息的检索与掌握提供了极大的便利，也给其实施政治控制、价值控制和质量控制创造了条件。首先，利用现代新的媒介信息技术，实施选题控制。文章的思想政治倾向、价值意义和学术质量与选题密切相关。在现代新的媒介信息技术和传播技术高度发展的今天，编辑主体完全可以利用计算机网络进行检索、调研，以确定选题的价值，或根据组稿计划直接对作者进行约稿，以深入实施对选题的控制，确保选题的质量。其次，审稿控制。编辑通过查阅有关数据库，对文稿进行准确审查，同时还可以利用网络约请有关专家进行审稿，与其进行"直接"交谈，以对文稿质量进行全面、准确地控制。再次，信息反馈控制。利用现代新的媒介信息技术，及时准确地获得各种反馈信息，以及时修订组稿计划，增强文献的科学性和现实适应性，提高社会文化积淀的质量，减少或彻底消除社会"泡沫文化"现象。

第二节 "核心期刊"与文献"转载率"的异化

学术质量是学术研究与文化出版的生命，因此，历来倍受人们的关注，但是由于学术质量的内在潜隐性，给人们对它的准确认知和评判带来了诸多麻烦。近几年来，不论是全国性的期刊评比，还是各地区对期刊的分级管理，在期刊学术质量的评定中，普遍采取了用转载、复印率这一指标来代替早期由专家、学者直接评定期刊学术质量的做法。这一转换，克服了早期专家学者评定中（凭感觉、凭印象、凭关系）的主观随意性，使期刊学术质量的评定建立在比较客观和量化的基础之上，基本消除了期刊评比中的暗箱操作，在一定程度上实现了期刊学术质量评比的公正性。但是，由于文摘期刊对文献转载的内在局限性，使得文献转载率这种客观形式的背后隐含着某些不客观的东西，给学术期刊的学术质量评定带来了新的迷茫。

一 文摘期刊的内在局限性及其对"核心期刊"的影响

（一）文摘期刊选稿主旨的局限性

在现实中，每一文摘类期刊并非为评刊而专设，而是各自具有自己特定的办刊宗旨和选稿主旨，它不可能将对社会有价值的所有文献尽集刊中，因为这是不可能的，也是不现实的。它要根据自己的办刊宗旨确定选稿主旨，从而有取有舍。如《新华文摘》，它以综合反映每一学科领域里的研究成果为主旨，侧重于综合性、宏观控制性的选题和研究成果，因此，微观层次上的、个案研究性质的文献相对来说入选被摘的可能性就较小。《人大复印资料》跟随时代的脉搏较紧，它的选题往往随社会热点问题的变化而变化，随社会探讨的深入而深入。当一个热点问题刚刚兴起，对热点问题一般性介绍的文章也比较容易引起它的关注；而一旦热点退去，即使是对原热点问题较系统深入研究的文章也很难再被入选。《高等学校文科学术文摘》上的文章，一般都观点较新，不具备这一特点，就难以被其转载和摘登。由于文摘期刊各自的特点，它们对稿件的选择都各有侧重，被其转载，说明该文献在某些方面符合了文摘期刊的选题主旨；未被转载也很难由此断定其学术质量就一定不高。由于选题主旨的局限，使得文摘期刊很难多视角、全方位地承担起对学术期刊学术质量的评价职责。

（二）客观条件的局限性

截至 2017 年，全国公开发行的期刊共计 1 万余种，其中社会科学类期刊约占 40%。而社会科学文摘期刊的编辑人员一般都很有限，但他们一般都要负责众多的学科或专题，工作任务繁杂。几人、十几人、几十人面对这浩如烟海的文献资料，不要说准确地斟酌出每篇文章的学术质量，就是看一遍目录需要多少时间？粗读一遍又需要多少时间。即使这些责任编辑每个人都是该学科领域里的专家、学者、学术权威，要让他们准确地判断出这众多种期刊里每篇文章的学术质量，也的确是有些勉为其难了。这种客观条件的局限性，使其文献转载的权威性受到了挑战。

（三）责任编辑个体价值取向的局限性

每一个人都有建立在自身知识结构基础之上的价值取向，不同的价值取向对同一个事物会作出不同的判断。文摘期刊的责任编辑同样会有自己的价值取向，并这样或那样地影响着其对文章学术质量的评判。当然，编辑的职业道德要求并约束编辑主体按照社会的价值标准去作出判断，但即便如此，编辑个体的价值取向仍然会潜移默化地发挥作用。正如海森堡"测不准原理"所揭示的那样：人们对客观对象的观察、认识过程是一个主体作用的显化和对象化过程。人们之所以能够认识事物，是因为人本身或通过自己创造的物质手段积极地参与到了与客观事物的相互作用之中，并通过对客观事物的"干涉"，在其中造成了深刻的变化，将自己的作用印记在客观事物身上，将主体的某些活动和作用引入客体之中，从而为客观对象赋予了一种微妙的主体性。对期刊文献的认识选择过程也是这样：要么调动编辑主体自身知识结构，对文献客体进行同化、顺应等一系列的认知过程，但这就必然将建立在这种知识结构基础之上的编辑的价值取向加诸其上，从而使这一认识判断过程带有这样或那样的个体性；要么拒绝将主体意识加诸其上，但这样一来整个认识过程也就成为不可能的了。这样看来，在对文献的审选过程中，编辑主体价值判断的介入是一种自然而然的事情，但编辑个体不同的价值取向会对其所认识选择的客体（文献）产生不同的影响，进而作出不同的判断。因此，文摘期刊责任编辑的选择也带有一定的个体性，难以完全承担起评判学术期刊学术质量高低的重任。

不知是哪位哲人说过，必然性隐退的地方，偶然性就要发挥作用了。由于学术期刊文献的转载存在以上种种局限性，使得文献转载率这一客观形式的背后隐藏着某些不客观和偶然性的东西，给学术期刊学术质量的评定带来了新的误区和盲区。如何消除这种偶然，克服学术期刊学术质量评定过程中的误区和盲区，使期刊的评定成为一种真正必然的东西，从根本上说就是要将这种评判的权力交给社会，交给读者，交给社会读者大众。文化的建构有自己的规律，精神产品的评判有自己特殊的方法。这规律就是社会的长期积淀；这方法就是广大读者、社会大众的自由评判。我们相信，建立在广大受众、千百万读者基础之上的优胜劣汰机制一定会对每一学术期刊的学术质量作出客观公正的评判，一定会选择和培养出社会主义文化园圃中真正的名副其实的"核心"和"百强"。

二 "核心期刊"评定中存在的几个导向误区

"核心"期刊成为多年来学界人们谈论的热门话题：评职晋级要"核心"，期刊评定找"核心"，各种奖励要有"核心"。可以说"核心"几乎成了现实文化活动的指挥棒和导航灯。诚然，核心期刊的确定给期刊的流通和管理带来了不少的便利，然而在这便利的背后却也存在着不利于社会文化建构和发展的种种误区。

（一）误区之一：客观条件局限，人为圈定失准，形成主体选择性误区

核心期刊一般来讲即某一专业领域里学术性最强、最具权威性的期刊。然而，由于目前核心期刊确定方式和手段的局限性，导致了人们常说的"核心"期刊非核心现象的存在。最早在评职晋级、期刊评定的现实生活中，得到各地官方承认的最具权威性的"核心"要数北京大学图书馆编制的《中文核心期刊要目总览》了。然而，由于确定核心期刊客观条件的局限和其他一些因素的影响

227

（如以载文量、转载率等作为确定核心期刊的标尺和准绳），长期以来，这些"核心"遭到愈来愈多的质疑和非议。客观条件局限，人为圈定失准，形成主体选择性误区。

（二）误区之二：**作用泛化，功能紊乱，形成功能作用性误区**

期刊的发展有自己的内在逻辑和规律，其中受马太效应的影响（即成功导致成功，形成累计优势）导致文献、作者和资源向优势核心期刊集中，并不断累积其优势，形成更大的优势。[①] 核心期刊的形成是科学发展的必然产物，是科学在其综合化、细分化、有序化动态发展过程中的必然趋向，是一个自然而然的优质信息的集中过程。它使人们可以在少量核心期刊中获得最大量、尖端的科研学术信息，使科学的发展获得一种相对稳定的氛围和环境。然而，人为地圈定"核心"期刊，不仅破坏了这种科学发展的氛围和环境，而且还迎合了时下浮躁的学风，给社会文化的发展带来了极大的不利。起初北图和其他"核心"期刊的制定只是为了期刊的订阅和其他一些便利，并不是为了进行学术评价，然而，在现实中的官僚主义和浮躁的学风却赋予了它更大的使命：期刊评比查"核心"，职称评定要"核心"，甚至大学里的岗位职责也要有"核心"，真可谓全民上下唤"核心"，跑"核心"。这不仅给本来已浮躁的学界增添了更多的不安和扰动，而且也给社会文化的建构造成了诸多负面影响。因为，由于人为圈定核心期刊的误导，在马太效应的作用下，文献、作者和其他资源会在一定程度上向这些"核心"期刊集中，然而这些"核心"期刊中的相当一部分却是永远也不可能成为真正的"核心"，这就必然造成社会文化建构的极大混乱和浪费，给社会文化的发展造成损失。

（三）误区之三：**相互攀比，政出多门，形成无效扩张性误区**

北图"核心"期刊制定以后，得到了大大超乎预期的广泛应用，本来是为图书馆订阅图书而设计的，现在却被广泛用于职称评

---

① 参见张垍等《论期刊工作的马太效应》，《编辑学报》1996 年第 2 期。

定和期刊管理等诸多方面。但正是这种超范围的应用，也使北图的
"核心"遭到了诸多非议。非议最多的一是"核心"期刊非"核
心"，即人为圈定的"核心"期刊并非该专业领域里最具权威性的
期刊。二是学术期刊少学术。被公认为学术性较强的各高校学报，
由于其综合性的特点（任一专业领域里的发稿量都不会太多），在
北图"核心"期刊的评定中存在着天然的劣势，因而大都未能进入
"核心"期刊，反倒是那些一般性的社会读物纷纷进入"核心"期
刊的行列，这就使"核心"期刊的威信在人们心中大打折扣。正是
由于北图"核心"期刊制定过程中存在着种种不足和人们对核心期
刊的种种需求，从1996年起中国社会科学院文献信息中心建立起
了社会科学论文统计分析数据库，并据此在1999年编制了《中国
人文社会科学核心期刊要览》；1997年，南京大学研制"中文社会
科学引文索引"发布；后来又有中国社会科学院中国社会科学评价
中心发布《中国人文社会科学综合评价AMI》。像这样政出多门，
人为地圈定"核心"期刊的现象，不仅会由于多中心即无中心，使
人们左右为难无所适从，而且也严重阻碍了真正核心期刊的形成和
发展。这种相互攀比，政出多门，形成无效扩张性误区。

（四）误区之四："核心期刊"误导，综合类期刊削足适履，形成期刊发展导向性误区

正是由于"核心"期刊评价标准的偏差以及期刊评比、职称评
定中的不适当的政府行为造成的误导和误区，致使一些综合性期刊
特别是高校学报为了谋求自身的发展，提出实施专业化改革，以跻
身于"核心"期刊的行列，分享"核心"期刊带来的利益。有作
者在分析了"核心"期刊的优势、"核心"期刊编制过程的特点后
指出："置身于来自作者、读者的压力和期刊自身所面临的竞争条
件下的生存现状，能否进入核心期刊行列，就决定了每家期刊的命
运。"因此应"放眼未来，走专业性学科学报的发展道路。"一时
间专业化改革、跻入"核心"成了学报界不小的呼声，并且有的已
经付诸实施。其实，学报、综合性期刊，真正发展的出路在于抓质

量、上档次、求生存、促发展，而为了迎合"核心"期刊而单单改变稿件的集结方式这种外在的形式，难免有削足适履之嫌。核心期刊的误导作用由此亦可略见一斑。

核心期刊的人为圈定，导致了一系列不良的社会后果：作者向"核心"靠拢，人人找核心、跑核心——学风浮躁，人心不定；期刊向"核心"靠拢，挖空心思跻入"核心"——给期刊以误导；评职晋级向"核心"靠拢——加重了以上两个误导，使社会风气更加浮躁，使社会文化垃圾剧增，严重干扰了社会文化的正常建构。其实，核心既不是自封的，也不是人为圈定的，而是在社会生活实践中自然而然形成的；核心期刊既不能自封，也不能靠人为圈定，而只能在社会文化的建构发展中，在众多期刊的激烈竞争中，自然而然地产生出来。否则，利用某种权威或采取一些不适当的方式人为地圈定"核心"期刊，必然产生出"核心"期刊非"核心"，采取种种不正当的手段跑"核心"等种种怪胎，给社会文化的发展造成不应有的影响。

为了减少和抑制人为圈定"核心"期刊的这种负面影响，一是应进一步完善期刊评价体系，使其更系统，更准确，更客观，更全面；二是要弱化核心期刊形成和作用发挥过程中的政府行为，归还其学术本色，剥离其行政功能；三是将核心期刊形成过程社会化，使其在社会文化的建设发展中自然而然地形成和发展。只有这样，才能还核心期刊以原有本色，发挥其集束信息、文化导向之功能。

第三节　权力场域的强势存在：学术腐败的深层制度诱因

学术腐败在学术产品的生产过程、出版过程、社会化过程等诸环节均有表现，并且大有愈演愈烈之势。权力场域的强势存在是学术腐败深层制度诱因；以个别权力制约权力使学术腐败禁而不止、歼而不灭；根除学术腐败，必须调动学术大众的力量，以学术大众的权力制约权力。

一　学术活动中的权力渗透

所谓学术腐败，即在学术领域里的"公共权力的非公共运作"和"利用公共权力达到私人目的"的现象和行为。① 市场经济条件下，权力场域的强势存在必然导致学术的异化与腐败。在现阶段，学术腐败主要表现为，以权力牟取金钱、荣誉等利益，如项目评审、成果评选中的学霸和权力垄断行为，职称评定中的官本位及其非正常运作，等等。学术腐败的根本原因在于学术领域里的权力场域的强势存在，以及这种强势权力的制度性失控，即非学术权力难以受到制度性有效制约。近年来，由于学术生态的变化和金钱、荣誉、地位等利益的存在，权利场域迅速向学术活动领域扩展和渗透。

（一）挂名主编满天飞——权力向学术生产过程渗透

时下，一些权力拥有者和所谓的学术权威，因忙于行政事务和社会活动而无暇读书、写文章、做学问，当然也就根本写不出什么有价值的东西来，但是他们又迫切需要用一些"成果"来巩固自己的地位，强化手中的权力，于是就凭借自己手中的权力和学术资源，进行大肆的权力寻租，心安理得地去"主编"和占有别人的成果。所谓"主编，主编，主而不编"，正是人们对这种挂名"主编"现象的不满和嘲讽，以至于人们现在已经将这种权威、领导戏称为"老板"。学术一经与权力挂钩，就不可避免地沦为"交易"之物，从而失去了它原有的那种神圣与高洁，染上了更多的俗气与铜臭味。

（二）"赞助金""协办单位"——权力向学术成果出版过程渗透

近年来，市场经济的发展，价值法则的泛化，经济利益的诱

---

① 王礼鑫、顾智敏：《权力腐败的"制度—行为"分析模型》，《西南师范大学学报》2002 年第 4 期。

导，形成了一种片面追求物质财富的社会氛围，追名逐利成为许多人追求的最直接也是最现实的人生目标，社会价值观的世俗化和功利化日益明显。在这种社会大背景下，一向"高雅""圣洁"的文化出版向金钱低下了"高贵"的头，各类学术期刊也竞相收取"版面费""发表费"，金钱在一定程度上已经成为决定论文能否发表、著作能否出版的一个重要因素。不仅如此，更为令人费解和担心的是，一些高校（院系）和研究机构的单位领导，以搞好与期刊社的关系为名，利用赞助或协办的方式，每年资助期刊社十万、几十万，而这些期刊则每年拿出一定的版面发表和出版这些赞助、协办单位的"成果"。名曰协办单位，实则单位出钱，协助领导，近水楼台先得月，领导的"成果"总会是优先发表的（甚至成为领导的一种特权）。这样不仅搞乱了协办单位内部的干群关系，而且学术在与金钱联姻之后，再次与权力联姻，进一步恶化了学术生态，加剧了新一轮的学术腐败。

（三）项目评审、成果奖评中的"学霸"——权力向学术评价和学术社会化过程渗透

时下，不仅学术成果的生产过程和出版过程中存在着权力的渗透和学术腐败现象，而且学术评价和学术成果的社会化过程即项目评审和成果评奖中也存在着严重的权力渗透和学术腐败。从理论上讲，资源的过分集中必然导致权力寻租，而社会转型时期制约和监督机制的不健全必然使这种寻租行为失控和泛化。"跑项目、要项目是需要进贡的……拿到项目的人一定要返还一部分钱给审批项目的人。"[①] 各种成果评奖都有各式各样的权力和种种学术权威所把持，成果能否顺利获奖，一是靠关系；二是靠进贡。"著名学者"越来越远离学术，越来越重视学术权力，权力逐步向学术深层次渗透。在"劣币驱逐良币"规律和"马太效应"的双重作用下，学

---

① 李健：《院士痛陈学术腐败 亿元经费浪费无追究》（http://www.edu.cn/20050128/3128127.shtml），2010 年 2 月 8 日。

术泡沫剧增，学术腐败日益加深。

（四）学而优则仕、仕而优则学——权力向学位、文凭制度机制渗透

我国是一个权力机构高度发达的国家，在这样的环境和氛围中，不管社会如何变幻，对任何利益的占有，权力机构总会是近水楼台。时下，知识经济时代，社会上极力倡导和选用一些高学历、高文凭的优秀人才，高文凭、高学历成了一种社会的时尚与追求。然而，这一切对权力的拥有者来说算不了什么，社会上需要什么，利益在哪里，权力场域就会扩大到哪里。"学而优则仕，仕而优则学。有了一定的学术，才能有一定的官位，有了一定的官位，就拥有了更多的学术。"[①] 于是就有了大大小小的官员在职读博。说是读博，其实只不过是在新的知识经济时代权力与学术所达成的默契和所结成的一种利益共同体，是权力场域向学术、向学位和文凭的进一步渗透。这些默契和利益共同体"正在形成新的利益交换与共生共赢的潜规则，然而潜规则的增加，却意味着更多的社会公正与公平将会受到蚕食"[②]，和社会学术生态的进一步恶化。

二　权学渗透的深层诱因

权力与学术的相互渗透，其原因是多方面的，但最根本的原因是利益的诱导、传统文化和价值观的影响。

（一）市场经济的发展、各种利益的诱导是权学渗透的内在根本动力

市场经济的发展，价值法则的泛化，社会价值观的多元化、世俗化与功利化，使社会需求变异；市场经济在使得社会财富迅速增加的同时，也形成一种片面追求物质财富的社会氛围，加之社会预防和控制机制的不健全和不完善，在权力主体谋取各种利益的内在

---

① 高凌：《学术腐败的多重面孔》（http://www.eol.cn/yan_lun_1868/20060323/t20060323_145149.shtml），2015年12月16日。

② 同上。

冲动的作用下，使权力寻租成为一种普遍存在的社会现象。权力寻租是公共权力的拥有者以所掌握的权力为筹码谋求和获取自身不当利益的一种非法行为。市场经济、价值规律要求商品交换以价值量为基础，实行等价交换，而权力寻租则是把权力商品化，或以权力为资本参与商品交换和市场竞争，以牟取金钱、物质利益和其他非法利益，即通常所说的权钱交易、权权交易、权物交易、权色交易，和近几年来的权学交易（以权力牟取文凭、学位、学术成果）等等。① 权力寻租所带来的巨大利益诱惑，成为权力腐败的巨大内驱力。随着改革开放的深入和市场经济的不断发展，权力寻租也有一个不断发展的过程：20 世纪 80 年代改革开放之初权力拥有者利用"双轨"制所造成的价格差牟取不当利益；90 年代要素市场化中的"权力寻租"，以及此后的土地批租转让、资金信贷和资本市场中的"圈钱"等权力腐败行为；再到近年来学术领域里的"权力寻租"，权力腐败在腐蚀和冲击经济领域的同时，也极大地冲击和影响着学术研究这块圣洁的土地，冲击着社会这最后的"良心"。过去人们常说，有钱就能出书，而现实却是有权即使不会写文章也能当主编、发文章，"著书""立说"，权力越大，学问就越大；在一些高校和学术研究机构，一些位高权重者尽管学术研究的精力有限，但肯定是学术成果多、成果"品位"高，成果获奖自然也就多，这就是对"以吏为师""学在官府"的最好注脚。"权力寻租"、权力腐败，权力对学术的渗透由此可见一斑。②

　　权力寻租活动是一种"负和游戏"，就社会整体而言，寻租所造成的损失远远大于它所产生的利得。③ 特别是对于学术研究领域就更是如此，它不仅造就了大量的学术垃圾，形成了规模巨大的学术泡沫和虚假的学术繁荣，而且还造成了一种经济学中所讲的"劣

　　① 刘道玉：《质量是学报的生命》，《河南大学学报》（社会科学版）2006 年第 3 期。
　　② 张焰：《编辑的人格构成及人格修养》，《河南大学学报》（社会科学版）2006年第 1 期。
　　③ 冯玉红：《寻租现象》，《经济与管理》2008 年第 4 期。

币驱逐良币"的不良后果。在目前中国的学术界，泡沫学术正在侵吞着严肃学术的领地。一些靠"仕而优则学"起家的"学术权威"和靠"'著名'的泡沫著作垫起来的'著名'的学者，不仅支撑着一些'著名'的博士点，而且还把持着学术评审要津。这是当前中国学术腐败中最令人痛心、寒心和忧心之处。因为它意味着种种学术浊流将通过合法的管道肆意玷污神圣的学术殿堂……其直接后果，就是颠倒学术标准……挫伤一批优秀学者的学术积极性……'著名学者'越来越远离学术，越来越重视学术权力；而没有学术著作却要占有学术权力，便只能营造虚名、制造泡沫学术。这样一来，泡沫学术会越来越多，学术腐败便愈演愈烈。"①

（二）传统文化和价值观的影响：官本位、学在官府，是权学渗透的思想意识根源

权力场域的强势存在和由此所导致的学术腐败，在中国应该说有其深厚的社会文化根源。数千年的封建社会，系统完备的封建思想文化体系，是权力场域强势存在和权学渗透、学术腐败形成的思想意识根源。长期"封建专制社会的等级制度和人身依附制度，反映在思想意识方面就是对权威的服从和尊崇，即所谓的'官本位'思想。中国人历来有尊官、畏官的思想意识，知识分子从来就把追求官位的显赫作为人生的价值准则。""以吏为师""学在官府"的传统影响更使学术研究所需的民主氛围极为缺乏。②尽管新中国建立以来经历了多次的思想解放运动，但中国人特别是中国知识分子仍不能普遍地确立起独立的人格意识，和思想深处的平等意识。独立人格的缺乏和平等意识的欠缺，必然地在思想深处残留有人格依附的痕迹，加之市场经济的发展，价值法则的泛化，和利益诱导机制的不断加强，必然性地导致了中国当代学术研究中学术原创性的丧失，和面对学术腐败所表现出的集体无意识，从而导致当代中国

---

① 杨曾宪：《腐败学术的"马太效应"》（http://www.edu.cn/20010827/208993.shtml），2015年12月12日。

② 赖雄麟：《对学术腐败现象的深层思考》，《中国社会导刊》2003年第3期。

权力场域的强势存在和对学术研究的过分干扰。要抵制权力场域对学术的过分干扰，消除学术腐败，就必须进一步确立民主的学术研究氛围，淡化官本位意识，弱化权力场域，确立知识分子的主体人格和平等意识，从根本上消除权力对学术的干扰和影响。

三　不受约束的权力必然导致权力的腐败；用个别权力制约权力，必然导致失控的权力

近年来，党和政府三令五申、下大力气清除各个领域的腐败行为，各级权力部门也不遗余力地阻击和清除来自各个方面的腐败现象，学术界更是口诛笔伐，对学术腐败予以全面围歼。然而，学术腐败却禁而不止、歼而不灭，并且大有愈演愈烈之势。究其根源，显然是不受约束的权力必然导致腐败；用个别权力制约权力，必然导致失控的权力。英国思想史学家阿克顿有句名言："权力导致腐败，绝对权力导致绝对腐败。"他还说：权力，不管它是宗教还是世俗的，都是一种堕落的、无耻的和腐败的力量。当然，我们认为，就权力本身来说，无所谓善恶，它是一种客观存在的力量，一种权威和势力，一种一定范围内的驾驭和支配性的力量，用它来行善，它就是善的；用它来为恶，它就是恶的。但是，我们也不能否认它的确有一种令人自以为是，恣意妄为的倾向，因此如不加以严格的限制，它往往导致恶的结果。"现代心理学与哲学的研究成果表明，人作为权力的行使者却存在非理性的一面，而且因其受到自身利益的驱动，而使一切权力都存在被滥用的可能性。"① 正因为如此，有的学者认为，"所有的哲学探讨实际上都是对权力问题的探讨，整个人类文明史，没有任何其它东西像权力那样贯穿于人类整个精神成长过程。在西方，权力话语逐渐成为西方文化中的核心话语，被从古希腊亚里士多德以来的所有哲学家所涉及，有的（马

---

① 汪习根、周刚志：《论法治社会权力与权利关系的理性定位》，《政治与法律》2003 年第 1 期。

基雅维利、洛克、尼采）甚至毕生从事对于权力的研究，从不同方面对其做军事学、政治哲学、生理心理学的探讨。"① 由此，权力制衡，以权力制约权力，也就成为古今中外一个常谈常新的话题。特别是近代资产阶级革命以后，资产阶级启蒙思想家认为，不受约束的权力必然导致腐败。并且认为，道德约束不了权力，权力只有用权力来约束，三权分立，相互制约，权力制衡成为一种民主政治的法治原则。后来，新闻舆论又被当作除了立法、行政、司法三大权力之外的"第四种权力"，参与到了权力的相互制约体系中来。在中国，对于权力的监督与制约也古已有之，早在西周就创造了"三监"制度，"并成为以后秦汉时的监察御史和刺史制度的渊源。此后中国各个朝代都建有权力监督制度，西汉中期开始建立多重监察制度。如御史的监察、丞相司直的监察、司隶校尉的监察等。西汉还发明了中国最早的举报箱。唐、宋、元、明、清的监督制度都有不同程度发展。"然而，所有这一切，虽有一时一地之功效，但并不能从根本上消除权力的腐败与滥用。这是因为，"从逻辑上说，权力监督中的权力，是一种外在的权力，从功能上说，它最多只能起到事后的作用。同时，由于监督权本身也是一种权力，它也必须受到监督。于是就会产生一种监督权由谁来监督的问题。这种监督无限累加的怪圈，是传统监督制度永远不能从根本上克服腐败的根源。"②

联系我们当前的学术腐败，之所以欲罢不能，屡禁不止，盖缘于此。如在职称评定、项目审批过程中，最初的学术腐败也只不过是朋友之间的相互关照与帮扶，但是，随着权力的逐步渗入——大大小小的权力向评审机构和评审过程的渗透，和评审活动的操控者向权力主体的转化，学术腐败逐步盛行于社会，此时的学术腐败就

① 陈行之：《"权力"考》（http：//www.360doc.com/showWeb/0/20/1876359.aspx），2008年11月19日。

② 蒋德海：《为什么说权力制衡比权力监督更重要》（http：//www.chinacourt.org/public/detail.php？id=139149），2004年11月16日。

不仅仅是熟人与朋友之间的相互帮扶，而是大量地表现为权力与权力的交换、权力与金钱和各种利益之间的相互交换。[①] 这种评审过程和评审机制所淘汰的就不再是"低质的产品"，而是那些在这些权力和学霸面前不肯轻易俯首称臣的思想、学术精英，从而形成了一种与社会整体利益背道而驰的"逆向淘汰"机制。是的，我们这个社会建立有庞大的审查监督体系，甚至每一评审过程都设有自己专门的监督机构和监理，但是，首先，这些监督和监理也是社会游戏中的一分子，他们也不可能完全摆脱社会所业已形成的游戏规则。其次，这些监督者也需要监督。比如，在我国的各类在职研究生中当权者居多，他们一般来说从不上课，毕业论文也都是由秘书捉刀代笔，他们所获得的这种"真"文凭，其实是地地道道的假文凭，然而，又有什么样的监督能够对这种"真"的文凭进行打假呢？再有，学术出版这个环节，多少年来人们一再呼吁学术著作出版难，但是只要一沾上权力，什么样的著作出版都不再难了；还有，一些所谓的国家级学术期刊，其版面费已升至几万甚至十几万，这些资源哪里去了？权力者。权力者拥有权力，就拥有各种各样的资源，而资源是可以用来进行交换的。这种学术生态的不断恶化，给我们的学术发展造成了极为不利的影响。是的，现在我们并不缺乏各式各样的检查和监督机构，但是我们却缺乏真正的行之有效的学术监督。不受约束的权力必然导致腐败，而用个别权力来制约权力必然导致失控的权力。

四　以大众的权力制约权力：学术腐败的终结

用个别权力制约权力必然导致权力的失控，这是因为在现实社会中任何个别权力都有可能被金钱和其他的权力、利益所摆平，这是由当下的社会环境和学术生态所决定的。因此，要想根除学术腐

① 卢丽丽：《试论大众文化期刊如何认知和抵制庸俗文化》，《河南大学学报》（社会科学版）2005年第2期。

败，就必须调动和依靠学术大众的力量，以大众的权力制约权力。

（一）让权力在阳光下运行

胡锦涛在党的十七大报告中指出：要"完善制约和监督机制，保证人民赋予的权力始终用来为人民谋利益。确保权力正确行使，必须让权力在阳光下运行。……加强民主监督，发挥好舆论监督作用，增强监督合力和实效。"2015 年 2 月 2 日，习近平总书记在省部级主要领导干部学习贯彻十八届四中全会精神全面推进依法治国专题研讨班开班式上强调："权力是一把双刃剑，在法治轨道上行使可以造福人民，在法律之外行使则必然祸害国家和人民。把权力关进制度的笼子里，就是要依法设定权力、规范权力、制约权力、监督权力。"① 长期的实践也反复证明，凡是权力不透明的地方就有可能成为腐败产生的温床，就会有损害群众利益的事情发生，一切阴谋和不法的行为都是在阴暗的角落里进行的，因此，要确保权力的正确行使，不至于使其为个人牟取私利，就必须让权力在阳光下运行。只有这样才能真正做到"权为民所用，情为民所系，利为民所谋"。就学术腐败问题来讲，一方面，在学术活动的各个方面和各个环节，要把决策权、执行权和监督权进行科学配置，使之既相互制约又相互协调。另一方面，决策公开，即在项目审评、成果评价、职称评定等各个环节随时做到信息公开、评价过程公开和评价结果公开，让更多的人参与到学术评价活动的全过程中去。这既是正确行使权力的必然要求，又是加强学风建设和预防学术腐败的必然要求，也是民主发展的必然要求。

（二）以大众权力制约权力

"公共舆论一向被视为现代民主社会的重要基础……现代民主理论认为，对于公共管理活动，不仅需要以权力制约权力，更需要以社会制约权力，以公众力量来监督权力。"② 当前的学术评价大

---

① 《习近平谈治国理政》第 2 卷，外文出版社 2017 年版，第 128—129 页。
② 张东锋：《关注"女教师裸死事件"中的传媒角色》，《南方都市报》2003 年 9 月 26 日。

都属于"小众化评价"，① 如职称评定过程中对学术论著的评价与审定，科研项目申报过程中对前期成果的审查与评定，科研奖励评定过程中对科研成果的审查与评定，以及核心期刊的评价与审定等，大都属于"小众化评价"；而当前学术评价中的学术监督也大都属于"小众化监督"，即以个别权力制约权力。"小众化评价"评价结果可靠性差，缺乏公正性和科学性，而"小众化监督"——以个别权力制约权力，则缺乏透明度，容易为少数人所左右和控制，成为导致学术评价过程中种种学术腐败现象产生的重要的制度诱因。要根除学术腐败，就必须在学术评价大众化的基础上，真正实现权力监督的大众化，即以大众权力来制约权力，以公众舆论、社会力量来监督和导向学术鉴审和评价，让权力真正在阳光下运行。只有这样才能真正做到"权为民所用，情为民所系，利为民所谋"，从而彻底消除由于"公共权力的非公共运作"和监督权力的不力所导致的学术腐败。

（三）加强理论修养，提高内在素质，全方位优化学术大环境

消除学术腐败，要坚持用正确的舆论引导人，用高尚的精神塑造人，用优秀的作品鼓舞人，从而在学界和全社会树立起崇高的理想信念和高尚的道德情操。第一，自觉提高权力拥有者的内在素质。要切实树立牢固的公仆意识、民主意识、法制意识，和全心全意为人民服务的思想意识，自觉接受广大人民群众的检查和监督，并进而形成一种权力监督的内在自觉，变外在强制为内在自觉，从而极大地提高权力监督的社会效果。第二，努力提高广大民众的内在素质：一是提高监督的自觉性；二是运用正确的方法实施监督，提高监督水平，使权力更好地在阳光下运行，以更好地实施大众权力对权力的监督和制约。第三，提高编辑主体的文化控制和文化批判意识。编辑主体是社会文化的把关人，是社会主义文化阵地的最

---

① 刘良初：《从"小众"到"大众"：谈期刊评价机制的变革》，《出版发行研究》2005 年第 12 期。

后一道防线，因此，编辑主体除了必须具备较为扎实的学术功底和完备的知识结构以外，还必须具有强烈的文化控制和文化批判意识，即以自己审慎的态度去认识和发现问题，用审视的眼光去辨识真伪，用大无畏的精神和无所顾忌的勇气去否定伪科学和假知识，以缔构健康和谐的社会文化为目标，以社会价值规范为尺度，以科学的思想、理论为坐标，质疑学术研究，辨别理论成果，为遏制学术腐败做出自己应有的贡献。第四，加强学术道德自律。一是要加强学者自身的学术道德自律，内化学术规范和制度制约。一个具备良好道德自觉和价值理性的学者，不但会内化学术规范和制度制约，在自己的内心深处培育出对学术腐败病毒的有效抗体，而且还会因清正人格的无限张力而产生强大的道德辐射，从而净化周遭学术环境。[①] 二是要努力实现由学者个人道德性的学术修养向学界群体意识和学人共同性约束的转变，进而营造良好的社会道德氛围。要努力实现由学者个人道德性的修养向学界群体意识的转换，进而营造学界和全社会良好的社会道德氛围，促进学风和社会风气的根本好转，给学术腐败来个釜底抽薪。

不受约束的权力必然产生腐败，用个别权力制约权力必然导致权力的失控。只要权力不是来自人民大众，并且失去人民大众的监督和制约，它就必然会吞噬社会资源，吞噬人民大众的利益，吞噬我们这个社会残存的道德和良知。因此，消灭学术腐败关键是还政于民，将权力——有效监督的权力交给民众，交给广大学者大众。有位哲人说过：路灯是最好的警察，阳光是最好的防腐剂，要从源头上制止腐败的滋长蔓延就要经常将权力放在阳光下晒晒。

第四节　学术评价的作用与局限

市场经济的发展，社会选人用人机制的需要，将学术评价推到

---

① 唐劭廉、罗自刚：《对学术腐败的道德心理学分析》，《福建师范大学学报》（哲学社会科学版）2004 年第 4 期。

了一个前所未有的高度，并从定性评价发展到定量评价，进而演变为数量迷信，导致学术评价的再度异化与迷失。要消除学术评价的异化现象，就必须坚持定性评价与定量评价相结合；实行小同行基础上的大众化评价；建立学术评价的元评价机制，以及学术评价信息公开制度，为公正、合理的学术评价机制的建立提供良好的基础和宽松的社会文化环境。

一　数量迷信：学术评价的异化与迷失

学术研究的本质是求真，是研究者对未知世界的深入探索和"沉思"，其灵魂是创新，其最大特点是研究者独立思考所形成的个性化特征。而学术评价则是有关评价主体（评价机构或同行学者）对评价对象（学术研究成果）是否符合一定学术标准，以及在多大程度上符合学术标准所作出权威判断的学术活动。学术评价强调评价标准的客观公正和统一。学术研究的个体性（个性化）与学术评价的统一性存在着内在的差异与矛盾。正是这种差异与矛盾使得学术评价领域历来是众说纷纭，莫衷一是，特别是要在短时间内作出完全客观、公正的准确判断，和切合实际的科学评价几乎是不可能的。而市场经济的发展，社会人才评价机制的变革，又给学术评价提出了巨大的现实需求，使其承载了太多学术以外的东西，从而形成其对学术逻辑一定程度的背离，尽管当代新的数字媒介为这种评价提供了多种现代信息获取方式和手段，但是这种新的信息技术和手段仍然难以从根本上克服学术研究的个体性（个性化）与学术评价的统一性之间存在着的内在差异与矛盾，从而导致其在现实需求与内在矛盾的冲突中奔突，要么凭印象、重感觉，要么又单纯依靠转载率和影响因子等量化因素，大搞数字崇拜，使得学术评价一再异化与迷失，给人们留下诸多遗憾与沉思。

（一）定性评价：评价结果的或然性和学术评价的异化

我国的学术评价一般都是由行政主导的，作为行政主导的学术评价行为一般表现出两个极端的偏向，即过于主观随意和过于倚重统计手段和数据因素等所谓"客观"依据。[①] 在学术评价的初期，由于其可操作性的限制，我国的学术评价在其初期阶段表现为凭印象、靠感觉的定性评价。这一定性评价具有如下基本特点。

1. 主观随意，缺乏客观标准和依据

一是评价主体组成的随意性（专家组的组成缺乏客观依据）。二是评价过程的主观随意，因为没有客观标准和依据，评价过程随意性大。三是评价结果具有模糊性，即结果不是唯一的。按照社会建构理论，不同的评价主体会建构出不同的评价结果。

2. 非学术因素干扰，学术评价失去公平

按照布迪厄的场域理论，在学术评价过程中，每个评价者个体都身处宏大的社会场域之中，并深受场域中各种关系的影响。"社会结构与个体实践之间的关系并不是在真空中或者漫无边际的抽象的社会中发生作用的，而是通过场域，社会的物质结构与精神结构同行动者相互联结起来，构成了一个动态的过程"[②]。具体到学术评价来说，在巨大的社会场域中，每个评价主体同时扮演着多种多样各自不同的社会角色，并且每一角色各有其不同的行为规范，当这些行为规范相互冲突时，评价者就难以摆脱所镶嵌其中的复杂的社会场域和各种社会角色对他们行为的纠缠，从而放弃学术规范和原则，导致学术评价的失范。[③]

3. 信息不对称导致学术评价中的逆向选择和道德风险

信息不对称理论认为，在市场经济活动中，各类人员对有关信息的了解是有差异的，掌握信息比较充分的人员，往往处于比较有利的地位，而信息贫乏者，则处于相对不利的地位。学术评价是一

---

① 朱寿桐：《试论学术评价的学术性》，《学术研究》2006 年第 2 期。

② 布迪厄、华康德：《实践与反思——反思社会学导引》，李猛、李康译，中央编译出版社 1998 年版，第 144 页。

③ 李存娜：《评价规则的两个面孔与学术评价逻辑》，《学术界》总第 122 期，2007 年第 1 期。

种异常繁难和复杂的社会活动与过程，在这一过程中往往存在着严重的信息不透明、不对称现象，从而给一些人的非学术因素——学术腐败等的干扰提供了机会，进而导致学术评价中的逆向选择和道德风险，严重危害正常的学术评价活动。

4. 小数定律：传统"小众化"评价难以逾越的障碍

小数定律是由阿莫斯·特沃斯基和丹尼尔·卡纳曼提出的。小数定律认为，人们的行为并不总是理性的，在一些不确定性的情况下，人的思维过程会系统性地偏离理性法则而走入歧途。思维定势、表象思维、外部环境等因素，均会使人产生系统性偏见，并采取非理性的行为。学术评价中对理性法则的偏离，主要表现在两个方面：一是不同范式的误导。范式理论认为，范式是由基本理论、基本方法和语言体系所构成的，不同的范式之间是不可通约的。具体表现在学术评价中，由于自身知识结构的不同，即使是同行专家之间也难以理解不同范式之间的学术问题，并且不可能通过"理性说服"让其认可新的范式，从而导致学术评价活动偏离理性法则。在没有足够数量评委的"小众化评价"状态下，这种偏离与失误是难以避免的。二是非学术因素的干扰，即政治、金钱、人情关系等方面的干扰。在评委人数极其有限的情况下，非学术因素导致评价结果改变的概率就会大大提高。这两个方面的干扰是客观存在的，是"小众化评价"难以逾越的。

5. 缺乏应有的有效竞争和激励机制

在学术评价过程中，评价过程的客观性和评价结果的公正性，是鼓励公平竞争、激发学术创新的内在动力机制。而传统的少数专家主导的定性评价，既缺少客观、科学的学术评价标准（只是凭印象、凭感觉、凭关系、凭利益），又缺少公正合理的评价结果。这样的评价主观随意性强，其结论或然性大，必然给正常的学术活动以误导，因此不具有激励竞争和鼓励创新的积极作用。

正是由于以上种种不足的存在，导致传统定性评价中的主观随意和暗箱操作，并最终走向异化，引起社会公众非议。

（二）由量化评价到"数量迷信"：学术评价的再度异化与迷失

随着文献计量学的发展、计算机互联网新的媒介系统的广泛应用，以及 SCI、SSCI、CSSCI 等检索系统的建立与完善，加之传统的定性评价方法走入了死胡同，量化评价方法得到了广泛应用。由传统的定性评价到定量评价这一转换，克服了前一时期定性评价中凭感觉、凭印象、凭关系的主观随意性，使学术评价建立在比较客观的基础之上，在某种程度上消除了学术评价中的暗箱操作。然而，学术评价中的过度量化以至于发展成为数字迷信，又从根本上背离了学术创作是一种创造性活动与理性"沉思"的自由、个性特征，从而导致学术评价新的异化与迷失。

1. 量化评价与数量迷信

从 20 世纪中后期开始，量化评价在我国学术评价中得到应用，随后很快便在各级各类学术评价活动中迅速展开，并得到不同程度的认同，直至发展成为近年来的学术评价中的数量迷信。具体来讲，学术评价中的数量迷信表现为管理者无视学术创作规律，坚持数量决定论和出身决定论（根据成果发表的刊物或出版社的级别来决定成果水平的高低），把学者和研究人员视为生产机器，主观地规定过高的学术成果发表数量，以数量多少来判定学术水平的高低；或者以成果字数多少来判定成果水平的高低，部头越大水平就越高；或者以有无项目资助或者受到资助的金额的多少来判定学者水平的高低，拿到的项目越多、级别越高，就越有水平（不管项目最终成果的质量如何）；或者简单地以发表杂志（或出版社）的级别、获奖的级别、作品被引用的次数来判定研究成果质量的高低；或者以成果数量、科研经费的数量等来判定科研机构和有关学者实力的高低，等等。[①] 总之，学术评价成了行政管理控制知识生产的

---

① 李存娜：《评价规则的两个面孔与学术评价逻辑》，《学术界》总第 122 期，2007 年第 1 期。

一种手段，而"数量"和"出身"成了管理者手中最重要的两件法宝。这就必然导致学术评价的失真和异化，并最终给学术创作以误导。

2．学术评价的再度异化与迷失

学术是什么，学术是系统的专门的学问，是对客观事物及其规律的科学认识和论证。学术研究的本质是求真，是研究者对未知世界的深入探索和"沉思"，其灵魂是创新；其最大特点是研究者独立思考所形成的个性化特征。它不迷信任何东西，而坚持对任何事物进行无穷的追问。因此，探究、自由和永无休止的学术创新构成了学术研究存在和发展的最基本内核。① 然而，现实中的学术评价不仅与学者研究成果的社会评价有关，而且与学术资源的分配如课题立项、科研奖励、职称聘任和晋升等直接挂钩。在数量迷信魔棒指挥下的学术评价，使众多学者成了金钱、权利即短暂功名利禄的奴隶，从而导致复制、炒作行为不止，拼凑攒合之风盛行。"炒剩饭""新瓶装旧酒"已司空见惯，低水平重复更成为理所当然，严重阻碍了真正的学术创新。真正的"沉思"者越来越少，依靠手段进行建构、运作者越来越多。那些善于运作者，在废除了"雇人捉刀"的吹捧性书评后，却转而干起了"雇人引用"的勾当。甚至一些连基本的语言文字功底都不具备的"不学有术"者，不仅敢于操作学术论文，而且能够运作出异乎常人的成果来（有的人一年能够运作出一百多篇所谓的学术论文）。"有的人成了'学阀'，更多的人则成了'学奴'"。② 学术评价的根本目的在于鼓励大胆探索，激励学术创新，而现实的数量迷信之学术评价，不仅导致了学术研究水平的下滑，而且严重恶化了学术生态，导致了一代学人的异化。"一代学者的异化，所带来的结果不光是知识的断裂，更是精

---

① 张伟：《学术评价的工具理性取向及其可能存在的风险》，《大学》（学术版）2010 年第 1 期。

② 王希：《从制度和技术层面改进学术评价——兼谈美国的学术评价状况》，《社会科学论坛》2009 年第 4 期（上）。

神和风骨的丧失",① 这对我们的民族国家和我们这个时代的伤害都将是巨大的、根本性的。学术评价造成学术人使命的极大的扭曲,现行学术评价机制的量化取向,使之走向了一条过分依赖学术评价指标体系的数量迷信的不归路。

3. 学术评价中数量迷信的深层诱因

目前我国学术评价中存在的数量迷信,有其深层的社会原因和思想认识根源,具体来讲表现在如下几个方面。

第一,管理者思维中的工具理性至上。数量迷信学术评价作为一种社会流行现象其背后深层的根源是管理者头脑中的工具理性至上思维方式。西方管理理论认为:管理学基本上是一种"理性技术",它以高效益、实用性和可操控为目标。它包含着一种以"实证"和"理性"为依据的知识论,将组织控制和个体行动一同被化约为"技术性"问题,相信社会生活完全可以经由"科学化"的方法加以掌握,并以"普遍"性规律去加以组织和理解。西方管理学致力于将自己包装成一个"纯技术性"的、"客观"的管理机制,其唯一目标就是为了提高"效率"。我国现实中的科研管理者(宏观上的),他们对管理学的潜在假设和理论的具体适用缺少深入的反思,管理"操作"的意识和"纯技术性"的观点主导了学术评价实践,致使其过分追求学术评价活动的效率和可操控性。这就难免会导致过分依赖学术评价过程中的客观技术标准(如数字化模型等),通过整齐划一的简单化标准,抹杀评价对象的内在差别,并想进而通过这样的评价所引发的竞争激发起学者更大的学术创作热情,得到更大的科研产出,从而使复杂的学术评价和学术创作问题简约化为"行政领导、办事员与电脑的协同运作"②。这样一来,学术评价的异化与迷失,也就成为必然的了。

---

① 王希:《从制度和技术层面改进学术评价——兼谈美国的学术评价状况》,《社会科学论坛》2009 年第 4 期(上)。

② 李存娜:《评价规则的两个面孔与学术评价逻辑》,《学术界》总第 122 期,2007 年第 1 期。

第二，管理者的短期效应。管理者的任期限制、考核方式和行政期望，直接导致了学术评价中对数量的过分地追求。管理者总希望在任期内创造出更优秀的业绩，以有利于自己的仕途与升迁，由此导致其置社会责任于不顾，主观随意、急功近利。这种急功近利心理在现实中又恰恰迎合了政绩考核的各类指标，由此更强化了其短期行为，加重了其短期效应。在现实的考核体制下，不仅不断地加大着领导、管理者任期内多出政绩、快出政绩的渴望，而且他们还会采取各种办法，利用一切手段，将这种内心的渴望转化成方案，量化为指标，辅之以利益诱惑，最终变为"激励"和驱策学者不断进行论文制造和学术生产的鞭子，以期实现最大的学术产出，彰显自己辉煌的政绩。

第三，社会现实人才评价的即时性需要与学术评价的复杂性、历史性之间的矛盾。市场经济追求效率和利益，而效率的实现和利益的分配，又必然涉及人才的评价和绩效的评估。在现实的文化学术领域，时时处处都需要学术评价：个人晋职晋级需要著作论文的学术评价；项目申报需要对其前期成果进行学术评价；申报各种奖励更是需要学术评价；年终考核需要学术评价；对研究机构的目标管理需要学术评价；即使对高校的各种评比验收和排名也同样离不开学术评价。总之，现在我们的文化学术领域一时一刻也离不开的，每时每刻都在进行着的，就是学术评价。然而，学术研究的本质是求真，是研究者对未知世界的深入探索和"沉思"，是对未知世界的探索和创新，[①] 而学术评价则是对这种"沉思"和创新是否符合客观实际和事物发展内在规律的判断和评定。它所需要的往往不是智慧，更不是强权，而是历史的沉淀。这就必然导致社会现实人才评价的即时性需要与学术沉淀、学术评价的复杂性和历史性之间的矛盾。按照韦伯的合理性理论，当难以实现真正的价值合理性

---

① 郑园：《重视学术性是学报发展的第一要义》，《河南大学学报》（社会科学版）2005 年第 1 期。

时，人们往往就会转而追求工具合理性。对于当前的学术评价来说，既然真正公正合理的学术评价难以实现，那么也就只好违心地接受（不承认——因为它不符合实质正义，但接受——因为它符合程序正义）量化评价这一方式了。

（三）回归学术评价的本真：学术评价异化的消除

学术评价应该是从学术的角度根据研究成果的内在学术性所进行的价值判断。在学术评价领域，应当摒弃数字迷信和"工具至上"的思维模式，重视学术评价中的学术因素，以回归学术评价的本真，消除学术评价的异化。

1. 坚持学术价值原则：小同行评价

按照库恩的范式理论，范式是某一科学共同体在其长期的研究探索、教育和训练中形成的，不同范式之间不可通约，因此，即便是非常相近的同行专家也难以理解不同范式之间的学术问题。这就要求我们的学术评价，应当尽可能地采取小同行评价的方式，因为真正学术前沿的、具有创新价值的学术成果，只有具有相同或相近范式的小同行才能比较熟悉，才能洞悉和真切地了解到它的价值和意义。目前即便是在工具理性思维比较盛行的西方国家如美、英等国，其发挥作用的也仍然是以同行评议为主的科学研究评价机制。

2. 大数法则的启示：小同行基础上的"大众化"评价

小同行评价从理论上讲能够消除数量迷信的某些弊端，最大限度地坚守学术价值原则。但是，小同行评价同样不可避免地存在两大问题，一是知识结构的局限。由于不同的知识结构的限制和各自认知盲点的存在，人们对同一个问题会得出截然不同的结论。在学术评价中，同行专家不同的知识结构会使其带上各种"有色眼镜"，从而无意识地影响其评价行为，导致评价失误。二是利益诱导。在当今"大科学"时代，学术评价广泛深入，其评价结果直接影响众多人员的切身利益及各种资源的分配，评价者难免身陷各种利益关系编织的网络之中，从而导致评价结果的失真。为了克服少数专家学者评价中的失误，应当采取小同行基础上的大众化评价，即尽可能地由足够大数量的小同行专家参与学术评价（这在新的数字网络媒介技术有了相当发展的今天是完全能够办得到的），以避免由于评价主体数量不足导致的评价失误。按照大数法则，相似个体所组成的大型群体在整体上受着某种严格的规律性的支配。社会行为统计表明，对于一个群体，即令不掌握其个体的行为动机，但当群体具备很大的数目后，规则性就会出现。尽管每一个体成员可以在几种选择中相当自由地进行选择，但其整体趋向却是一定的，有章可循的。因此，在我们今后的学术评价中应当坚持小同行基础上的大众化评价，以保障学术评价的客观与公正。

3. 定性评价与定量评价相结合

要科学地开展学术评价，更好地发挥学术评价对学术发展的积极作用，还须认真地处理好定性评价与定量评价之间的关系问题。单纯的定量评价，违背学术精神，不能准确刻画科学认识的发展阶段；而纯粹的定性评价，又难以避免其模糊性及其非即时性，影响学术评价的现实需要。在现实的学术评价中，应定性分析评价与定量分析评价相结合，专家评价与数据分析相参用。在定量评价方面，要科学设计评价指标，尽量增加评价测量数值（可供选择的测量值越多，其对评价对象的判断越客观、越精确）；在定性评价方面坚持小同行基础上的大众化评价，从而参照一定的客观量化指标作出客观公正的定性评价。[①]

4. 对学术评价进行再评价：建立学术评价的元评价机制

当前中国学术评价体系中存在一系列的问题，为此，需要建立相应的元评价机制来加以规范和引导。所谓"元评价"，即"对评价的评价"。"元评价一般是指对评价技术的质量及其结论进行评价的各种活动。元评价就是对于评价的评价。其目的是向原来的评价者们提出他们工作中存在的问题和片面观点。"[②] 元评价的重要

---

① 袁培国：《期刊评价中引文索引几个亟待解决的问题》，《河南大学学报》（社会科学版）2011年第1期。
② 高洁、蔡敏：《美国教育评价的元评价及其启示》，《教育研究》2007年第6期。

价值和意义在于它对评价活动自身所进行的认真总结和反思，它使评价活动从纯粹的实践探索，逐步走向理性化的评价与建构。具体到学术评价来说，学术评价的元评价，包括对评价机构进行评价（评价机构专业水平如何、组织是否健全等）；对学术评价的评价主体进行评价（看评价主体——评审专家权利与责任是否对等，同时进行整体信度分析、评委个人信度分析等）；对学术评价的评价内容进行评价；对学术评价的评价方法进行评价（是否客观、科学、适用）；对学术评价的评价结果进行评价（是否准确、公正）。"'元评价'的主要目的是对评价方建立约束机制。如果说程序公正机制是着眼于建立一种基于'过程'的约束机制；那么'元评价'则主要是着眼基于'结果'的约束机制"。① 学术评价元评价机制的建立，是学术评价走向成熟的标志，它将有利于我国学术评价走向制度化、规范化，进而促进我国学术事业的健康发展。

5. 学术评价的民主监督：建立信息公开制度

加强学术评价的民主监督，首先要建立信息公开制度，拥有相关信息是民主监督的前提和基础。再者，信息公开、阳光工程是遏制和消除学术评价异化和学术腐败现象的最有效方式。学术评价中的信息公开制度主要包括：第一，评价主体（专家学者）信息公开。对评审专家的学术水平、评审态度、信度等信息应该纳入一个学术界共享的、保存有连续累积数据的数据库系统中，以被学者大众了解和供学术评价机构遴选参评专家之用。② 第二，参评项目（论文、论著、申报课题论证等）信息公开，以实现更大范围的专家学者的评议和监督。第三，参评者有关学术信息公开，以便人们能够更好地把握参评项目的学术价值和水平。第四，评价过程信息公开，随时让学者大众了解评价进程，以便即时进行监督。第五，评价结果（专家评语和最终评价结论）信息公开。应当建立评价结

---

① 朱少强、唐林、柯青：《学术评价的元评价机制》，《重庆大学学报》（社会科学版）第 16 卷，2010 年第 3 期。

② 同上。

果和评价意见公示制度，评价机构和评审专家应对其评价意见负责，对明显的不当评价和虚假评价等承担相应的责任。

应当建立的学术评价监督机制的最显著特征，一是强调信息的公开、透明；二是强调权力拥有者（专家、评委等）的社会责任。在信息公开、透明的环境中，权力者的任何言行直接公之于众，其任何责任意识的缺失都将付出应有的代价——不利的社会舆论，和自己的学术声誉。只有这样才能激励权力拥有者诚实做人，公平评价，为繁荣我国的文化学术事业作出应有的贡献。

二　稿件专家外审的局限与编辑的控制

稿件的专家外审是目前学术期刊稿件审理和评价的重要方式，也是提高学术期刊内在质量的一个重要环节，显然它也是一种学术评价过程。特别是当前数字网络新的媒介环境，不仅为稿件的专家外审提供了便利，而且它对弥补编辑的知识局限，维护审稿过程的科学与公平，消除审稿过程中的非理性、非学术性因素干扰，起到了一定的积极作用。然而，由于在这一过程中存在着信息不对称、信息不完全、委托—代理等导致的双方目标冲突等因素，致使这一过程也同样存在着道德风险和逆向选择等问题。

（一）稿件专家外审存在的主要问题

1. 编辑主体信息不完全导致审稿过程信息成本增加

制度经济学认为：任何制度的设计和运作都是需要一定的成本的。学术稿件的专家外审作为编辑出版过程的一种制度安排，其成本主要有机会成本和交易成本。学术稿件专家外审的机会成本主要是期刊社或编辑部为了实施稿件的专家外审，而放弃了其他审稿方式。稿件专家外审的交易成本主要是指期刊社或编辑部为维护稿件外审这一制度和运行机制所需付出的信息、通信和报酬等费用成本。新古典经济学认为，在完全竞争的市场上，信息是作为免费物品为全体社会成员所分享，而且信息是完全的、充分的，信息的分布是对称的，因此是不需要计入生产成本的。然而，现代信息经济学发现，现实的市场竞争和经济发展是不完全的，信息的分布和流动是不充分、不完全的，而且社会的专业分工又进一步使得信息在市场主体之间呈现出不对称分布的状况，从而使得信息的获取成为生产和社会活动的一个重要方面，信息费用已经成为生产总成本的一个重要组成部分。

在稿件的专家外审过程中，编辑对外审专家的专业特长、研究方向、学术造诣、学术道德等信息的了解和掌握是不完全、不充分的，存在着这样或那样一些信息不对称的状况，需要编辑主体从各专家所发表的大量文献著作及其社会反响中去获得，这就需要耗费大量的精力和时间，以及其他相应的费用成本。同时，对专家库和其他数据库的利用也是需要支付一定费用的。加之现代信息社会，信息泛滥、良莠不齐，以及时过境迁等信息的变换，编辑主体要想获得及时、准确、有价值的信息，就必须从众多的信息中进行筛选和甄别，从而增加了信息搜寻的费用，进而大大提高了稿件专家外审的总体成本。并且，有些学术信息的获取是借助先进工具和先进技术手段进行脑力劳动的过程，这就需要一定的信息教育投入成本，从而进一步推升了稿件审理过程中的信息成本。

2. 审稿专家信息不完全，影响稿件的最优选择和学术资源的最优配置

编辑主体信息不完全会阻碍其对适格外审专家的选择，推升稿件审理的信息成本。而审稿专家信息的不对称、不完全，则会导致学术市场发育不完全和学术资源配置的非帕累托效率。我们知道，由于历史的和现实的诸多因素的影响，每一学术期刊在学术界广大学者中的影响是各不相同的，从本质上讲，学术期刊是分层次的（当然不是时下一些人所讲的行政划分层级），不同层次的学术期刊其所拥有的资源是各不相同的，当然主要是指学术资源——作者队伍及其相应的学术文稿。由于学术出版过程中"马太效应"的存在，学术文献的流动并不是盲目的，毫无目的的，而是遵循强者愈强、弱者愈弱的"马太效应"法则进行配置与组合的，加之市场竞

争的强力推动，不同层级的学术期刊经常地处于一种变幻不定和重新洗牌的过程之中。同样，学术质量高低不等的学术文稿也经常性地处于这种对相应学术期刊的选择和追逐过程之中。由于信息传递过程中信息不对称、信息不完全现象的存在，审稿专家对期刊、期刊作者群，和不同时期的稿源状况、期刊运作状态等信息的了解是极其有限的，存在着明显的信息不对称和信息不完全状态，尽管现代新的媒介和现代信息技术为专家审稿提供了诸多便利，但信息不对称、不完全状况依然存在。在这种信息不对称和信息不完全的状态下，审稿专家只能就某一篇文章发表自己有限的看法，而很难从整体上作出最终是否可以采用的确切结论，从而也就很难使某一期刊的整体运作和学术资源配置达到帕累托最优状态。

3. 委托—代理：责任外化，导致道德风险和逆向选择

在稿件的审理过程中，一旦采用了专家外审这种方式，就客观地形成了期刊社或编辑部与审稿专家之间事实上的委托—代理关系。委托—代理理论认为，委托—代理关系是建立在非对称信息博弈理论基础之上的，即一些人拥有其他人所未拥有的信息。在信息对称的状态下，代理人的行为是可以被观察到的，委托—代理风险不大，此时，帕累托最优风险分担和帕累托最优努力水平都可以达到。但是，在信息非对称状态下，委托人不能观测和了解到代理人的行为和其他信息，因此代理人一般都会选择自己效用水平最大化的机会主义行为，从而导致一定的逆向选择和道德风险的发生。

在编辑部与审稿专家的委托—代理关系中，不仅存在着双方信息不对称，由于审稿专家掌握着信息优势，客观上存在着审稿过程不透明的问题，而且由于各自诉求的差异（编辑部的利益诉求是稿件审理的严谨、准确和及时；而审稿人的利益诉求则可能是经济利益和其他个人利益的最大化），还会存在双方目标的冲突，和非合作、非效率状况的产生，进而导致一定的逆向选择和道德风险的发生。本来，学术稿件的专家外审，一是进行学术把关，二是规避稿件审理中的道德风险（人情稿、关系稿），但是，这种在一定条件

下可以规避风险的制度安排而在中国现实这个"人情超级大国"的条件下，"却增加了风险发生的概率"。因为在现实的社会大环境下，任何中间环节的增加，都可能是以更大范围人情关系的渗入为代价。以专家外审代替编辑审稿，审稿人范围扩大了，监督难度增加了。"如此'内部化'管理便延伸为'外部化管理'，交易费用剧增，而管理效率极低。在这种情况下，'审稿人'的道德水准决定了这一制度实施的效率。以'道德'假设代替人为内部制度化管理本身就是一种冒险"。专家外审这一制度，"规避了一类风险却暴露了另一类风险"。由此，在编辑出版改革过程中孕育出来的这一审稿制度，其顺利实施却要仰仗审稿人所具有的高尚的"职业精神"这一极具主观性和个体性的东西，初衷将规避道德风险作为其重要目标之一的专家外审制度，却把其成功"轻架于审稿专家脆弱的'道德'之上"，从而由不规范所引发的审稿制度的变革最终却导致了新的更加难以控制的不规范。①

另外，由于采用稿件的专家外审稿制，以及编辑自身专业知识的欠缺与不足，必然导致编辑主体有意无意地弱化自身的责任，规避自身的责任与风险，从而导致编辑责任的外化和责任主体的真空，给期刊的健康发展埋下隐患。

（二）稿件专家外审中编辑的控制

编辑是社会文化建构和学术创新的"把关人"和"守门员"，在整个学术期刊的编辑出版活动中居于主导地位，尽管稿件的专家外审在一定意义上分担了编辑主体的部分学术审查任务，但是，编辑并不能由此放弃自己的责任。编辑主体要努力克服由于审稿专家信息不对称、不完全所造成的对稿件和学术资源配置的不利影响，以及由委托—代理、责任外化所导致的道德风险和逆向选择等问题，通过自身的努力和主体价值的充分发挥，努力实现其对文稿学

---

① 霍丽：《试论匿名审稿制度的缺陷与完善——基于经济学视角的分析》，《山西师大学报》（社会科学版）2008 年第 6 期。

术价值的把握与控制。

1. 通过编辑初审实现其对稿件学术价值的把握与控制

稿件在送外审专家审理之前，编辑主体必须进行初审和必要的把关，一是因为将那些毫无学术价值的低质量学术文稿交送专家审理，是对专家的一种不尊重，和对有限资源的一种浪费；二是因为初审把关是编辑主体义不容辞的一种职责，是其对文稿学术质量的初步控制。当然，由于编辑的专业限制和自身知识的局限，很多文稿对编辑来说如同一个个程度不同的"灰箱"，甚至是"黑箱"，编辑对稿件的审理不可能像专家那样驾轻就熟，一步到位。但是，编辑主体却可以根据自身掌握的有限信息，进行初步的把关与控制。"生物全息律"原理告诉我们，任一生物体相对独立的部分，都包含有其整体全面的生物学信息，局部是整体的成比例的缩小，蕴含着整体所有必要信息。全息生物学的研究还进一步证明，"生物全息律"在现实社会中有着非常广泛的存在形式。根据这一理论，编辑主体完全可以根据自己对文稿有限信息的认识，由部分把握整体，由已知推断未知。具体来说，一是审题目，文章的题目犹如人的眼睛，透过文章的题目不仅可以快速了解文章的主旨，而且还可以根据作者对文章的提炼程度，大致判断作者的学识水平和理论功底，以及对所研究课题的把握能力和驾驭程度。二是审引言。透过文章引言对前人所做工作的概括、总结、分析和阐述，看作者是否真切地把握了该课题研究前沿最新动向和需要填补的空白与不足，并进而提出自己有价值的主张和建议。三是审方法。看其研究方法是否先进、合理，有无明显的矛盾。四是审分析、讨论与结论。看其推论的逻辑结构是否严谨，所得结论是必然的还是或然的。五是审形式，看论文的基本要素是否具备、核心概念的抽象概括是否严谨准确、公式和数据是否有误、图表格式是否规范等。六是审语言。看语言是否严谨，表达是否准确、精当。从传播学的角度看，周延、准确的语言表达不仅能够减少传播过程中的信息损失，从而实现最小信息差原则，而且还能够减少读者解码时的障碍，从而达到信息差最小，减少信息损失。同时，对语言的把握也从另一个方面反映了作者的整体素质和研究能力。七是审注释和参考文献。注释和参考文献是作者进行该项研究时曾经涉猎、引用和参考过的资料和信息。参考文献得当与否，能从另一个方面进一步说明该项研究成果的价值和意义。如该项研究使用的参考文献离题甚远或层次较低，则说明该项研究存在一些虚假的引证，该项研究要么为假，要么尚未进入研究前沿，其学术价值自然就值得怀疑。八是审作者有关信息，包括作者的职称职位、学历学位，特别是其学术信息——研究方向、学术成就、近期发表的论文、文章的基金来源、所发论文的影响因子和其他反响，等等。尽管编辑不能仅仅根据这些信息，进行准确的质量识别，但是，却可以结合其他诸多因素，给文章质量的评定以有力的佐证。

总之，通过以上诸多方面全方位的审视和了解，加之由部分推断整体，由已知推断未知，用严密的逻辑思维来弥补对具体环节认识的不足等多方面的运作，编辑主体就能够最大限度地消解"信息不完全"的局限与制约，达到对文章大致的了解与把握，从而作出基本准确的判断与结论，进而完成编辑对稿件的初步选择与控制。

2. 通过审稿人的选择实现编辑对文稿学术价值的把握与控制

要想准确判断文章的学术价值，审稿人的选择是其关键。在审稿人的选择过程中，仅仅从审稿专家数据库中进行简单的检索是不够的，除此之外还必须注意如下几点。

首先，要尽可能地选择本学科领域的"小同行"专家进行审稿。这是因为，按照库恩的范式理论，每一科学都有自己特殊的内在结构，而体现这种结构的模型即"范式"。范式是某一科学共同体在其长期的研究、探索、教育和训练中形成的，并且不同的范式之间不可通约，即便是非常相近的同行专家之间也难以理解不同范式之间的学术问题，只有具有相同或相近范式的"小同行"才能洞悉和真切地了解它的理论价值和意义。这就要求我们在审稿人的选择过程中，尽可能地选择那些同一研究领域里的"小同行"，从而确保对稿件学术质量的准确把握与控制。

其次，一般来讲，适格的审稿人应该是在所审稿件涉及的研究领域有多篇论文发表，特别是近期仍有这个方向的文章发表。这里强调"多篇"和"近期"主要是因为，如果审稿人只是发表了一两篇年代久远的相关研究，浅尝辄止，目前早已不再从事相关研究，在科学技术和研究手段日益发展的今天，审稿人要准确判断稿件的学术价值就得重新查阅资料，这样既费时又费力，还难有好的审稿效果。而选择时下正在从事相关研究的审稿人，他们既熟悉这个方向的过去和现在，又熟悉最新的技术手段和实验过程，审起稿来自然就得心应手，容易取得较为理想的审稿效果，从而实现对稿件学术质量的准确把握与控制。①

最后，建立审稿人档案，不断优化审稿人队伍。为了严格控制稿件的质量，及时完成对稿件的审理，编辑应按照如下原则选择审稿人并建立审稿人档案：一是学术能力：具备较高的学术造诣，了解所在研究领域的前沿动态；二是鉴审能力：评鉴科学准确、筛选公正；三是学术品格：学风严谨，学术态度端正；四是职业态度：热心学术稿件的审理工作，稿件反馈及时等。审稿人档案建立以后，要根据审稿结果和稿件的社会反响，对审稿人及时作出评价，不断更新和完善审稿人队伍，从而顺利完成稿件的审理，实现对文稿学术价值的准确把握与控制。

3. 审稿专家意见的选择与转化：编辑对稿件学术价值的全面把握与控制

由于稿件审理难易程度的不同和审稿人自身素质（知识结构、专业水平）、学术流派，以及审稿环境——人际关系、利益诱导等诸多因素的作用和影响，审稿人的审稿意见也是多种多样，高低不同，既有客观公正、评鉴科学、评价准确的审稿意见，又会有一些

---

① 刘东信：《综合性科技学术期刊审稿人的选择和外审经验谈》，《编辑学报》2010 年第 3 期。

敷衍塞责、无评价型、无价值，甚至是有失公允、带有偏见和歧视性的审稿意见，这就要求编辑主体，在充分吸收审稿人审稿意见合理成分的基础上，充分发挥自身的主导地位和作用，站在期刊运作全局的高度，对专家审稿意见作出恰当的选择与转化。[①]

首先，要合理吸收专家的审稿意见，以完善编辑的专业短板，加强对文稿学术价值的控制。专家是某一学科领域里的行家里手，在其所研究领域内具有较大的话语权，因此，是稿件学术价值的有力判定者。编辑要善于合理吸收专家审稿意见，以更好地实施对文稿学术价值的准确把握与控制。

其次，要进一步修改和完善专家的审稿意见，以便对稿件质量进行全方位的准确把握与控制。在现实中，知识局限对任何一个人都是存在的，专家也不例外。况且，现在学科的划分愈来愈细，任一专家只能在他所重点研究的领域和专业方向上具有较大话语权，一旦超出了这个范围，就很难提出中肯、恰当的意见和建议，而一篇文章往往涉及众多的知识单元。在专家对稿件的审理过程中，一般都会专注于那些自己比较熟悉的知识领域，而对那些不熟悉的知识领域或视而不见，避而不谈，或评价欠准确、无价值。特别是，一般来讲，专家审稿只是就文章的学术性，即文章是否在学术创新方面具有优势，而对学术论文的其他方面，如学术论文的构架是否合理，逻辑是否严谨，语言表达是否准确、精当，公式、图表、量和单位的使用，以及参考文献运用是否准确、规范等方面并不熟悉，编辑主体必须充分发挥自身发散性思维的优势和特长，从编辑角色的独特视角——文章的出版价值、社会效益、受众接受效果等，予以全方位的审视和扫描，进而提出更为全面、合理的审稿意见和建议。

再次，统一标准，调整和平衡专家的审稿意见，以实现对稿件整体的合理控制与把握。在稿件的外审过程中，不同的专家，尺度

---

① 邵凯云：《从专家审稿意见到编辑部意见》，《编辑学报》2011 年第 4 期。

的把握不同，宽严不一，有些文稿可能因为与审稿专家观点相左而稍有瑕疵就被轻易否决；而另一些文章则可能因属同一学术流派而被大开绿灯。编辑主体要将这林林总总、参差不齐的审稿意见，用相对统一的标准进行再过滤、再衡量，同时还要考虑期刊的学科特长、栏目设置、发展方向、稿源状况等因素，站在全局的高度，进行整体质量的统一把握与控制，从而尽可能实现作者间的相对合理与公平，以及期刊学术资源的最优配置。

最后，专家意见的转化——从专家审稿意见到编辑部审稿意见，编辑对审稿过程的全面控制。专家的审稿意见并不直接面对作者，而是面对编辑、编辑部，对编辑部负责。从专家审稿意见到编辑部审稿意见，并不能简单的直接拿来，而是要经过编辑的智力加工。这种智力加工，一方面"本着为我所用的原则"，"'霸占'专家审稿意见中合理、合适的部分"；另一方面又集思广益，"尽量减少审稿个体劳动局限性"，以编辑的眼光从刊物实际出发作出更公正、更全面也更为符合期刊实际的处理意见。[①] 它不仅体现了编辑与作者间的学术沟通与交流，以及以建设性眼光对作者学术发展的鞭策与推动，而且还体现了编辑主体在稿件审理过程中的整体主导趋向，以及对文稿学术价值的整体把握与控制。

（三）提高编辑素质，全方位加大编辑对稿件选择和控制的自由度

现代认知理论认为，人的自身存在着时间的局限性、空间的局限性和知识的局限性三大局限性，尽管数字网络新的媒介和现代信息技术给人们信息的获得提供了极大的便利，但是，人的三大局限性依然存在。编辑主体同样具有这三大局限性，并且由编辑的职业特点所决定，其知识的局限性在编辑身上表现得尤为明显。这是因为，相对于众多的作者来说编辑总是一。在这种一对多的关系系统中，即便是知识储备非常完备的人也难免在其编辑选择的过程中捉

---

① 邵凯云：《从专家审稿意见到编辑部意见》，《编辑学报》2011年第4期。

襟见肘，出现这样或那样一些误区和盲区。因此，编辑必须不断地学习、补课，大量地获取各种有价值的信息，并进而将这些有价值的信息转化和升华为智力和潜能，以增强自身的选择潜能，全方位加大编辑对稿件选择和控制的自由度。

1. 广泛阅读：向阅读要识力

按照系统论的观点，一个系统对外界物质、能量和信息转换能力的大小，作用的强弱，取决于构成该系统要素的量、构成该系统要素的质，以及各要素之间的结构方式。同时，其中任何一个要素的变动，都会引起该系统整体功能的改变。从编辑角色系统来看，要想增大编辑主体知识结构的功能，提高编辑主体的整体认识和整合能力，首先要注重编辑的常规阅读，加大涉猎面，特别是获取和吸收一些科技前沿的学术信息，以扩大编辑主体内储智化信息的量，从而不断加大和扩展编辑主体的认知域，进而扩大编辑的视野，提高编辑的认识能力。

2. 善于学习：向作者借智力

智力是个体有意识地以思维活动来适应新情况的一种潜在能力，是个体对新事物、新问题、新条件的心理上的适应能力。编辑主体每日每时地都在接触一些新问题、新项目，因此必须具有较强的心理适应能力。又由于编辑与作者之间一对多关系的存在，编辑的知识局限又是经常性的，因此编辑必须善于学习，首先是向作者学习，向作者借智力。一般来讲，作者在其研究的领域进行了较为系统深刻的探索和研究，具有较大话语权，而编辑则往往了解不多或知之甚少。编辑首先要以读者、接受者的身份不断地吸纳和接受作者通过作品所提供的新的学术信息，使自己不断由"关于无知的无知"这种前问题状态转换到对于"无知的知"这种面对问题状态，并通过进一步的研究和反思，达到"关于知的知"这种"真知"状态。① 不仅如此，编辑主体还可以以作者的问题为原点，探究它的来龙去

---

① 王振武：《开放的选择》，生活·读书·新知三联书店1990年版。

脉，并向周围辐射获得更多的知识和信息。在这个过程中，编辑主体对作者的研究成果和学术信息的认同和接纳，不仅会加深其对学术研究前沿信息的了解和认知，而且这些"新"要素的积淀和编辑主体进一步的整合与反思，还会进一步合成编辑创新思维的新元素，调整并完善编辑自身已有的知识结构，形成和强化编辑的创新意识，进而增强编辑主体对新问题的判断、阐释和选择能力，[①] 从而实现编辑主体对文章审理全过程更加理性的认识与控制。

3. 加强微观开发：向科研要能力

众所周知，任一系统与外界进行信息、能量交换能力的大小，不仅取决于构成系统的要素的量，而且还取决于构成该系统要素的质。编辑主体要想在与作者的学术信息交流中取得主动，仅仅依靠占有大量一般的学术信息还不够，而且还必须尽可能地提高所拥有学术信息的质。这就要求编辑主体加强微观开发，向科研要能力，即选取一定课题，进行深度开发和研究。这是因为，编辑主体只有深入科学研究具体过程的内部，洞悉其存在机理和建构方式，才能获得既能"入得其内"，又能"出乎其外"的学术视野和实际运作能力，锻炼思维，提高自身内储信息的质，进而通过系统的整合与重组，改变其知识系统的结构方式，增强其对外界信息的适应和统摄能力，从根本上减少或消除编辑选择过程中的"灰箱"乃至"黑箱"现象，最终实现其对审稿过程的全面把握与控制，全方位加大其选择的自由度。

三 大众化评价：学术评价中学术腐败的有效制约

近年来学术腐败已经渗透到学术创作、学术出版和学术评价等学术活动的各个方面和各个环节，其中，学术评价中的学术腐败其危害是多方面的、巨大的：一方面，学术评价中的权力化倾向和只重数量不问质量的形而上学的评价方式，严重窒息了学术创作过程

---

① 夏登武：《编辑要善于"借力"》，《编辑学报》2010 年第 6 期。

中的创新活力；另一方面，它进一步模糊了学术文献出版环节的是非界限，不断推动新的出版腐败的产生。究其原因，小众化评价是学术腐败的深层制度诱因，而大众化评价则是科学、公正的学术评价的必然选择！

（一）小众化评价：学术评价中学术腐败的重要制度诱因

造成当前学术腐败的原因是多方面的多种多样的：市场经济的发展，价值法则的泛化，必然导致浮躁的学风和形而上学的评价方式，以及正常的科学评价机制的缺位，非学术因素左右学术评价，形成学术评价中的不公，由此形成腐败产生的心理基础；行政性的期刊评价机制、官本位思想观念和权力导向的现实，又给当前的学术腐败以极大的推动；经济利益的诱导，社会分层的不断加剧，形成一种片面追求物质财富和个人利益的社会氛围，追名逐利成为许多人追求的最直接也是最现实的人生目标，社会价值观的世俗化和功利化日益明显，由此形成学术腐败更为深刻的利益驱动诱因。[①]然而所有这一切都是在小众化评价的基础上发生的，小众化评价是学术腐败的重要制度诱因。[②]

1. "小众化评价"：评价主体错位

目前的学术评价大都属于"小众化评价"，如职称评定过程中对学术论文论著的评价与审定、科研项目申报过程中对前期成果的审查与评定、科研奖励评定过程中对科研成果的审查与评定、核心期刊的评价与审定等，均属于"小众化评价"，即有关部门和单位组织、邀请部分专家、学者和领导对学术成果和学术期刊进行审读和评价。"小众化评价"的特点是简便易行，易于控制和操作。"小众化评价"的不足是，评价结果可靠性差，缺乏公正性和科学性，容易为少数人左右和控制。公平、合理、科学、可靠的学术评

---

① 特别关注：《"超级女声"何以走红》（http://www.whedu.cn/Article.asp？Articleid=899.4）。

② 刘良初：《从"小众"到"大众"：谈期刊评价机制的变革》，《出版发行研究》2005年第12期。

价本应由学术大众来完成，即应由本学科专业的广大专家学者和一般研究人员来共同完成，而现在为了组织和操作的便利却由少数专家和领导即"小众"来完成。评价主体的错位，即将本应由"大众"完成的事情交由"小众"去作，是导致学术评价过程中种种学术腐败现象产生的重要的制度诱因。①

2. "小众化评价"难以保证评价结果的科学性和公正性

学术是系统的、专门的学问。学术研究是在对已有的理论、知识和经验进行理性思维和整合的基础上对未来科学和理论问题发展趋势所作的假设、分析和探索，是对未知科学问题的某种程度的揭示。因此，学术研究既是一个充满理想色彩变幻多姿的空间，又是疑窦丛生，鲜花与毒草同在，真理与谬误并存的领域。这也就决定了学术评价和学术批评的复杂性和难以统一的特性。从本质上讲，学术评价不信仰任何权威，而是一个仁者见仁，智者见智，和较长时期的自由博弈和文化积淀过程，要想靠几个、几十个专家学者在短时间——几天、十几天内作出客观、公正、科学的学术评价是完全不可能的。首先，众多的学术成果不仅涉及不同的学科领域，而且还涉及不同的选题、不同的学术背景、不同的研究层次，和各自不同的语言表达方式，因此，要想靠少数几个、十几个专家评委在短时间内作出客观、公正的评价是完全不可能的。其次，每个专家评委都会有各自不同的学术背景、知识结构、审美情趣和思想倾向，其对问题的判断和选择都会受到这些因素的左右和影响，评价主体的范围愈小，其评价结果受这种个体差异的影响就会愈加明显，愈加难以作出客观公正的判断和评价。再次，当前的具体学术评价活动（如职称评定过程中对学术论文论著的评价与审定、科研项目申报过程中对前期成果的审查与评定、科研奖励评定过程中对科研成果的审查与评定等）大都涉及一些个人的切身利益，和众多

---

① 张国功：《是否可行及如何可行？——有感于"先验批判"与学术批评》，《学术界》2002 年第 4 期。

的社会关系，利益关系人也会想尽一切办法去干扰和左右评价主体，使其作出有利于自己的判断和评价，从而导致一些人为的评价失误和不公。

3. 小众评价：腐败产生的制度基础

目前的学术评价不仅关系到一些个人切身利益，如评职晋级、项目评定、科研奖励等都直接关涉一些人的切身利益，而且还关系到一些单位的"集体"利益，比如"核心期刊"的评定，由于能否进入"核心期刊"决定了某些期刊的命运，即通过一定的学术评价获得"核心期刊"称号的学术期刊，能够获得期刊运作过程中的马太效应，[①] 即作者集中优势——作者向核心期刊集中；文献集中优势——文献向核心期刊集中（它是作者集中优势的必然表现），以及其他条件（经济条件、国家政策等）的相对倾斜和集中的优势，使期刊进入良性循环状态，为其更大发展奠定基础。而未能进入"核心期刊"者则会导致稿源等各种资源的严重不足，从而危及期刊的生存，因此，进入核心期刊成为期刊主办单位的强烈愿望。又由于期刊的学术评价同样是小众化评价，这就使得采取一些不正当方式进入所谓"核心期刊"成为可能，学术腐败也由此产生，[②] 并且，现在的学术腐败事件已由个人腐败开始向法人腐败过渡。

更令人担忧的是，随着市场经济的发展，社会价值观的多元化、世俗化和功利化，使社会需求变异：在社会用人机制上，片面追求短期化的政绩；在文化和学术研究上，片面追求简约式、"快餐式"和"泡沫式"的文化生产与消费；在社会认肯方式上信仰和适用一种简约的、形而上学的评价方式，这就使得当前这种"小众化评价"方式成为一种必然。众多的变异了的社会需求，必然催生出失范的形而上学的评价机制，而失范的形而上学的社会评价机

---

① 张堉、高淑桂、刘春华、张书胜：《论期刊工作的马太效应》，《编辑学报》1996 年第 2 期。

② 刘良初：《从"小众"到"大众"：谈期刊评价机制的变革》，《出版发行研究》2005 年第 12 期。

制，又必然导致评价过程的混乱和评价结果异化。"小众评价"：当前学术评价过程中腐败产生的重要制度基础。

（二）大众化评价：健康学风的重要制度保障

1. 大众化评价：学术腐败的"天敌"

1945 年 7 月初，毛泽东与到访的民主人士黄炎培先生，就历史的兴亡问题有一次精彩的谈话。黄炎培先生说：我生六十余年，耳闻的不说，所亲眼见到的，真所谓"其兴也勃焉"，"其亡也忽焉"，一人，一家，一团体，一地方，乃至一国，都没有能跳出这周期率的支配力。希望中共找出一条新路，跳出这周期率的支配。毛泽东说："我们已经找到新路，我们能跳出这周期率。这条新路就是民主。只有让人民来监督政府，政府才不敢松懈；只有人人起来负责，才不会人亡政息。"① 这就是著名的"周期率谈话"。毛泽东的"周期率谈话"，揭示了一个非常深刻的道理：只有将权力交给人民，交给大众，才能避免懈怠和腐败，才不致人亡政息。这是因为，在阳光的照射下细菌难以繁殖，在大众的监督下将无私利可谋。近年来学术评价中学术腐败的产生，其重要原因就是学术评价中的小众化评价。小众化评价，缺少大众的有效监督，使一些人的不当获利图谋不易被曝光；小众化评价，其评价主体范围的狭小和有限，又使这种谋取不当利益的操作行为成为可能。试想，如果是大众化评价，这种不当牟利的行为还具有可操作性吗？大众化评价，成果在学界和众多同行间自由争鸣、评判，不仅避免了小众化评价中由于评价主体的单一及其个体知识结构的局限和审美情趣的影响造成的评价不当和失误，使学术评价更具客观性、科学性和公正性，而且也使整个评价过程在同行大众监督下进行，成为阳光下的活动，使任何"地下活动"成为不可能。因此，大众化评价可以保障评价过程的透明，评价结果的科学与公正。大众化评价：学术腐败的"天敌"与克星。

①　朱冼：《毛泽东与黄炎培话"周期率"》，《光明日报》1993 年 1 月 20 日。

2. 科学公正的学术批评：学术发展与繁荣的保障

学术批评是学术研究主体间遵循一定学术规范，就某一学术观点和学术思想在平等的基础上所作的交流、对话与批判。有学者将学术批评分为两种：一种是消极性批评，或称技术性批评；另一种是积极性批评，或称思想性批评。消极性批评或技术性批评是对抄袭、剽窃等涉及学术规范和学术道德等问题所展开的批评，而积极的思想性批评，注重的则是思想意识的批评，批评者关注的是某个文本提供了什么值得思考的东西或有价值的观点，从中可以推论出什么新的东西，等等。① 真正的学术批评不同于当前为了某些直接的目的所进行的小众化的学术评价——有些人将其称为"学术评比"或"评比学术"。"学术评比"或"评比学术"其一切学术评价活动都围绕着"评比"的指挥棒转，一切为了评比，一切服务于评比。"名曰'评价'实为'评比'的'评比学术'……或者是只有'评比'，没有'批评'。或者是先有'评比'，后有'批评'，'批评'不能超出'评比'定下的调子。而那一点点'批评'，绝大多数也是为'评比'服务的，轻描淡写，'评'而不'批'，'批评'成了'评比'的吹鼓手。"② 而科学公正的学术批评，首先是开放式、大众化的自由、平等基础之上的思想碰撞与交流，批评的主体是开放性的、大众化的，批评者和被批评者是平等的。其次，学术批评闪烁着理性的光辉，"它只批判理论本身。学术批评，不针对个人，不搞人身攻击，不贬低或侮辱人格，只批评思想理论本身，只批评该思想理论之历史背景、思想渊源，批评作者的立场、观点和方法，批评其思想的内在逻辑是否一致，对该思想与历史趋势的关系进行评估。"③ 它只相信真理，不信仰关系和权威。最后，学术批评的实质是自我批评。波普尔认为，学术批评表面上是不同

---

① 严春友：《把学术批评的重心引向思想性批评——纪念〈学术批评网〉创办五周年感言》，《太原师范学院学报》（社会科学版）2006 年第 4 期。

② 邢东田：《评比是学术的鸦片》，《云梦学刊》2004 年第 4 期。

③ 张茂泽：《论学术批评》，《学界》2001 年第 2 期。

学者之间的相互批评，其实，实乃是学术的自我批评。这是因为，学术研究的实质是对真理的追求，学术批评从根本上说则是真理为了完善自身所作的对自己的批评而已。^① 因此，学术批评是学术活动的有机组成部分，是对学术活动的一种有效的监督，是学术的生命。真正的学术活动不害怕学术批评，而是真诚地欢迎科学公正的学术批评。科学公正的学术批评，不仅可以从不同的视角、不同的方面给学术研究以完善和提高，使其更接近真理，而且还能给当前的小众化学术评价以积极的作用与反馈，促使学者恪守学术道德，遵守学术规范；促使学术评价者谨慎行使手中的权力，客观公正地进行评价，消除目前学术评价中的一些不良现象，给当前的学术活动创造更加公平合理和宽松的环境，从而促进社会主义学术事业的更大发展。

3. 加强学术道德自律，内化学术规范和制度制约

消除目前学术评价中的腐败现象，除了改变目前的小众化评价为大众化评价，消除学术评价中学术腐败产生的制度基础，开展积极的学术批评，变形而上学的"评比学术"为科学公正的学术批评外，还要不断加强学界的学术道德建设，加强学术道德自律，内化学术规范和制度制约，不断使学术规范、学术制度的外在制约转化为广大学者的自觉行为。

学者、知识分子，代表的是社会的良心，学术研究是一种高雅纯洁的事业，因此，中国古代对知识分子就有其一些基本的道德要求：在平时要求这些社会的脊梁能够做到"铁肩担道义，妙手著文章！"当世事变换而处于不利的境地时，也能够"穷则独善其身"；出淤泥而不染，同流而不合污，真正做到"富贵不能淫，贫贱不能移，威武不能屈"。不管世事如何变幻，都能保持知识分子的良知和文人的气节。这是古代中国对知识分子提出的道德要求。正因为如此，它不仅造就了中华民族五千年的文明历史，而且在漫长的中

① 张茂泽：《论学术批评》，《学术界》2001 年第 2 期。

华文明的历史长河中不断孕育和造就出千千万万心系天下苍生，不畏道路艰辛，上下求索的民族脊梁。

然而，随着市场经济的发展，价值法则的泛化，学术逐渐被纳入了市场经济的轨道，成了市场经济活动的一个部分，和学者们谋生和改变自身生活状况的一种手段，并由此不断导致自由学术研究环境的恶化和学术道德的滑坡。"当学者的经济处境越来越好，远过于中国民众平均值数倍（更主要的是远远超过他们在理论创新与学术贡献方面的价值）时，学术却仍在商品化的泥泞中越陷越深……尽管工资越来越高，住房越来越好，但在那些刀耕火种的低级的精神生产者身上，却很难判定他们有什么'从良'的迹象。相反他们更加喧哗和更加骚动不安。"① 对物质利益的过分追求，必然导致学术道德的滑坡；而学术道德的滑坡又必然导致另一轮更大的躁动和利益的争夺，从而导致学术腐败的不断产生和加剧。因此，加强学术道德自律，内化学术规范和制度制约具有非常重要的现实意义。正如教育部《关于树立社会主义荣辱观进一步加强学术道德建设的意见》所指出的那样："加强学术道德建设具有重要的现实意义。学术道德是科学研究的基本伦理规范，是提高学术水平和研究能力的重要保证，对增强自主创新能力、促进学术繁荣发展具有不可忽视的重要作用；学术道德是人才培养的重要内容，与学风、教风、校风建设相互促进、相辅相成；学术道德是社会道德的重要方面，对良好社会风气的形成具有示范和引导作用。"

加强学术道德自律，必须注意做好以下几个方面的工作：一是要加强学者的道德自律，内化学术规范和制度制约。立德修身是我国传统人生实践的最高主题，也是文人学者终生追求的最高价值理想。一个具备良好道德自觉和价值理性的学者，不但会内化学术规范和制度制约，在自己的内心深处培育出对学术腐败病毒的有效抗

① 张国功：《是否可行及如何可行？——有感于"先验批判"与学术批评》，《学术界》2002 年第 4 期。

体，而且会因清正人格的无限张力而产生强大的道德辐射，从而净化周遭学术环境。① 二是要努力实现由学者个人道德性的学术修养向学界群体意识和学人共同性约束转变，进而营造良好的社会道德氛围。群体意识是一个群体所共同拥有的思想意识和精神状态，一定群体意识的形成不仅能够把外在意愿、制度约束转化成内在的动力，而且还能够以集体的力量规范个体的行为，使其趋向于群体意识所设定的行为目标模式，这即所谓群体意识的反作用力。因此，要努力实现由学者个人道德性的修养向学界共同体群体意识的转换，进而营造学界和全社会的良好社会道德氛围，从而促进学风和社会风气的根本好转，给学术腐败来个釜底抽薪。

学术腐败、学术贿赂是以消灭学术的方式来象征"进步"的；② 而学术评价中的学术腐败则是以泯灭良知、毁灭文化的方式来"服务"于社会的学术事业的。利益的博弈是学术腐败产生的内在动力，小众化评价则是当前学术评价过程中腐败产生的重要制度基础。学术自有公论，让社会自由评判。大众化评价：科学、公正的学术评价的必然选择！

第五节　加强编辑主体责任意识：防治学术腐败应关口前移

学术腐败并不仅仅是一个学术研究和学术创作问题，它是一个社会性问题，既包括学术研究、学术创作、学术发表和出版，又包括更为深层次的社会选人用人机制和社会人才评价问题，是一个社会系统工程问题。然而，编辑作为社会文化建构的"守门员"和"把关人"，负有建设高品质社会文化的重大职责，因此，应大力

---

① 唐劭廉、罗自刚：《对学术腐败的道德心理学分析》，《福建师范大学学报》（哲学社会科学版）2004 年第 4 期。
② 檀传宝：《"学术腐败""学术贿赂"与"学术打假"》，《社会科学论坛》2002 年第 4 期。

加强编辑的社会责任意识，防止学术腐败应关口前移。

一 抵制学术腐败：学术期刊的责任与使命

近年来，由于市场经济的发展和价值法则的泛化，非学术因素严重干扰学术创作和学术出版等领域，从而导致学术腐败的不断蔓延和发展。抵制学术腐败，注重学术创新，是学术期刊的责任与使命。

目前由于利益诱导和制度缺陷，导致我国学术研究、学术出版和学术评价极大地偏离了学术价值取向，进而加剧了学术腐败。学术期刊是学术发展的重要园地，不仅直接承担着社会文化出版的重任，而且由于编辑活动"延迟选择效应"的存在（即在学术创作中，创作者的先在行为在一定意义上会受到编辑选择这一事后行为的制约和影响，从而使先在的学术创作，明显地带上此后所发生的一些事件和行为的性质和特征，即要受一定的编辑思想、选稿原则、编辑规范，甚至一定的编辑风格等这些事后的编辑行为的作用和影响），编辑的选择活动会这样或那样地对作者的学术创作起到一定的规范和导向作用，因此，在抵制学术腐败增强学术创新的过程中，学术期刊义不容辞，理应承担更大的责任，发挥更大的作用，成为一道有效的抵制学术腐败的隔离带和防火墙。

（一）主编要有主导意识和担当定力

学术期刊是整个学术研究链条的重要一环，主编则是这一链条上的一颗珍珠。从某种意义上说，主编是学术期刊的主导和灵魂，主编的政治素养、个人修为和职业精神决定着一个学术刊物的办刊方向和学术品位，对刊物的发展具有重要的导向性作用和意义。特别是在当前学术生态不断恶化的情况下，主编除了要有良好的宏观控制能力、整体策划能力外，还必须具有强烈的主导意识和担当定力，正念坚固，如净水无波，不随物流，不为境转，唯学术是求。如《小说月报》早期主编恽铁樵选稿不畏牺牲；编辑前辈邹韬奋，选稿只讲内容，不讲情面、不论恩怨。只有这样，才能以学术质量为标准，敢于求真、求美、求善，才能带领编辑团队，杜绝一切学术腐败等不良风气的侵蚀，进而形成自己优良的学术传统。

（二）努力提高编辑的文化批判意识和社会责任意识

学术期刊不仅是学术交流的重要平台，而且它还是个体学术创作向社会文化成果转化的控制器，控制着一般学术成果进入社会文化缔构循环的运转过程。编辑主体——学术价值的把关人，理所当然的学术评价的第一主体，在其中扮演着重要的角色。首先，编辑的选择过程就是编辑主体的学术认识和学术评价的过程，并且，编辑工作的性质决定了编辑的选择是代表社会所进行的一种学术评价。其次，有什么样的社会意识和学术意识，就会有什么样的策划与评价。编辑的选择上承作者的学术创作，下启读者的再创造接受过程，通过选题策划将编辑意图融入作者的学术创作过程，通过参与"社会接受形态"的形成和学术评价标准的确立，沟通作者与读者之间的关系，进而促进"个人接受形态"与"社会接受形态"的趋同和一致。因此，编辑还要有强烈的社会文化意识，弱化个体意识和个体需求，从而不断按照美的标准和社会的需要，做出自己的理性选择。因此，编辑主体必须努力提高自己的文化批判意识和社会责任意识，即以自己审慎的态度去认识和发现问题，用审视的眼光去辨识真伪，用大无畏的精神和无所顾忌的勇气去否定伪科学和假知识，以缔构健康向上的社会文化为目标，以社会价值规范为尺度，以科学的思想、理论为坐标，质疑学术研究，辨别理论成果。只有这样才能不断提高编辑主体的"把关"意识和"守土"责任意识，弱化编辑个体意识和个体需求，按照美的标准和社会的需要作出自己的理性选择。也只有这样，才能适应社会发展的需要，不断加强学术创新，为消除学术腐败，构筑健康向上的社会文化作出自己应有的贡献。

（三）加强学术规范制度建设，将权力装进制度的笼子

英国思想史学家阿克顿有句名言："权力导致腐败，绝对权力

导致绝对腐败。"① 他还说：权力，不管它是宗教还是世俗的，都是一种堕落的、无耻的和腐败的力量。当然，就权力本上来说，也许无所谓善恶，但是，就权力的使用，特别是不受约束的权力的使用来说，它的确有一种令人自以为是，恣意妄为的倾向，并且常常导致一些不利的情况和一系列严重后果的产生。现代心理学的研究表明，人们作为权力的运作者和行使者存在非理性的一面，特别是在某些利益的驱使下，极易导致权力的滥用。因此，必须对权力进行约束和限制，将权力限制在一定的制度的笼子里运行。对于学术期刊来说，要抵制学术腐败，筑起一道反腐倡廉、纯洁社会文化的坚固防线，首当其冲的就是要加强学术规范和编辑制度建设：一是明确制定科学的学术评审规范，使稿件的审理有章可循，取舍有据。二是制定严格的学术管理规范，严格编辑工作的程序，完善规章制度，如认真坚持并落实三审终审制度，规范审稿程序，完善审稿意见，坚持在质量面前人人平等。三是加强审稿人制度建设，即建立完善的审稿人信息库制度和科学合理的审稿人退出机制，努力规避稿件审理中的道德风险。四是坚持信息公开和严格的奖惩制度，将每一责任编辑的文章推荐情况、社会反响等信息，进行客观地统计和评比，同时进行适当的奖惩，以增强编辑的社会责任意识。只有这样，才能真正做到制度规范健全，文章取舍有据，信息透明公开，责任具体明确，奖惩客观公正，从而真正将权力装进制度的笼子里，为增强科研成果的学术价值，提高学者的学术创作水平，抵制和消除学术腐败，筑起一道行之有效的牢固防线。

（四）重视学术期刊的"公众"评价，给学术和学术期刊的健康发展再加一把锁

对学术腐败的治理不仅要注重制度约束，同时还要注重以公众

---

① ［英］阿克顿：《自由与权力》，《阿克顿勋爵论说文集》，商务印书馆 2001 年版，第 342 页。

权力制约权力，使权力在阳光下运行。以个别权力制约权力往往会导致权力的失控，即便是普遍的制度约束也存在一个人为的执行问题，特别是我国是一个"熟人社会"和"人情超级大国"，在现实市场经济环境中，任何个别权力（包括各种类型的监督权力）都有可能被各种关系、金钱利益和其他的权力所摆平。因此，要想充分发挥学术期刊在消除学术腐败中的牢固防线作用，促进学术创新，还必须调动和依靠学术大众的力量，以大众的权力制约权力。首先，要让学术期刊接受学术大众的监督和制约，使期刊和编辑的权力在学术大众的监督下运行。"公共舆论一向被视为现代民主社会的重要基础……现代民主理论认为，对于公共管理活动，不仅需要以权力制约权力，更需要以社会制约权力，以公众力量来监督权力。"①

党的十七大报告也指出：要"完善制约和监督机制，保证人民赋予的权力始终用来为人民谋利益。确保权力正确行使，必须让权力在阳光下运行……加强民主监督，发挥好舆论监督作用，增强监督合力和实效。"而我们当前学术期刊中的编辑评价，属于编辑个人评价或"小众化评价"，显然其监督也就属于个体监督或"小众化监督"。这种评价和监督其透明度不够，还需要以学术大众的权力和公众舆论来进行监督，使权力在阳光下运行，只有这样才能充分体现其学术评价的客观性、公正性和合理性。其次，学术大众的评价和监督是一种"元评价""元监督"，即对学术期刊和编辑主体学术评价的再评价、再监督。只有真正建立和健全这种"元评价""元监督"（即再评价、再监督）机制，才能进一步保障我国学术期刊学术评价走向制度化、规范化，给学术和学术期刊的健康发展再加一把锁，进而消除学术腐败，促进学术创新。

---

① 张东锋：《关注"女教师裸死事件"中的传媒角色》，《南方都市报》2003年9月26日。

学术腐败、学术贿赂是以消灭学术的方式来象征"进步"的;[①] 而各种形式的学术评价中的学术腐败,则是以泯灭良知和毁灭文化的方式来"服务"于社会的学术事业的。当下,学术期刊,作为社会文化出版的重要载体,不仅对学术发展具有重要的"守土"和"把关"职能,而且其编辑活动"延迟选择效应"的存在也会给作者的学术创作以潜在制约和影响,学术期刊应当成为一道抵制和消除学术腐败的有效防火墙和牢固防线。

二 加强编辑主体的社会责任意识:防治学术评价异化应关口前移

目前由于我国学术评价过程中的利益诱导和制度缺陷,导致学术评价极大地偏离了学术价值取向。也许"程序正义"是比较容易实现的,而"实体正义"——坚持学术评价的学术性,评价主体对评价结果负责,则绝非一朝一夕所能实现的。编辑主体——学术文化的"把关人",在这方面必须而且有条件承担更多的社会责任。加强编辑主体的社会责任意识,防治学术评价异化应关口前移。

(一)编辑主体:学术价值的把关人,理所当然地是学术评价的第一主体

首先,编辑工作的性质决定了编辑的选择是代表社会所进行的一种学术评价。随着社会的进步和文化传播事业的发展,编辑与学者分离而成为一种专门的职业,在这种情况下学术著作的出版就不再单单是著作者个人的私事,其私人劳动也不能再直接表现为社会劳动,而是增加了编辑选择这一环节,由编辑代表社会对其进行把关,只有那些其价值得到编辑认可——通过了编辑选择的文稿,才能付梓出版并流通传播,参与社会文化缔构,否则便只能停留于个人劳动、私人劳动阶段。显然,有选择就必然有

---

① 檀传宝:《"学术腐败""学术贿赂"与"学术打假"》,《社会科学论坛》2002年第4期。

评价，评价是选择的基础。编辑主体的选择是建立在其对文稿的学术评价基础之上的，"学术价值原则"是编辑主体进行评价和选择的基本原则之一。编辑工作的性质决定了编辑主体社会评价的职能和责任。

其次，编辑的选择过程就是编辑主体的学术认识和学术评价过程。编辑主体的工作重心就是学术选择——学术评价基础上的学术选择。从编辑过程来看，编辑工作无非就是选题策划、文稿的优选、编辑加工，以及后期学术信息的反馈。选题策划从本质上说就是编辑意图的具体体现，即编辑主体对社会文化需求和学术前沿问题的宏观认识和把握的具体化和对象化，有什么样的社会意识和学术意识，就会有什么样的选题策划；文稿的优选是在对文稿进行政治质量和学术价值评价基础上的文稿的筛选；编辑加工是对所选定的文稿进行知识和语言文字方面的修改与完善，使其能够更好地表达其思想意识和学术价值；后期信息的反馈当然也就是对以上编辑选择过程的社会认可和确证，所有这一切都是紧紧围绕着学术价值——学术价值的评价和学术价值的选择这一中心展开的。

再次，编辑的审稿制度是对其学术评价结果的有效制度制约。新闻出版署《图书质量保障体系》规定，学术出版应坚持稿件三审责任制度，初审、复审和终审，三个环节缺一不可。其中，初审是在审读全部稿件的基础上，主要从专业的角度对稿件的社会价值和学术价值进行审查；复审要对稿件质量及初审报告提出复审意见，作出总的评价，并解决初审中提出的问题；终审，一般由总编辑担任，根据初审、复审意见，对包括思想政治倾向、学术质量、社会效果、是否符合党和国家的政策规定等方面的内容作出评价，并在此基础上，对稿件能否采用作出决定。三审终审、三校一读使编辑主体有充分的时间对每篇文章进行深入的研究、细致的推敲，并在此基础上作出相对准确的判断，而所有这一切是现实学术评价中的评委很难做到的。

最后，编辑的审稿意见就是对文稿所作出的一种学术评价性的结论。编辑的审稿意见一般包括文章的基本内容、学术价值与学术创新、文稿的缺陷与不足，以及稿件的最终处理意见和建议，等等。尽管从形式上看编辑的审稿意见侧重于编辑出版工作的使用性，但不可否认，"其对稿件的核心评价也就是一种学术评价"，①其处理意见和建议就是一种学术评价的结论。

（二）编辑主体的学术评价结果对编辑评价行为存在着潜在制约

目前，在我国的学术评价过程中存在着明显的评价主体的权利与义务和责任失衡的状况，评价主体有无限自由的权利——可以发表任何意见，作出任何决定，甚至为了各种利益作出与事实完全颠倒的结论和决定，而却不用对任何人负责，不承担任何责任，这是造成我国目前学术评价非学术性和学术评价不公的重要原因。而编辑主体的学术评价则有所不同，编辑主体的学术评价存在着一系列的潜在制约，从而更有利于实现学术评价的客观与公正。

首先，编辑主体学术评价是透明的——评价结论是公开的，向社会大众公开（不仅评价结果公开——文章刊发，公之于众，而且责任编辑署名——责任明确），责权分明，必然会对编辑主体的学术评价存在一定的制约，从而在一定程度上有利于遏制其学术评价的非学术性倾向。

其次，社会反响的制约，即所刊文章的社会反响、期刊分级管理、核心期刊制度等都会对编辑主体学术评价行为形成一定的制约。所刊文章的社会反响、期刊分级管理、核心期刊制度等，它们从整体上反映了期刊所刊文章的学术水平和编辑主体的学术眼光，并且由于期刊发展中"马太效应"的存在（即作者向核心

---

① 冯霞：《论学术编辑工作的学术评价功能》，《山西财经大学学报》（高等教育版）2009 年第 1 期。

期刊集中，文献向核心期刊集中，以及其他有利条件向核心期刊倾斜和集中），使相对优质的核心期刊进入良性循环状态，而使那些社会反响不足的非核心期刊处于极为不利的地位和状态，从而给期刊的发展和编辑主体的学术选择以内在的激励与制约。西方现代政治理论认为，不受约束的权力必然导致腐败，绝对的权力导致绝对的腐败。期刊的社会反响、分级管理、核心期刊制度等是一种对编辑主体学术评价的再评价，从本质上讲它是对编辑主体学术选择和学术评价权力的监督与制约，它能够极大地提高编辑主体的社会责任意识，从而在一定程度上保证其学术评价的学术性和客观公正性。

（三）加强编辑主体的社会责任意识，防治学术评价异化应关口前移

既然编辑工作的性质决定了编辑的选择是代表社会所进行的一种学术评价；编辑的选择过程就是编辑主体的学术认知和学术评价过程，编辑选择事实上具有社会的学术评价功能，并且，由于编辑的学术评价结果对编辑评价行为存在着潜在制约，因而其评价行为原则上说是受约束的、可控的（这与现实学术评价中评价主体责、权、利完全失衡的状况形成鲜明的对照），因此，我们要充分发挥编辑选择的学术评价功能，加强编辑主体的社会责任意识，防治学术评价异化关口要适当前移。

首先，在目前的学术评价中期刊本身就承担着一定的学术评价功能，一般来讲能够入围或者有资格申报各级各类优秀成果奖励的，必然是在国内外公开发行的学术刊物上发表的文章和在各级各类出版社出版的学术著作，这就为防止学术评价异化的关口前移提供了条件——加强编辑主体的社会责任意识和质量控制意识，将那些劣质的文化垃圾阻挡在社会文化组构的大门之外，从而避免其进入社会学术评价的领域和环节，进而实现防治学术评价异化过程的关口前移。

其次，加强编辑主体的社会责任意识，净化学术氛围。编辑是社会文化缔构的"把关人",编辑这一特殊社会角色决定了其自身所承担的重大的社会职责。优选学术成果、规范学术道德、贯彻学术规范、引导科学研究,从而实现健康、科学的知识传播和先进社会文化的缔构是编辑主体所必须承担的重大社会责任。为此,编辑主体必须坚持正确的舆论导向;努力传播科学、先进的社会文化;旗帜鲜明地抵制和清除各种学术腐败,净化学术环境,促进学术创新。

最后,建立"名编"制度,激励编辑主体的"把关"和"守土"责任意识。为了充分发挥编辑主体的主观能动性,更好地履行编辑选择的功能和作用,要通过建立"名编"制度,使责、权、利进一步统一,从而强化编辑主体的主体意识,内化编辑主体的"把关"和"守土"意识,加强编辑主体的社会责任。

"名编"是对优秀编辑的肯定与褒奖。应该说"名编辑"是新的历史环境下,学术质量遭到质疑,学术风气备受污染,学术价值深受异化的环境下,编辑群体亮出的一面旗帜。作为"名编",他不仅要有渊博的知识,敏锐的信息感知能力和超常的策划能力,以及深厚的文字加工能力,而且还要有坚定的人生信念和崇高的社会责任意识,能够在学术极度异化、文化泡沫异常严重的情况下肩负起优选和构建健康科学社会文化的历史重任。因此,"名编"制度并非编辑主体个人的世俗性、功利性追求,而是代表了编辑群体的整体价值取向,是对优秀编辑的肯定与褒奖。

"名编"是一种社会责任。在社会文化的选择与建构中,编辑代表社会的理性与良知。这是因为文化需要选择,文化需要组构,这一过程体现着编辑主体对既有文明成果的评价与判断。编辑的文化选择体现着一种明显的导向作用,而"名编"作为编辑群体的典范和旗帜,无疑承载着更大的社会希望与责任。纵观古今中外,马克思、恩格斯、列宁、鲁迅、茅盾、邹韬奋、叶圣陶、巴金等为代表的一大批思想家、文化大师,他们都曾"以编辑为职业(堪称人类文化发展史上的'名编'和编辑大家——引者注),以书报刊为阵地，以文化为武器，以实现社会发展和人类进步为宗旨，成功地创造思想，传承文化，改造社会，影响时代"。① 从他们身上，我们清楚地看到了一个编辑、编辑名家、编辑大家身上所承载的巨大社会责任。

"名编"是学术质量的有效保障。名编辑是文化建构的大师，是文化精品的助产士。他们通过自己的敏锐的观察和审慎的选择来寻觅文化精品，构建社会文化的大厦，进而推动时代的进步。名编辑不慕世俗之虚荣，但却置身时代大潮，勇立时代潮头，时刻关注时代最敏感的问题，把握时代的发展方向。他们为名篇、名刊、名著的问世与出版付出了心血，创造了条件。邹韬奋选稿"一知三不知"（只知道所选择内容应该怎样精彩，不知道什么叫情面，不知道什么叫恩怨，不知道其他的一切），从而成就了《生活周刊》这一著名报业品牌；诺贝尔经济学奖获得者美国经济学家科斯选稿只求一点（唯新是求），不计其余；罗素审稿不问是非，只问价值；《小说月报》的早期主编恽铁樵选稿不畏牺牲（曾有人以投稿不被采用而以手枪炸弹相恫吓，他则说："我能以选稿谨严而遭怨，或竟以此牺牲，我之幸也。"）；② 著名编辑家江晓天独具慧眼约定《创业史》，慧眼识珠出《红日》，发表高见成就《红岩》，勇担风险，智助姚雪垠出版《李自成》，这是一种不朽的人格，一种崇高的社会责任意识。作为一名新时代的编辑，就是要努力塑造这种不朽的人格，积极承担崇高的社会责任，争做"名编"，为构建健康向上的社会文化做出自己应有的努力。

充分利用"名编"效应，顺利实现防治学术评价异化关口的前移。"名编"是一种责任，"名编"是学术质量的有效保障，我们要充分利用"名编"制度和机制，以"名编"为核心，纯洁编辑队伍，净化学术环境，选名篇、组名栏、出名著、创名刊，并在此

---

① 范昕悦：《当代编辑的文化使命和社会责任》，《中国编辑》2009 年第 4 期。
② 陶范：《名编辑的选稿之道》，《编辑学刊》2006 年第 6 期。

基础上紧密联系作者和读者，形成人才、稿源和其他资源的优势积聚效应，真正形成一种名篇、名著和优秀人才的正向选择机制，使防治学术评价异化的关口前移，为社会文化的健康发展奠定坚实的基础。

第五编

媒介嬗变、表达解放、出版创新与人的自由全面发展

第七章 媒介嬗变中的表达
自由与解放

人类社会不仅是一个利益竞争和权力争夺的战场，而且也是一个话语的战场，人类社会的发展与话语、话语权力紧密相连。俄罗斯文艺理论家巴赫金认为："语言、话语——几乎是人类生活的一切。"[①] 这是因为话语与权力密不可分，权力需要话语的传播与维护，而话语则需要权力作为其保障：压制非霸权话语，使其边缘化，进而凸显和巩固主流话语权力：设置议题、向受众灌输某种意识和思想（话语叙事——圈定话语议题——形成话语霸权——进行思想控制——形成社会权力和社会控制——维护特定集团的社会利益）。而话语则需要权力作为其保障：压制非霸权话语，使其边缘化，进而凸显和巩固话语霸权。因此，福柯直截了当地说："话语就是权力"。[②] 随着人类社会的发展，人类话语霸权发生了一系列变换与更迭，而在这种话语霸权的发展与更迭过程中，媒介的嬗变起着不可忽视作用和影响。社会的进步、生产力的发展必然导致媒介形态的嬗变，媒介形态的嬗变及其媒介偏向性的变化进而导致社会主导话语权的变更与转移，即由人类早期口语媒介时代的"老人话语霸权"——书写媒介时代的"贵族话语霸权"——印刷媒介时代的"资本话语霸权"——电子媒介时代（计算机互联网时代）

---

① ［苏联］巴赫金：《文本·对话与人文》，河北教育出版社1998年版，第322页。

② 冯俊等：《后现代主义讲演录》，商务印书馆2003年版，第417页。

的"民主话语霸权"。这是必然的，是由社会生产力的发展、媒介形态的嬗变所必然决定的。

第一节　媒介形态中隐含的话语权力

不同的媒介形态具有不同的性质和特征，每一种媒介形态有其更加适宜的话语传播方式和传播状态，从而会这样或那样地抑制某些话语的传播而增强另外一些话语传播的方式与过程。从这个意义上说，媒介形态中隐含着一定的话语权力。

一　话语言说本身就是一种权力

不仅不同的媒介形态由于其自身的性质特征会抑制或强化某些话语传播，从而形成一定的话语权力，而且，从一定意义上讲话语言说本身就是一种权力。

（一）话语言说：重构社会现实，左右人们的行为，形成社会话语权力

西方国际关系理论大师汉斯·摩根索认为，权力是人支配他人的意志和行动的力量。同时，权力也可看作对事态发展结果的控制能力。① 话语具有对他人意志和行为以及事态发展结果的控制能力，因此"话语就是权力"。从某种意义上可以说，社会是由话语、话语信息所交织和构成的关系网，谁掌握了话语、话语信息，拥有了话语权，谁就掌握了社会话语和社会行为规则，掌握了重构社会现实的权力和力量。这是因为，语言、话语信息能够通过人们交流和传递形成某种"意识""认识"和"共识"，进而重构社会现实。并且，任何权力的行使和运作都需要一定信息的流动和传播，如果没有一个特定话语体系的运作，任何权力的行使、维护和运作都是

---

① ［美］罗伯特·基欧汉、约瑟夫·奈：《权力与相互依存——转变中的世界政治》，林茂辉等译，中国人民公安大学出版社1991年版，第12页。

不可能的，都只能是停留于一种潜存的状态。在这个意义上福柯直截了当地说："话语就是权力！"① 在福柯之后，法国社会学家布迪厄也在其著作《实践与反思》中提出话语"通过影响世界的表象来影响世界"的思想，② 或者说是话语具有借助其自身所形成的象征性内容，干预事件进程、影响他人行为的能力。马克·波斯特详尽分析了话语与权力，他说："在我们这样的社会中，基本上也是在任何社会中，有许多种权力关系渗透到社会机体中，确定其性质，并构成这一社会机体；如果没有某种话语的生产、积累、流通和功能发挥，那么这些权力关系自身就不能建立、巩固并得以贯彻。如果没有一个特定的真理话语的体系借助并基于这种联系进行运作，就不可能有权力的行使。我们受制于通过权力而进行的真理生产，而只有通过对真理的生产，我们才能行使权力。"③ 罗兰·巴特讲得更加深刻，他说："在人类长存的历史中，权势于其中寄寓的东西就是语言，或者再准确些说，是语言的必不可少的部分……说话，或更严格些说发出话语，这并非像人们强调的那样是去交流，而是使人屈服：全部语言结构是一种普遍化的支配力量。"④ 事实也正是如此，在传统的权力模式即长期的历史更迭和社会政权变换中，"一个阶级掌握政权的前提是掌握话语权，而无论个人的能力多么强大，都必须遵循语言的规则和结构。语言符号一旦进入社交场域，个人就不再拥有随意支配它的权力，只能在一定的规则和范围内使用。因此，历史上的统治阶级一旦掌握了话语权，总是千方百计地创造有利于自身统治的言语"⑤，以此稳定和

---

① 冯俊等：《后现代主义讲演录》，陈喜贵等译，商务印书馆2003年版，第417页。

② ［法］皮埃尔·布迪厄、华康德：《实践与反思》，李猛、李康译，中央编译出版社1998年版。

③ ［美］马克·波斯特：《信息方式：后结构主义与社会语境》，范静哗译，商务印书馆2000年版，第120页。

④ ［法］罗兰·巴特：《符号学原理——结构主义文学理论文选》，李幼蒸译，生活·读书·新知三联书店1988年版，第3—4页。

⑤ 王伟利：《媒介·符号·权力——解析语言符号在媒介权力建构中的作用》，中央民族大学，硕士学位论文，2010年。

巩固自己的统治。因此，语言、话语本身具有权力的属性，或者说其本身就是一种权力。

（二）话语信息：话语权力的内在根据

语言、话语言说之所以具有权力，归根到底是因为话语中所蕴含和流动着的话语信息。"话语就是权力"，话语具有"对事态发展结果的控制能力"，其实所说的是话语所传递的信息的价值和意义：其一，话语的传授双方所拥有的信息不均等，存在着一定的"信息差"。其二，话语所传递的信息能够引导人们的思维，形成一定的社会规约，进而左右人们的行为。

"话语就是权力"其内在根据和逻辑即话语中包含和流动着的信息"对事态发展具有左右和控制能力"，也即信息优势方能够左右和控制事物和事态的发展。美国当代著名美学家苏珊·朗格曾说："迄今为止，人类创造出的一种最为先进和最为令人震惊的符号设计便是语言。运用语言可以表达出那些不可触摸的和无有形体的东西，亦即被我们称之为观念的东西；还可以表达出我们所知觉的世界中那些隐蔽的、被我们称之为'事实'的东西。正是凭借语言，我们才能够思维、记忆、想象，才能最终表达出由全部丰富的事实组成的整体；也正是有了语言，我们才能描绘事物，再现事物之间的关系，表现各种事物之间相互作用的规律；才能进行沉思、预言和推理。"[1] 信息与权力的关系是现代社会一个重要的话题，随着信息社会的到来，人们把信息看作同物质和能量一样重要的现代社会不可或缺的第三大资源。信息——大量"数据"和"事实"，经过人们的提炼和加工形成有用的"信息"，构成人们内在的"知识"，并进而经由思辨形成人们的"智慧"，方能理性地处理所遇到的一切事情。在当今新的媒介信息时代强大的信息技术渗透到人类社会生活的方方面面，从而给信息主体带来强大的话语权

---

① ［美］苏珊·朗格：《艺术问题》，滕守尧等译，中国社会科学出版社 1983 年版，第 20 页。

力，因此，很多人不仅意识到而且一再强调："信息即权力。"

信息即权力，首先，信息技术是信息时代提高劳动生产率，增强经济竞争力，进而直接影响社会权力分配的关键因素。其次，任何权力的行使都离不开对信息的占有、分配与保持。西蒙·诺拉说，可以说，计算机互联网新的媒介传输的不是无活动能力的电流，而是信息，也就是权力。① 现代社会发展的实践表明，丰富的社会信息的存在正在深刻地影响社会内部的权力分配。在国际社会，信息技术发展的不平衡以及大量跨国界的信息流动，正在深刻地影响着国家与国家之间的权力关系。约瑟夫·奈认为，在现代国际关系中，权力正在从"资本雄厚型"（硬权力）向"信息丰富型"（软权力）转化。他在《美国的信息优势》中明确地指出："历史上，知识从没有像现在这样代表着力量。一个领导信息革命的国家将比任何其他国家更拥有权力。"② 他认为，信息资源是权力倍增器。信息技术的快速发展正在不断改变社会的旧有秩序，并对旧的权力结构造成强大冲击。从这个意义上说，话语之所以具有权力，其实说到底是因为话语中包含着有价值的信息，话语信息是一切权力的内在根据。

（三）话语、信息、媒介与权力

语言重构社会，形成社会话语权力；语言信息是构成权力的内在根据；而媒介则是话语信息的通道和载体：话语、信息、媒介与权力之间有着千丝万缕的相互作用与关系。语言、话语、话语信息只有通过一定的载体即媒介通道才能够得以流动和传递，人们通过一定的媒介获得信息、认识世界。不仅如此，媒介还像一道巨大的"堤坝"，在成为人们与外界信息沟通的"中介"的同时，也在"堤坝"两边形成了"信息落差"，并由"信息落差"导致媒介权

---

① ［法］西蒙·诺拉：《社会的信息化》，施以方等译，商务印书馆 1985 年版，第 6 页。

② Joseph S. Ny, Jr. and William, A. Owens, "America's Informiation Edge", *Foreign Affaire*, Vol. 75, No. 2, March/April 1996, p. 20.

力的形成,① 即由"话语权力""信息权力"进而衍生出了"媒介权力"。"媒介权力"是媒介"堤坝"所导致的"信息落差"的自然、客观反映。当然,这种"信息落差"并不仅仅指信息的多少,而是还包括传播媒介所进行的一系列信息处理过程与活动,其中包括对信息选择、编辑加工、渠道统筹,以及对传播信息的评价、反馈与控制。② 当然,媒介之所以具有权力,是因为媒介所传递的信息具有左右人们的思想意识和行为的属性和能力,即它依附于一定的话语信息。然而,"媒介权力"一旦形成,就必然地具有了一定的独立性,和自己相对独立的发展进程与逻辑规律。媒介理论大师麦克卢汉不仅提出了其著名的观点:"媒介即讯息",并在其著名代表作《理解媒介——论人的延伸》一书中进一步指出:任何媒介(即人的任何延伸)对于个人和社会的任何影响,都是由于新的尺度产生的。对于社会来说,真正有意义、有价值的"讯息"不是各个时代的媒体所传播的内容,而是这个时代所使用的传播工具的性质、它所开创的可能性。这种新的尺度提供了一个新视角和新的方法。③ 由此我们可以得出如下几点结论:其一,话语言说传递和流动着话语信息,由此导致现实的改变,形成一定的话语权力。由此可见话语信息是权力存在的基础。其二,媒介是话语信息流动的通道,然而,媒介不仅传递信息,而且也隔离信息(即有选择地传递信息),由此导致"信息差"的存在和信息"堤坝"的形成,进而形成"媒介权力"。其三,任何新的媒介的产生都意味着新的尺度的产生,并进而影响信息的传递、信息的评价、信息的平衡和信息的价值和意义,从而形成新的媒介信息环境和新的更为强大的"媒介权力"。其四,社会生产力的进步与发展,媒介形态嬗变,必然导致话语权力的转移。米歇尔·福柯在《规训与惩罚》一书中认

---

① 徐卫华:《论媒介权力的来源与特性》,《湖州师范学院学报》2003 年第 1 期。

② 陈小文:《从媒介的发展看媒介权力的变迁》,《现代视听》2011 年第 6 期。

③ [加拿大] 马歇尔·麦克卢汉:《理解媒介——论人的延伸》,何道宽译,商务印书馆 2000 年版,第 33 页。

为：媒介与权力是不可分割的。有媒介的地方就有权力，媒介的信息传播和信息控制必然存在权力；同样，有权力的地方也不可能没有媒介的存在——一切权力的存在和实施都离不开传播媒介，"媒介是权力赖以存在的根本前提"。① 并且，不同的媒介意味着不同的标准和不同的尺度，以及不同的媒介偏向性，由此导致不同的主导话语权力。因此，随着媒介形态的嬗变，也必然导致主导话语权力的转移。法国社会理论家米歇尔·福柯认为，权力无处不在无时不有，然而，权力从产生到运作至今，都依赖着媒介存在并得以实施。他并且认为："权力从未确定位置，它从不在某些人的手中，从不像财产或财富那样被据为己有。权力运转着。"②

二 媒介偏向所导致的独特话语权力

"媒介即信息""媒介即权力"，社会生产力的发展必然导致媒介形态的嬗变，而不同形态媒介所具有的媒介的偏向性又必然导致和造成不同的话语权力，并进而促进社会权力体系的变换与更迭。

（一）媒介偏向理论

20世纪50年代，媒介理论家哈罗德·英尼斯从传播史研究中发现了媒介的偏向性，他在其代表作《传播的偏向》和《帝国与传播》中，通过对全球传播史，特别是媒介演变的历史研究发现了媒介与社会、社会文化有着千丝万缕的关系与联系。他认为，历史是一个时间范畴，传播是一个空间范畴，媒介作为技术在历史与传播中间架设了一座桥梁，将二者有机结合起来。并认为，不同的媒介具有各自不同的时间和空间上的偏向性，即有些媒介存在着对时间的偏倚，而另一些媒介则可能存在着对空间的偏倚。如石头、黏土、羊皮纸等属于质地较重、耐久性较强的媒介，可以较长时间地保存，时间的障碍因而能够被克服，能够形成一种稳定的状态，能

---

① 谷艺萌：《媒介：讯息与权力的统一体》，《商》2014年第6期。
② ［法］米歇尔·福柯：《必须保卫社会》，钱翰译，上海人民出版社1999年版，第27—28页。

将现在、过去和未来联系起来，往往被赋予稳定、传统、等级等理念，容易被统治阶级利用，成为实现统治目的和攫取利益的工具。而草纸类等书写媒介，质地轻，不易保存，但容易运送，具有携带和运输的优势，能突破空间的障碍，便于空间扩张，属于"偏向空间的媒介"，有利于在更大范围的普通大众之间传播，体现出非集权化的发展方向，常常被赋予世俗、平等、扩张等特征和理念。英尼斯还从历史的角度将"媒介偏向"上升为"文化偏向"，认为近代以来西方文化过度依赖于空间偏向的媒介，不仅打破了本国的文化秩序，而且也打破了世界文化的平衡机制。英尼斯担心并警告，由于西方文明过度扩张而导致的西方社会在时间偏向和空间偏向之间失去平衡。英尼斯向往时间偏向和空间偏向相互平衡的理想境界。① 他提出："文化在时间上延续并在空间上延展。一切文化都要反映出自己在时间上和空间上的影响。"② 此后，麦克卢汉又提出了媒介的"感知偏向"。

继英尼斯和麦克卢汉之后，尼尔·波兹曼又提出了自己关于"媒介偏向"的理论。波兹曼认为一切媒介和技术都有一种隐而不显的偏向。他多次提出一切媒介都有思想情绪的偏向、政治的偏向、感知的偏向、社会的偏向和内容的偏向等。以电视为例，其思想情绪的偏向来源于电视的冲击力引起人们的直觉反应，而非思维的反应，所以电视更易于渲染情绪。电视的政治偏向取决于媒体所有者的政治地位和政治倾向。波兹曼通过研究技术的文化影响，认为人类生活在"技术垄断"中，每一种占主流地位的媒介技术通过自己隐喻的偏向性影响和塑造着环境。③

克里斯琴·尼斯特洛姆对媒介偏向论进行了系统的梳理和整

---

① 李子路：《试论北美媒介环境学派的"媒介偏向"理论》，《新闻世界》2011年第6期。

② ［加］英尼斯：《传播的偏向》，何道宽译，中国人民大学出版社2003年版。

③ 李子路：《试论北美媒介环境学派的"媒介偏向"理论》，《新闻世界》2011年第6期。

理，认为媒介的偏向性包括理性或知识偏向、感性的偏向、时空的偏向、政治偏向、意识形态上的偏向、社会偏向、哲学思辨上的偏向、认识论的偏向、媒介技术的偏向、社会历史观的偏向，等等。并且认为，没有任何一种媒介起源于或者存在于真空之中，我们在观察和分析传播媒介时，需要辨析这些媒介的物质形式和符号形式是何时何地如何和为何共同作用的。① 从符号学的角度来看，任何媒介传递的符号都是符合各自媒介传播规律的，都会受到各自媒介性质的制约。因此，这些属于特定媒介体系的符号就决定了媒介本身不是中性的，在媒介信息以符号的形式进行编码、解码的过程中，显然会受到不同程度的影响。② 的确，正如英尼斯所认为的那样：一种媒介经过长期使用之后，可能会在一定程度上决定它所传播的知识的特征。因此，"社会主导媒介的偏向性，往往决定这个社会整体的偏向性。所以，社会主导媒介的更迭极易引起社会的震荡。"③ 对此我们应给予足够的注意。

（二）不同媒介蕴含的不同偏向性所导致的不同话语权力

从媒介技术和符号学的角度讲，任何媒介所编码和传递的符号都是符合各自媒介传播规律的，都会受到各自媒介性质的影响和制约，并且，由媒介技术而引起的传导力偏向性使得每一种媒介都有自己特定的传导偏向性——使其抑制某些信息的传导，而更有利于另外一些信息的传播和接受，从而导致特定话语权力的转移和确立。具体来说：1. 信息内部的编码是以符号的形式进行的，而每种媒介技术均蕴含着不同的思想和情绪偏向；2. 每一种媒介技术都有一种哲学理念上的偏向，并对人的意识形态产生深刻的作用和影响；3. 由不同的物质形式作为载体的媒介技术，在信息传播之中带有不同的感知偏向，从而导致不同信息的不同的传播状态。总

---

① 李子路：《试论北美媒介环境学派的"媒介偏向"理论》，《新闻世界》2011年第6期。
② 同上。
③ 李明伟：《媒介形态理论研究》，中国社会科学院，博士学位论文，2005年。

之，技术信息的处理和获取具有各自不同的方式和速度，因此，每一种技术蕴含着各自不同的情绪和政治偏向、社会偏向，以及不同的内容偏向。① 同时，媒介技术的传导偏向是一个链条式的架构，这个架构将技术产业链和利益分配链紧密连接，从而进一步加强了特定社会群体的话语权力。如石头、黏土、羊皮纸等"时间偏向"的媒介，能够恒久地保存社会主流文化信息，其媒介属性带有神圣不可侵犯的垄断色彩，有利于增强特权阶层和统治阶级的话语权力。所以，罗马帝国将习惯法"十二铜表法"刻在石板或青铜上，被称为是"偏向时间的媒介"造就的帝国。而布帛、纸张等"空间偏向媒介"能够比较容易地打破局部性的封闭式传播模式，更倾向于大众化、世俗化、普遍化的传播方式，将信息快速扩散和传播，进而赋权于更大范围的社会大众，尽可能地保障了话语权的公平和公正性，体现出非集权化的发展方向，形成相对世俗、平等的思想和理念，从而有利于形成和加强普通世俗文人的话语权力。② 特别是近年来快速发展的现代新的电子媒介（计算机互联网），它已经打破了原有传播媒介时间偏向和空间偏向的局限，先进的电子技术设备既可以提供巨大的信息存储空间，也可以随时随地广泛撒播各种信息。在这种新的媒介形态下，时间已不是问题，空间也不再是距离，特别是它的低门槛、普泛化等特点将权力、话语权力赋予了更广大范围的普通社会大众，给当代社会发展以极大的推动。

第二节　媒介形态嬗变与话语霸权的转移

社会生产力的发展必然导致媒介形态的嬗变，伴随口语媒介时代、文字媒介时代、印刷媒介时代、电子媒介以及当今的数字网络媒介时代的发展，必然带来人类表达方式的解放和主导话语权力的

---

① 华进、陈伊高：《媒介环境视阈下传播的"媒介偏向论"探析》，《湘潭大学学报》（哲学社会科学版）2016年第3期。
② 同上。

转移，社会话语权力关系也随之发生变化，进而形成新的话语霸权和新的统治权力关系体系。

一 老人政治：口语媒介时代的话语霸权

口语媒介时代是一种自由、平权的文化传播时代。口语媒介的自然属性（面对面的自然交流），决定了这是一个文化传播的自由、平权时代。沃尔特·翁在其《口语文化与书面文化：语词的技术化》一书中赞叹道："口语媒介时代的词语不是符号，是生命的直接呼唤。"① 然而，口语媒介这种"生命的直接呼唤"也有其自身的局限：它受面对面直接传播的局限，表达范围极其有限，且瞬间即逝，不易留存，社会的文化积累和经验的传播只能靠大脑的自然记忆和口耳相传来完成。"在原生口语文化里，如果观念化的知识不用口诵的办法重复，很快就会消亡，所以口语文化型的人必然花费很大的精力，反复吟诵世世代代辛辛苦苦学到的东西。这就需要确立一种高度传统或保守的心态，因而这样的心态抑制思想试验，自然就理所当然了。知识来之不易、非常珍贵，所以社会就非常尊重阅历丰富的老人，他们对保存知识负有特殊的责任，他们熟悉并能讲述祖辈传下来的古老故事。"② 这种古老的故事（师徒传承，口传心授）是人类生活经验的积累和总结，是人们生活方式的必要的传承，是当时人们行为的依据。因此，口语媒介时代必然以"老人""先辈的记忆为判断和处理事物的标准"，说话，发出声音，不仅仅是为了交流，而且是为了传承和生存，必然具有一种支配性的力量。在这里更加体现出"话语就是权力"③：哪里有话语，哪里就有权力，权力是话语运作的无所不在的支配力量。正像罗兰·巴特所说的那样，权力作为一

① ［美］沃尔特·翁：《口语文化与书面文化：语词的技术化》，何道宽译，北京大学出版社 2008 年版，第 57 页。
② 同上书，第 31 页。
③ 冯俊等：《后现代主义讲演录》，商务印书馆 2003 年版，第 417 页。

种"支配性的利益"隐藏在一切话语之中,"权力寄寓其中的东西就是语言"。① 谁掌握了话语、话语信息,拥有了话语权,谁就掌握了社会话语和社会行为规则,掌握了重构社会现实的权利和力量。在这样一种环境下必然形成一种以"老人"为中心的话语体系和政治权力关系体系,这是必然的。

二 贵族政治:书写媒介时代的话语霸权

随着生产力的发展和社会的进步,文字出现了,文字这种新的书写媒介的出现,使老人以外的其他人(熟悉文字的人)逐步地承担起了社会文化、生活经验知识传承的功能和责任。这是因为"文字把知识持有人和已知对象分离开来",② 使更具价值和意义的间接的文化和生活经验的保留与传承成为可能。"在语言媒介当中,如果说言语是人类进化习得的第一个直接的认识工具,那么文字则无疑是人类所发明的第一个间接的认识工具,文字技术也是人类第一个'离体而去'在体外不断进化的媒介技术。"③ 口语主要把意义托付给语境,人们只能进行直接的面对面的交流;而文字则把意义集中于语言本身,只要能够接收到文字(没有必要是面对面的)就能够理解文字所表述和转达的意义。书写媒介时代,也就成了真正的文化出版时代的来临。正如利普斯在他的《事物的起源》一书中所言:"有了书写的知识,一个新的时代开始了。"④ 这样,文字和文字书写媒介把头脑从记忆的繁重任务中解放出来,同时也使能够重述历史的贤明老人的作用和地位大大降低,社会话语权力开始向比较年轻的新知识的发现者和拥有者倾斜。

---

① [法]罗兰·巴特:《符号学原理——结构主义文学理论文选》,李幼蒸译,生活·读书·新知三联书店1988年版,第4页。

② [美]沃尔特·翁:《口语文化与书面文化:语词的技术化》,何道宽译,北京大学出版社2008年版,第80页。

③ 李曦珍、楚雪、胡辰:《传播之"路"上的媒介技术进化与媒介形态演变》,《新闻与传播研究》2012年第1期。

④ [德]利普斯:《事物的起源》,汪宁生译,敦煌文艺出版社2000年版,第239页。

同时，口语、口语言说完全是自然的，从无意识深处涌入意识的，不受其他特殊条件的制约；而文字则完全是人为的东西，人自身之外的、需要特殊训练才能掌握的东西，因此，文字只可能掌握在某一部分统治阶级及其知识文人手中，而平民百姓有知识、懂得文字的则少之又少。并且，随着知识传承方式的转移，社会主导话语权力也就必然发生转移，即由原来的老人话语霸权向社会上层和社会知识阶层转移，社会权力关系也必然地由以往的"老人政治"向"贵族政治"转移。正如沃尔特·翁所言："文字不只是言语的附庸。它把言语从口耳相传的世界推进到一个崭新的感知世界。这是一个视觉的世界，所以文字使言语和思维也为之一变。"又说："任何一种形态完备的文字从外部进入一个社会，在初期都必然是只局限于特定的阶层。"① 进而，这种新的媒介的出现必然会"导致新的权力中心的出现，从而在现存的主导型威权结构内部引发日趋激化的紧张状态。"② 并且，这些新的权力阶层还会这样或那样千方百计地创造有利于自己的统治言语，形成自己新的话语霸权，以此稳定和巩固自己的统治。文字出现以后的新的统治阶级——贵族阶级及其知识分子同样也是进一步利用自身所掌握的文字、知识不断加大社会知识鸿沟，进而形成更为强大的贵族话语权力，继而实现由媒介嬗变所导致的话语霸权的转移，即由早期的"老人话语霸权"向"贵族话语霸权"的转移。

三　资本政治：印刷媒介时代的话语霸权

文字产生以后社会文化发展的第一个高潮是大范围的抄书出版活动，当人们感到文字手抄书籍劳动的繁重和困难时，印刷术应运而生。雕版印刷产生后，人们开始从低效率的手抄复制出版传播中解放出来，刻书代替了抄书，有力地推动了社会传播和出版事业的

---

① ［美］沃尔特·翁：《口语文化与书面文化：语词的技术化》，何道宽译，北京大学出版社 2008 年版，第 64 页。

② ［美］詹姆斯·卡伦：《媒体与权力》，史安斌、董关鹏译，清华大学出版社 2006 年版。

发展。在古代至近代的刻书活动中，我国古代的私家刻书特别是民间书坊刻书在推动私人著述、个人表达出版传播方面贡献突出。但是，由于种种主客观原因，文字出现以后，我国的印刷术特别是效率更高的活字印刷的出现并没有在中国催生出大众传播媒介的诞生，而在几个世纪以后，德国古登堡发明的金属活字印刷和制造出的机器印刷机却因为与现代生产力的结合，"真地抬起了用印刷符号的经纬线编织的、世界地理大发现后的地球"。① 机器印刷媒介的出现，使其成为一种真正的公共媒介，使个人意识的表达、文化的传播不再仅仅是一种个人行为，而是成为一种社会行为。正如英国著名学者赫·乔·韦尔斯在《世界史纲》中谈到的那样，由于造纸业和印刷业的产生，"世人的知识生活进入了一个新的和更为活泼有力的时期。它不再是从一个头脑到另一个头脑的涓涓细流，它变成了一股滔滔洪流，不久就有数以千万计的头脑加入这一洪流"②。这种知识的滔滔洪流，极大地冲击了贵族政治时代的"贵族话语霸权"，进而形成更为广泛的社会话语权力。马克思认为，印刷术是"最伟大的发明"③。在印刷术之前，交往的主要形式仍然是口头交往，文字交往被限制在较小的范围之内，印刷术以迅速的发展速度，摧毁了以往口头交往的传统。恩格斯说："印刷术的发明以及商业发展的迫切需要，不仅改变了只有僧侣才能读书写字的状况，而且也改变了只有僧侣才能受较高级的教育的状况。在知识领域中也出现劳动分工了。新出现的法学家把僧侣们从一系列很有势力的职位中排挤出去了。"④ 印刷术的发明和推广宣告了贵族政治时代的"贵族话语霸权"的式微和结束。

　　然而，由于印刷媒介的特性所决定——它既是社会生产力有了

---

　　① 陈力丹：《精神交往论：马克思恩格斯的传播观》，开明出版社1993年版，第96页。

　　② 转引自李敬一《中国传播史论》，武汉大学出版社2003年版，第210页。

　　③ 《马克思恩格斯全集》第47卷，人民出版社1979年版，第472页。

　　④ 《马克思恩格斯全集》第7卷，人民出版社1959年版，第391页。

较大的发展，实现了个人意识表达的公众化、社会化；但又还没有充分地发展，还不能做到私人创作劳动的直接的社会化，还要经过社会（编辑）的把关，才能使个人创作的私人劳动转化为社会劳动，才能使个人的思想意识在社会层面展现出来，因此，这又是社会表达方式的一种局限。不仅如此，由于机器印刷媒介的社会化、大资本特征，又不可避免地使社会出版和传播受到社会资本的一系列控制。通过对机器印刷生产过程的控制和一系列议程设置，资本实现了对社会文化和社会舆论的更加全面和牢固的控制。这就不可避免地使印刷媒介时代人类表达的解放带有了资本的色彩和特性，进而导致机器印刷媒介时代资本政治和"资本话语霸权"的形成。

英尼斯认为，纸张和印刷术始终偏向于空间的扩展，国家的旨趣始终也在于领土空间的扩张，并借助印刷媒介将文化的同一性强加于人民。① 机器印刷媒介时代的文化传播是资本建立在"知识垄断"基础上的一种更加严密的资本与媒介（媒体）共谋的精神控制。布尔迪厄也认为：大众媒介是一个场，但却是一个被政治场和经济场加以控制的场，这一自身难以自主的、牢牢受制于政治权力和商业逻辑的场，同时又以其结构，对所有其他场施加强力控制。在机器印刷媒介时代，资本通过其强大的经济实力，牢牢控制着机器印刷媒介的生产和再生产过程，而媒介则通过自身的符号化过程建构起一个符码世界（符号不仅仅是意义与沟通的工具，它更是一种权力技术的工具），进而占有符号资本、拥有符号权力。按照布尔迪厄等人的符号权力理论，符号权力是建构认知秩序的权力，是朝向建构现实的权力。"符号和符号体系作为知识与沟通的工具，它是被塑造结构的，也有塑造结构的权力。"② 前者体现为生产和再生产符号和符号体系的权力，后者则体现为符号在生产和再生产社会秩

---

① ［加］哈罗德·伊尼斯：《传播的偏向》，何道宽译，中国人民大学出版社2003年版，第62页。

② ［法］皮埃尔·布迪厄：《论符号权力》，吴飞译，贺照田：《学术思想评论》第五辑，辽宁大学出版社1999年版，第166—167页。

序方面的功能和作用。媒介依靠其掌握的符号资本行使权力，因而媒介具有加工和转换现实的力量和权力。① 而资本正是通过自身所掌握的媒介资本不断巩固和加强自身的话语权力，形成"资本话语霸权"，并进而将支配现实社会的权力也牢牢控制在自己手中。

四　民主政治：网络媒介时代的话语霸权

20 世纪初至 30 年代末大众传播领域流行的"枪弹论""魔弹论""皮下注射论"等大众传播理论，标志着垄断资本话语霸权发展到极致，此后，随着电子媒介的发展特别是计算机互联网新的媒介时代的到来，大众传播媒介进入了一个崭新的历史发展阶段。

（一）"网纸替代"：全新的话语表达方式

20 世纪 40 年代开始的第三次科技革命，极大地促进了社会生产力和媒介技术的进步与发展，以"网纸替代"为标志的电子媒介的发展，是一场全方位的社会生活方式的大变革。Web 2.0 时代的来临，使得互联网用户已经不再仅仅是互联网新的媒介庞大、繁复信息流中的冲浪者，而是逐步成为层层信息波浪的推动者和发起人。他们不再仅仅是新的媒介内容的被动接收者、使用者，而是已经成为网络信息的主动创造者、发布人。在信息传递的运作模式上它已经由之前单一的"读"向当下"读"和"写"并用，乃至"大胆创新、共同建构"的发展模式演变，从而使新的媒介环境变得更加人性化、合理化和实用化。互联网已经进入了"自媒体"（个人媒体）的崭新时代。

（二）自媒体必然带来相对更为公平的话语权力

数字网络新的媒介的发展必然导致自媒体平台的形成，进而营造出一种更为自由和公平的信息传播环境，普通公民可以随时随地发布自己的意见和建议、作品和信息。自媒体低成本的进入和"零

---

① 王伟利：《媒介·符号·权力——解析语言符号在媒介权力建构中的作用》，中央民族大学，硕士学位论文，2010 年。

成本"分享与链接等现代信息技术的功能特征，使普通民众轻而易举地获得了表达意见和展示自我的机会和能力。特别是以自媒体为基本特征的信息传播，以它私人化、平民化、普泛化、自主化为特征的信息生产与传播，必然不断破除由传统传播媒介所形成的信息"堤坝"，进而不断减小媒介信息"堤坝"两端所形成的"信息落差"和由此所导致的媒介权力，是一次真正意义上的个体表达的自由与解放。这种由媒介形态嬗变所导致的信息技术革命必然造成原有话语霸权的式微和衰落，即由原来印刷媒介时代资本和垄断资本对话语权力的垄断——由资本和垄断资本所控制的媒介、媒体是"枪弹""魔弹"，而普通大众只能是被动的接受者和"被俘获者"——最终转变到普通社会大众对话语权力的公平拥有状态。

电子媒介特别是计算机互联网新的媒介时代的到来，是一次真正意义上的个体表达的自由与解放，是一次真正的话语权力的革命性变革。在以往任何社会形态下，要么受制于社会利益集团的控制，要么受制于有限的表达途径和过高的参与和表达成本，即便是所谓的民主国家和民主政府，也很难实现实质上真正的民主政治和民主治理，而话语权的平等、表达的自由就更是无从谈起。然而，当代新的媒介技术条件下的自媒体、自出版平台的发展则很好地实现了广大社会民众平等参与社会治理的需要。它以其技术优势引领了网络舆论与社会民主话语平等的时代潮流，实现了社会舆论的即时性传播。"它以廉价便捷的传播方式，赋予媒介传播更强烈的平等色彩；它以去中心化的结构特点保证了高度的开放性，促进了全民参与热潮；各抒己见、众声喧哗的交流与互动提供了传统媒体无法比拟的交互性体验。自媒体以鲜明的个性化特点促进了大众信息活动的爆发式繁荣，引领了大众传播个性化时代的来临"。[①]

（三）互联网——"个人媒介"与"个人话语权"的复归

互联网新的媒介最重大的价值和意义就在于，它将我们从大众

---

① 刘振磊：《自媒体的传播个性与公共性重塑》，《传媒》2014 年第 20 期。

传播时代带入了现代个人平权的崭新传播时代。正如德克霍夫在其《文化肌肤——真实社会的电子克隆》一书中所说："计算机不是一种大众媒介，而是一种个人媒介"，是现代意义上的（有大众传播效果的）个人平权的传播媒介。纵观传播媒介发展的历史，从人类早期的"个人媒介"（口语媒介、书写媒介）——"大众媒介"（机器印刷媒介）——"自媒体—个人媒介"（互联网新媒介——在大众媒介基础上的"有大众传播效果"的个人媒介）。这样，口语媒介延伸了个体思维（增强了个人的表达能力）、书写媒介解放了人体有限的脑力记忆（强化了个人的话语权力）、印刷和机器复制从更大程度上将人从大范围传播的体力劳动中解放出来（形成了"大众传播"，催生了"资本话语权力"），而电子互联网新媒介的发展则进一步解放了传播者（在新的媒介技术基础上复归了"个人话语权力"）。媒介的嬗变与发展在不断适应生产力发展的同时也在不断回归人的自然需要与平等话语权之本能："任何人都可以借助传播媒介进行有效的平等的个人表达与传播"，这是媒介发展可以预见的趋势，同时也是一个必然的目标，即在媒介发展变革的基础上提高每个人的总体自我表达能力。[①] 由此不难看出，媒介的变革与发展必然导致人类表达的解放和话语权力的平等化发展，表达的解放和话语权的平等化发展是媒介嬗变的内在规律和必然逻辑。

第三节　媒介的权力与权力的媒介：
加强媒体社会责任意识，
促进社会文化健康发展

　　研究发现，不同的媒介形态主导和呈现为不同的媒介权力，媒介形态的嬗变与发展深刻地影响着媒介权力的表现和运作，尤其是互联网新的媒介时代的媒介权力表现出更多新的媒介特征。尽管麦

---

① 吴琼：《媒介视角下的个人表达传播行为研究》，厦门大学，硕士学位论文，2006 年。

克卢汉"技术决定论"有着一定的历史局限性,但不可否认的是,媒介形态的变化不仅影响着信息传递与接收模式的变化,同时也深刻地影响着社会公平和社会话语权力。媒介和由媒介"堤坝"所形成的"信息落差"赋予媒介自身以极大的权力(即"媒介权力"),只有将这种"媒介权力"真正回归社会大众,成为任何一个普通公民的一种基本权利的时候,真正公平、和谐社会的建立才能成为可能。因此,我们要充分重视并利用当下互联网新的媒介平民化、普泛化、低门槛的技术特征,将媒介权力回归社会大众,真正实现媒介权力、社会权力、公众权力的统一,为真正平等、自由、美好社会的建立创造必要的前提和条件。

一 媒介的权力与权力的媒介

媒介是具有权力的即"媒介权力",但媒介又是权力的媒介,是为一定的权力服务的。因此,媒介并不像西方一些学者所说的那样是中立的,相反,它是为一定阶级和利益集团服务的。正如梵迪克曾经指出那样:媒介(媒体)从本质上说不是一种中立的、懂常识的或者理性的社会事件协调者,而是帮助重构预先制定的意识形态。大众媒介在标榜"客观""中立"的同时,将各种意识形态观念通过符码编排巧妙地暗含到新闻事件中,在潜移默化中影响读者的思想观念和传统。资本通过印刷媒介这种大众传媒有效地塑造了对其自身和资本所缔造的现行社会制度的认同。"媒介权力在很大程度上来源于它与主流意识形态的结盟与共谋,这种主流意识形态往往被理解为一个社会中大多数民众所持有的观念体系。"[①] 实际上这种观念体系是虚拟的,是垄断资本根据自己的需要所建构的。这是因为,归根到底,媒介的权力是媒介资本所赋予的。媒介是一个场,但却是一个被"政治场"和"经济场"牢牢控制的场,是

---

① 王伟利:《媒介·符号·权力——解析语言符号在媒介权力建构中的作用》,中央民族大学,硕士学位论文,2010 年。

受制于政治权力和商业逻辑的场。这是因为"任何科学技术的产生与发展都无法摆脱社会生活在强制性再生产中形成的社会利益"。① 媒介技术的发展也是这样。媒介本身是追逐和体现利益和利益集团的意志的，是"利益"和"权力"的工具，媒介是权力的媒介，媒介要体现权力、权力者的利益和意志，在我们社会主义国家，就是要体现广大人民群众的根本利益和意志。

当下，数字网络新的媒介时代，新的媒介的平民化、普泛化、低门槛的技术特征和自媒体传播平台，促使"媒介权力"下移，这既给我们每个公民平等话语权的实现提供了技术基础，也为我们公平、民主社会的建立创造了条件，同时也对我们科学、正确的舆论导向提出了挑战。

二　网络媒介时代媒介权力下移与网络舆论导向

网络媒介是一种全新的"高维媒介"，它的平民化、普泛化、低门槛等技术特征将对普通民众"个人"进行不断的赋权与"激活"，从而使媒介权力不断下移，这是必然的，也是符合社会整体历史发展趋势的。

（一）媒介话语权力下移：历史发展的必然趋势

媒介权力下移既符合社会发展的一般规律，又是媒介形态发展变革的必然。由于社会生产力的进步与发展，人类社会必然由原始公有制发展到私有制，然后在社会生产力高度发展的基础上实现更高基础上的社会公有制，即最后进入人的自由全面发展的共产主义社会。这既是一个社会制度在生产力的作用下不断发展完善的过程，又是一个社会个体由不自由到自由全面发展的过程，同时还是一个随着社会生产力的发展媒介形态不断嬗变，人的自由表达能力不断提高，社会话语权力不断下移，最终实现每个个体完全自由发

① 石义彬、吴鼎铭：《论媒介形态演进与话语权力的关系变迁——以话语权为研究视角》，《新闻爱好者》2013 年第 5 期。

展和自由表达的过程。与以往任何媒介形态不同，"互联网是一种全新的'高维媒介'，而不是基于传统媒介范式的新媒介：对于以'个人'为基本社会传播单位的赋权与'激活'是互联网对于我们这个社会的最大改变"。① 互联网新的媒介的发展使其具有了与以往所有媒介不同的"全媒体特征"。它不仅将众多符号体系熔为一炉进而产生巨大的功能"聚变"效应，而且数字网络新的媒介已经模糊了以往所有媒介所具有的媒介偏向性（媒介偏向性蕴含着不同的话语权偏向），而将话语权赋予普通社会大众。数字网络新的媒介"初步实现了'人人皆可进行信息表达的社会化分享与传播'的技术民主，社会议程的设置权与社会话语的表达权也进入了人人皆可为之的泛众化时代"②。并且，随着社会的进一步发展，和个人文化水平、表达能力的不断提高，网络媒介权力将进一步下移，最终实现媒介权力的蜕变——使每个公民拥有同样的话语权。

（二）正确的舆论导向：编辑主体的社会职责与目标模式

数字网络新的媒介是一种全新的"高维媒介"，它对于以"个人"为基本社会传播单位的赋权与"激活"迅速地改变着当今社会的信息资源与社会话语权力。从古至今历史上任何一个时代从来也没有像今天这样能让普通大众拥有如此大的话语权。但是，由于现象不等于本质，社会舆论的形成有自己的内在逻辑进程与规律，因此，人们在行使话语权力的时候，在个人与社会真相之间仍然存在着一个（但由于媒介权力下移被模糊、忽视了）"经媒介机构创设的'拟态环境'，这个'拟态环境'是大众媒介运用掌握的媒介资源，对信息进行加工整理，形成的对某个问题的'公众意见'，是渗入了媒介自身意志的'公众意见'，尽管各个媒体都标榜自己'客观''中立'的立场，但是'公众意见'塑造离不开人的主观因素。因此，媒介权力建构过程就是大众媒介塑造'拟态环境'、

---

① 喻国明：《互联网是高位媒介：一种社会传播构造的新范式——关于现阶段传媒发展若干理论与实践问题的辨正》，《编辑学刊》2015 年第 4 期。

② 同上。

受众依据'拟态环境'作用于社会的过程。"① 在这一"拟态环境"
作用于社会的过程中，由于普通大众信息资源、自身知识结构、思
想理论水平等诸多方面的限制，很难对日益频繁出现的大量问题给
出客观公正的认识和判断，往往是人云亦云，随波逐流，再加之一
些别有用心的所谓的"公知精英""网络大 V"的煽动和蛊惑，往
往导致"拟态环境"远离社会事实真相。特别是西方世界有意识的
"电子殖民"，更进一步加剧了网络媒介时代"信息失真"的问题。
"全球电子殖民就是超级传媒帝国依靠其电子媒介技术塑造'新地
球'和'新人类'的'头脑殖民'之策，该策略与'日不落帝国'
以坚船利炮和全球贸易为手段的'领土殖民'相比，显然是一场最
隐蔽、最深刻、最彻底的新殖民运动。自 1837 年发明电报到 20 世
纪发明电脑及因特网的一个半世纪里，美国人先后发明了电报、电
话、广播、电视、电脑及互联网等多种电子媒介，从而在全球开创
了电子时代的'美国世纪'。目前，美国是世界上传媒最发达的国
家，它的媒体覆盖全球。由美国主导创建的'信息高速公路'是当
代'信息崇拜'者的一条朝圣之路。在这条朝圣之路上，甚至连西
方人也认为：'到处都是信息，唯独没有思考的头脑。'"② 这就必
然地给我们带来了一系列的问题：网络舆论无序化；网络信息失
实；网络谣言；西方价值观冲击；文化殖民；网络安全和国家安全
问题凸显；媒介生态失衡，等等。因此，正确的舆论引导是完全必
要的，正确的舆论导向是一个有责任意识和社会担当媒介机构和编
辑主体终极的价值目标与社会职责。权威大众传媒必须充分利用自
身所拥有的人才优势、信息优势和技术优势，利用自己"把关人"
的身份（网络媒介时代同样需要"把关"，只是"把关"的方式已
有所不同），对受众进行正确的引导和影响。"舆论导向正确，是

---

　　① 王伟利：《媒介·符号·权力——解析语言符号在媒介权力建构中的作用》，中
央民族大学，硕士学位论文，2010 年。
　　② 李曦珍、楚雪、胡辰：《传播之"路"上的媒介技术进化与媒介形态演变》，
《新闻与传播研究》2012 年第 1 期。

党和人民之福；舆论导向错误，是党和人民之祸。"① 从媒介传播的发展历程看，进行正确的舆论引导从来也没有被否定过，从大众传播理论研究初期的"枪弹论""注射论"到后来的"有限效果论"再到"议程设置功能""宏观效果论"，尽管对媒介作用的大小有所分歧和质疑，但是对社会舆论进行必要的引导却是确定无疑的。这里所改变的，只是随着媒介形态的嬗变与发展，不断改变自己的舆论引导方式和手段。在当前数字网络新的媒介环境下，进行正确的舆论引导，必须注意做好以下几点。

第一，充分利用现代技术优势，甄别和优化信息内容。网络媒体作为舆论导向的主要参与者和把关人，应充分利用自身的媒介技术优势，及时筛选和消除虚假、不良信息；应尊重受众的知情权，把最真实的信息传达给广大受众；还应结合自身的实际情况，利用先进技术整合优势资源，优先发布和使用价值较大的信息；同时，还要通过技术优势，掌握和整合第一手信息数据，充分把握受众的心理，达到媒介与受众、传播者与受传者共享优质数据信息，共创绿色社会信息生态大环境。

第二，加强信息反馈沟通，畅通双向沟通渠道。随着新的网络媒介的发展，信息的传递不再遵循传统的单向灌输规则，不再只是从"堤坝"的一方输送到另一方，信息落差会逐步缩小。权威媒体必须转变思路，加强信息反馈与沟通，变单向度的消极灌输为积极的双向沟通，从而主动引导社会舆论，形成科学积极的社会"拟态环境"。

第三，优化"议程设置"，主动引导社会舆论。权威媒体要充分利用自身的媒介优势，自下而上（从群众中来）、自上而下（到群众中去），从受众中寻找社会关注的热点和主流意见，形成社会共识，进而调整自己的思路，形成更加合理的"议程设置"，以取

① 江泽民：《舆论导向正确是党和人民之福》（http://www.71.cn/2008/1006/725115.shtml），2017 年 5 月 26 日。

得更好的舆论引导效果。

第四，平等对话，讲求对话的科学性、合理性和学理性，以理服人，加强媒介的公信力和信任度。随着媒介技术的进步与发展，媒介"堤坝"作用下的"信息落差"不断缩小并最终不复存在，媒介不再拥有垄断性资源话语权，在这种均衡化话语权的媒介大环境下，受众对媒介的接受程度完全取决于媒介的公信力和公众的信任度。因此，权威媒介要正确引导媒介话语，就必须加强媒介的话语能力，平等对话，讲求对话的科学性、合理性和学理性，以理服人，加强媒介的公信力与信任度。

第五，有的放矢，对症下药，有效净化社会网络文化环境。媒介与受众信息传递的过程是一个按照特定语言规则进行信息编码、译码和解码的过程，大众传播媒介就是要充分利用自己所熟悉和擅长的语言技术，在熟练运用语言规则的基础上，有的放矢，对症下药，准确破解西方语言密码，将正确的思想理论意义蕴涵到具体事件中，正确引导社会舆论，形成科学合理和理想的社会舆论环境，进而达到积极有效的传播效果。①

第六，构建学习型新的媒介环境，积极培育公民思辨意识和网络文化素养。事物是现象与本质的对立与统一，眼见并不一定为实，事物的本质往往深藏于复杂现象的背后，因此，要积极构建社会公共学习空间，努力营造学习数字网络新的媒介大环境，更好地培育公民的甄别力和思辨力，以及准确获取信息的能力，从而全方位提高公民素养，为构建公平、文明、自由、和谐的现代社会创造良好的基础和条件。

总之，一个现代新的网络媒介的参与者和"把关人"，不仅要在现代新的媒介信息操作技术上追求创新，引领潮流，而且"更重要的是还要有对人文精神的理解力，对个体价值的把握力，对网络

---

① 王伟利：《媒介·符号·权力——解析语言符号在媒介权力建构中的作用》，中央民族大学，硕士学位论文，2010 年。

人际关系的调控力以及对文化趋向的洞察力"，他不但是"新媒体时代的把关人，更是一位思想者，是虚拟领地里当之无愧的王者，其存在的必要性无须商榷，其存在的重要性不容置疑。"① 这就是网络媒介时代的导航者，这就是一个合格媒介人的历史使命与社会职责。

---

① 余德旺：《博客、编辑与网络虚拟社会的整合》，《河南大学学报》（社会科学版）2011 年第 4 期。

第八章　媒介"进化"与按需出版的复归

第一节　媒介形态嬗变与出版方式变革

社会生产力的发展和技术基础的不断提高必然导致媒介形态的嬗变,而媒介形态的变革与发展又必然带来社会出版方式的创新。这是必然的,是由社会生产力和社会科技进步发展的内在逻辑所必然决定的。近年来,数字网络这一全新的媒介形态所带来的出版方式的变革与创新是多方面、全方位的。在这一过程中,反馈、互动是其重要的内在动因,"强互动"是当代出版创新变革的动力之源。

一　口语媒介形态的性质决定人类发展早期交流与传播的平等与自由

在早期的人类社会,由于生产力发展极其落后和低下,从社会传播的角度来考察,人类社会还没有条件和技术发展出人类用于传播的辅助手段——其他社会媒介,人们只能用自己最为原始的交流方式和手段——口语,面对面地进行交流和传播。也正是这种最为原始的面对面的口语交流方式和手段(它是人类符号使用历史发展中的第一个阶段,显然也是迄今为止人类所运用的符号系统中最接近人的自然活动形态的一个代码体系,是人类早期一个普遍存在的、自然的、"前科技"状态的人类传播模式),它的纯自然、低技术（无技术）状态使人很难甚至无法对其进行垄断与控制，从而也就自然而然地带来了人类最初交往的平等与自由。正如加拿大著名传播媒介形态理论家哈罗德·英尼斯所指出的那样：任何特定的传播媒介在时间和空间上均有偏向性，并且，媒介的时空偏向性会在一定程度上决定传播的性质和特点，从而在各个方面给社会文化以重大作用和影响。英尼斯认为："文化在时间上延续并在空间上延展。一切文化都要反映出自己在时间上和空间上的影响。"[①] 他认为口语媒介尽管有自身的局限性，但却构成了时间和空间偏向上的平衡，不易被垄断，因此有利于自由、平等和民主交流环境的形成。[②]

但是，正是这种低技术水平上的交流与传播，也自然而然地带来了它的一些不足与局限：由于口语媒介只能在同一时空内进行面对面地交流与传播，这就使其交流的空间范围十分有限，同时，社会文化的保存也只能靠大脑的自然记忆，这就大大限制了社会文化的传承与发展，是早期人类社会生产力发展不足的必然。当然，正是这种低技术（无技术）水平上的交流与传播，人类社会还没有自己真正的文化出版。

二 文字媒介（书写媒介）时代：文明的发展与平等交流传播方式的颠覆与否定

随着生产力的发展和社会技术基础的积累，出现了文字和文字书写媒介——竹简、木牍、帛、青铜器和纸。早期文字媒介（书写媒介）是媒介形态的第一次革命性变革，它第一次摆脱了人类大脑自然记忆的控制，是人的自然器官的第一次真正的延伸，它使人类文化得以真正长久地流传下来。"如果说话是对生活中的事件、过程和事物进行符号化的话，那么文字书写就是对说话的再符号化，

---

① ［加拿大］哈罗德·英尼斯：《传播的偏向》，何道宽译，中国人民大学出版社2003年版，第113页。
② 同上书，第56页。

是有关符号的符号。也就是说，人类试图用图解式的文字符号来表现说话的声音符号，这在某种程度上拓宽了语言的使用。通过书写，说话所引起的声音流动就可以像照相一样被截取并保持静止。由此，人类语言就超越了时间和空间的自然局限。人类把符号粘、刻、印在几乎所有物体的表面以期能永久保存。"① 这样，人类社会的文化出版也就开始了。

文字（特别是书面语言）是迄今为止人类最伟大的发明之一，它不仅是一套真正外化于人类自身的媒介符号系统，而且是一种最"理性化"的符号体系。它开启并促进了人类的逻辑思维，大大拓展了人类的传播能力。它使完整的信息形态得以穿越时间之维，在历史的长河中蔓延存续。"文字记载下、保存着语言，而语言由人的心智组织，于是，文字写作不仅记载着外在事物的形态，而且记载着人类对于事物的认识与思考。写作者总是渴望表现出自己的智慧深度，因此，书写的惯性能把人们的精神引入认识深处。文字作为交流符号体系被广泛地使用，就不断地引导着人类的认识走向理性深度"。当然，"字符文化有着一个先天的缺陷……它的载体只是一些线状的符号，它缺乏生活与生命的鲜活、形象、生动的性相，它常常把人的精神引向片面的深刻。……文字语言所必然具有的这种抽象与理性的特点，构成了人类整体地把握大千世界的障碍"②，而这些障碍性因素只有到了媒介形态的更高级发展阶段才能得到消解、克服与完善。

不仅如此，与口语媒介相比，文字媒介自身的一些性质和特征（它并非每个人都可以自然而然地获取，而是要经过长期专门的训练和学习。由于文字媒介的高知识含量和高技术含量——它并不是像口语媒介时代那样是每个人的一种自然而然的不需要其他投入就能获得的交流工具），使其成为特殊阶级的特权，也大大加深了人

---

① 李晓云：《试论媒介生态系统的历史演进》，《新闻界》2010 年第 1 期。

② 谢清果、曹艳辉：《口语媒介的变迁与人性化传播理念的回归》，《徐州工程学院学报》（社会科学版）2013 年第 3 期。

与人之间的知识鸿沟，进而发展成为阶层和阶级分化与对立的工具。加之，由于当时的书写媒介还局限于竹简、木牍、帛和青铜器等物质材料，这些媒介材料不仅其生产效率极其低下，而且稀少、昂贵，且又主要掌握在统治阶级手中，因此，这个阶段可以说是文化交流和传播的"贵族介质时代"。英尼斯的研究表明，对媒介的掌握和控制就意味着对知识的接近权，而这种对知识的接近权则有助于社会权力和权威的培育和巩固。这样，文字媒介的出现在实现了媒介形态和文化交流与传播的革命性变革的同时，也带来了传播观念的第一次否定和颠覆（否定和颠覆了口语媒介时代交流与传播的平等与自由），人们从原来早期的面对面的"交互式"平等交流与对话，变成了一方是高高在上的"传授者"，而另一方却成了俯首听命的"接受者""受传者"，双方成了泾渭分明、角色清晰的"传"与"受"的对立与"独白"（这在文字媒介特别是书写语言媒介产生以前是完全不可能的）。文字媒介（特别是书写语言媒介）挑战口语媒介成为社会的主导媒介以后，这种通过外在的传播媒介进行间接地信息传递与发布，并进而实现一部分人对另一部分人的主导与控制就成为社会的一种信息发布与传播的主要方式，社会表达、交流与传播的自由与平等遭到否定与颠覆，社会文化出版在传承人类文化信息的同时，也成为维护社会统治集团和统治阶级利益的手段和工具。

三　机器印刷媒介时代：大众传播时代社会上层话语权力的高度垄断与一般个体平等与自由话语权利的进一步丧失

开始于 18 世纪的第一次工业革命，开创了以工厂制代替手工工场，以机器代替手工劳动的新的时代。它不仅是一次技术改革，而且更是一场深刻的社会大变革，人类社会步入了机械化和流水线大生产时代。特别是机器印刷媒介的出现，有力地推动了一场广泛的社会文化交流与传播的解放运动。在机器印刷媒介出现以前，由于书写文字极低的书写效率，使得当时的文化出版和传播很难满足普通民众对知识获得的要求，在某种程度上可以说，掌握书写技能和书写工具的人便是社会上层权贵，而书写工具也成为权力的象征。机器印刷媒介的出现和广泛应用，使人类文化出版和传播摆脱了"贵族介质时代"的局限，其生产的社会化、批量化和流水线作业方式迅速将大量低廉的文化产品送到千家万户，促进了普通民众的大众文化消费，使文化传播由原来的"小众传播"进入社会"大众传播"阶段，也使人类从古代教育和古代文明进入现代教育和现代文明状态。然而，机器印刷媒介它的生产线、大资本特征又自然地具有一种极强的权力集中化趋势。通过资本的渗透和一系列议程设置，资本便很快将自己的话语权推向极致，实现了其对社会、社会文化出版和文化传播的更加全面和系统的垄断与控制。并且，从媒介形态的特性来说，印刷媒介特别是机器印刷媒介使传受双方的地位明显地处于不平等状态，即印刷媒介的大资本特性使一部分人拥有对印刷媒介的绝对控制权，而另一些人则只能充当听众、看客和被动地接受者，人们具有完全不同的印刷媒介的使用能力和控制权力。再者，印刷媒介倾向于隔离不同的社会场景，即按照社会学家欧文·戈夫曼的社会场景理论来说，印刷媒介便于区隔和保护前后台的表演，从而有利于维护统治集团的政治权威和政治统治，使其控制更加系统和牢固。事实也正是如此，以大众传媒报纸为开路先锋的机器印刷传媒时代，机器印刷媒介的发展不仅没有带来人们想象中的文化传播的自由与平等，反而将社会、社会文化的垄断与控制发展的登峰造极的地步：普通民众只有言论自由之名，而绝无言论自由、平等之实（因为人们在报纸、书刊上所能够读到的，完全是在资本的控制下通过一系列"议程设置"所设计出来的东西）。这样，文化出版、印刷媒介就进一步加大了社会特权阶层对媒介和社会舆论的垄断与控制，使人类早期口语媒介时代平等与自由的传播权利进一步丧失。

四 电子媒介（计算机互联网）时代：自由平等出版传播权力的再造与复归

人类步入 20 世纪，特别是进入 21 世纪之后，社会生产力飞速发展，现代信息技术迅速提高，并逐步惠及普通社会大众。计算机互联网新的媒介信息技术进入千家万户，它不仅在社会文化领域掀起了一场旷日持久的信息技术革命，而且深入人们的日常生活，极大地改变着人们的生活方式和生存状态。计算机互联网新的媒介技术的发展改变了过去信息技术和信息传播方式，它的无界沟通、便捷互动、海量空间、低技术成本等特征，从技术手段上真正实现了人们的平等交流与对话，把话语权最大限度地交给社会大众。在当代计算机互联网新的媒介技术条件下，普通社会大众已经不再仅仅是传播内容的被动接收者、使用者，而是已经成为网络信息的发布人和主动创造者，它使社会大众平等基础上的信息生产与发布成为可能。不仅如此，计算机互联网新的媒介系统不仅集历史上的一切传播方式（人际传播、群体传播、组织传播和大众传播）于一体，而且还将传统媒介形态中分属于各种不同媒介形态的多种符号系统（文字、声音、图画、影像等）融合于一身，使当代所构建的庞大信息系统成为一个由无数节点所组成的包罗万象、化育万物、变化多端的庞大巨系统，从而极大地改变了人们的生存方式和生活状态，显然也改变了社会文化的生产方式、出版方式和存在状态。

计算机互联网新媒介作为当代信息媒介的最大意义在于，它将人们从大众传播时代带入了个人传播时代——具有大众传播效果和功能的"个人传播"时代（有人称其为"网众传播"时代）。正如德克霍夫所说：计算机不是一种大众媒介，而是一种个人媒介。[①]它使个人思想找到了自由存在的公共空间，在这个公共空间中，个

[①] ［加拿大］德克霍夫：《文化肌肤——真实社会的电子克隆》，汪冰译，河北大学出版社 1998 年版。

人的思想不仅仅是作为一种存在，而且由于它的无界沟通、便捷互动、海量空间、低技术成本等特征的存在，还使其获得了充分自由地成长、发展和交流、传播的过程和权利。

从传播学和媒介形态学的视角来看，到目前为止，人类传播的历史大体经历了原始形态的个人媒介（小众传播）——大众媒介（大众传播）——当代高度发展的个人媒介（"有大众传播效果"的个人传播——网众传播）的螺旋式上升过程，从而实现了人类自由平等交流、传播权利的再造与复归。在人类社会发展的早期，由于生产力和技术基础发展极其落后，人类还没有发展出自身口语传播以外的其他媒介形态，低技术（甚至是无技术）状态直接导致了低水平上传播交流的平等与自由——原始状态的平等与自由。文字的出现，文字媒介的高知识含量和高技术含量，使其成为一般平民难以接触和掌握的媒介形态，从而形成并维护了社会上层阶级的优势地位与特权，媒介交流的自由与平等开始被打破，社会文化霸权和文化控制开始形成。机器大工业的发展，机器印刷媒介的出现，使社会传播进入大众传播阶段。大众传播媒介极大地拓展了传播范围，但是，它的高技术、大资本特性，是一般平民所望尘莫及的，其为资本和精英阶层所控制和垄断当是必然，传播的话语权、社会文化的出版传播权进一步向资本和社会精英阶层倾斜。计算机互联网新的媒介是具有开放性的在大众传播媒介基础上"有大众传播效果"的个人传播媒介，它的开放性、互动性、平民性、低成本，是迄今为止最为合理化和人性化的媒介形态。正如媒介形态专家利文森所指出的那样："因特网是传播的民主化"。在网络传播的"地球村"里，垄断将难以为继。在这里，每一个人都可以是传播内容的创造者和制作者，只要你有一台个人电脑外加一根网线，你就可以面对全世界进行信息传播，在这里你就是出版和传播的主人。这是社会生产力发展和社会科技进步的必然。社会生产力的巨大发展，科学技术的巨大进步，最终必然惠及整个社会和社会大众，这是社会生产发展的内在必然逻辑。

第二节　媒介的"进化"与按需出版的"复归"

媒介、媒介形态是人类生存方式的重要组成部分，它深刻地影响着人们生活的各个方面，"补救性"特征和"人性化"趋向是媒介自身进化自始至终都存在和具有的两大根本属性，这也就决定了人类文化出版在经历了最初原生态的"按需出版"和机器大工业时代的"商业出版"之后，必然回归现代信息技术条件下的更高级形态的"按需出版"。这是因为，不管时代如何变迁，媒介形态如何变换，文化出版的根本使命必然是：利用最先进的媒介技术手段，更好地满足每个人的文化需要。"按需出版"既是人的自由全面发展的需要，显然也必然是现代出版发展的潮流和方向，是合规律性与合目的性，历史必然与现实选择的内在统一。

一　媒介进化中的"补救性"特征和"人性化"发展趋向

发展是一个不断完善和不断满足人的需要的历史过程，在这一嬗变和发展过程中呈现出明显的"补救性媒介"特征和"人性化趋势"。按照媒介形态理论家利文森"补救性媒介"理论，"所有的技术进步都含有一定的缺陷，每一种新媒介都是对先前媒介的补救和修正"，并且，所有这些都是为了不断更好地满足人的需要。正如人类为了更好地保证自身的安然生存首先发明了墙；墙把阳光、视线连同威胁一块阻断了，于是，窗户作为一种改进装置被嵌进了墙壁；……然而，窗户在让屋里的人看见外面风景的同时，也把人们的隐私泄漏了出去；于是，人们又在窗户上加上了窗帘……。人类整个传播媒介变革和演化的过程，同样也是这样一个在人类理性的作用下，持续不断的补救和完善的过程。①

---

① 参见李明伟《媒介形态理论研究》，中国社会科学院，博士学位论文，2005年。

比如，口语媒介时代，主体在场，互动交流，是人类传播、交流本真的原始状态，它能够让交流双方直接感受到彼此的真实状态，但是，这种原始本真的交流方式和状态在直接交流互动实现信息交流传播的同时，也具有明显的局限性。它是建立在人类早期社会生产力和信息传播技术发展极其有限和落后的基础之上的，它不仅传播范围极其有限，而且即传即失，非常不便于保存，体现了人类交流互动和人性化发展的自然存在状态。文字媒介的产生，克服了口语媒介时代的一些局限与不足（便于长距离传播和长时间保存），特别是机器印刷文字媒介的出现，将大量低廉的文化产品在转瞬之间送到千家万户，实现了普通民众的大众文化消费，是社会文化的一次解放运动，也是人类文化出版发展史上的一个里程碑。但是，文字媒介仍然是不完美和具有明显缺陷的，不仅它的交流主体是缺位的（交流主体不在场），而且它的交流方式是间接的，单向度的。它从交流方式上否定了口语媒介时代交流的最大优势——交流双方的直接交互性，进而导致其彼此互动性和人性化的缺失。电子媒介特别是计算机互联网现代传媒的出现，它的开放性、便捷性、即时性、强互动，不仅实现了大范围顷刻间的交流与沟通，而且实现了相互之间的直接（交流主体的不在场的"在场"）交流与沟通，既很好地弥补了文字媒介时代交流方式的间接性和单向度带来的互动性的弱化和人性化的消失等一系列问题，又很好地解决了口语媒介时代言之无"文"（这里特指文字，用文字书写下来），行而不远的问题，是口语媒介时代交互式交流传播在现代数字信息时代的复归、再造与提升。这样，随着时间的推移和信息技术的进步与发展，人类文化传播实现了其由最初的有限范围的口语媒介时代原生态的人性化口语互动传播，到更大范围的（但却是单向度、间接性）文字媒介传播，再到当今电子媒介特别是计算机互联网新的媒介时代的即时性、强交互、全息化的数字信息交流与传播方式的发展与转换，充分体现了媒介发展的"补救性"特征和"人性化"趋向。

318

二　出版自由：人的自由权利的重要组成部分

出版自由既是出版发展的内在逻辑，又是人的自由全面发展的必然要求。"在马克思之前，包括康德在内的近代启蒙思想家都认为，自由是人的天赋权利，是每个人固有的本性，人凭借这种与生俱来的自由，成为自身的主人。"[①] 马克思曾高度赞扬出版自由，他说："自由的出版物是人民精神的慧眼，是人民自我信任的体现，是把个人同国家和整个世界联系起来的有声的纽带"，"自由的出版物是人民在自己面前的公开忏悔，而真诚的坦白，大家知道，是可以得救的。自由的出版物是人民用来观察自己的一面精神上的镜子，而自我认识又是聪明的首要条件"。[②] 马克思一贯认为，自由全面发展是人类发展的方向和终极目标，并认为，出版自由是人的自由发展权利不可分割的一部分。马克思曾说："问题不在于出版自由是否应当存在，因为出版自由向来是存在的。问题在于出版自由是个别人物的特权呢，还是人类精神的特权。问题在于一面的有权是否应当成为另一面的无权。'精神的自由'不比'反对精神的自由'有更多的权利吗？"[③] 他在抨击普鲁士的专制书报检查制度时指出："检察官是个别人，出版物却体现了整个人类。"[④] 他赞美出版自由，他说："出版自由也有它自己的美（尽管这种美丝毫不是女性的美），要想能保护它，必须喜爱它，我感到我真正喜爱的东西的存在是必需的，我感到需要它，没有它我的生活就不可能美满。"[⑤] 列宁也曾说过："出版自由就是全体公民可以自由发表一切意见。"[⑥] 人类的全面发展，需要在自由出版中来实现！出版自由

[①]　苗贵山：《马克思恩格斯人权理论及其当代价值》，人民出版社 2007 年版，第 53 页。

[②]　《马克思恩格斯全集》第 1 卷，人民出版社 1956 年版，第 74—75 页。

[③]　同上书，第 63 页。

[④]　同上书，第 19 页。

[⑤]　同上书，第 41 页。

[⑥]　《列宁全集》第 32 卷，人民出版社 1985 年版，第 230 页。

是人的自由全面发展的重要组成部分，它同社会和人的全面发展一样，也是随着社会生产力的发展和技术的进步，经历了一个由低技术水平上的自由发展，到相对高技术基础上的出版控制，再到当代新的媒介时代现代信息技术基础上的高度自由发展的肯定、否定、否定之否定的辩证发展过程。

三　否定之否定：出版形态的嬗变和自我发展与完善

媒介形态与出版方式之间存在着内在、本质的必然联系，媒介形态的嬗变必然导致出版方式的变革与创新，即生产力的发展——媒介形态的变换——表达方式的解放——出版方式的变革与创新。而就文化出版内在发展的逻辑进程来讲，它大致经历了如下几个发展阶段，即小众传播时代的自由出版——大众传播时代的出版控制——网众传播时代更高基础上的自由出版。从具体的编辑形态来考察，也可以说是从文字产生早期的自著、自编、自出版，到机器印刷、编辑职业独立之后的作者创作、编辑把关、社会文化出版，再到电子互联网时代的自媒体、自出版：自著、自编、自出版。这既是编辑形态的肯定、否定、否定之否定的螺旋式自我发展过程，又是社会科技进步和媒介形态变革的内在必然逻辑。

（一）书写媒介（小众传播）时代的自由出版

在人类社会发展的早期，由于社会生产力发展水平极其低下，传播媒介的发展还局限于竹简、木牍、帛和青铜器等具体书写介质（贵族介质）状态，工艺相当落后，效率极其低下，且能够进行这种创作和书写传播的人极其有限，显然，在这一时期，社会文化领域里的社会分工还远未展开。因此，在这一时期具体文化产品的创作、表达、编辑加工和出版传播往往是一体的，即作品的创作者也即作品的编辑加工者和出版传播者。这一时期作者的个人表达和创作劳动，直接表现为一般的社会劳动，作者的表达、创作和出版是自由的（没有中间控制环节）：自著、自编、自刻；藏之名山，传之后世。如古代金文、石刻以及人工抄写、刻绘书籍等，均属这种书写媒介（小众传播）时代的自由文化出版。形成人类发展早期书写媒介（小众传播）时代文化自由出版的主要原因，一是社会生产力发展极其落后，传播出版媒介和手段极其有限，且仅仅掌握在少数文化精英、社会统治集团手中。二是社会分工远未展开。三是当时能够学习、掌握和应用文字进行写作、表达和传播的只是极少数的社会文化精英、社会统治集团中的上层人士，他们掌握了文化的学习也就自然而然地掌握了文化传播和出版的权利。因此，当时的自由出版是有限的，即极少数文化精英掌握社会文化状态下的少数人的有限的自由文化出版，也即自著、自编、自出版的有限个体自由出版时代（参见图1）。

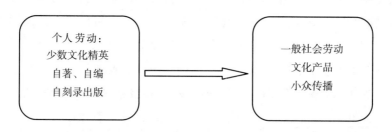

图1　书写媒介时代的自由出版：作者个人劳动直接表现为一般社会劳动

（二）机器印刷媒介（大众传播）时代的出版控制

随着社会生产力的进步与发展，社会进入机器大生产时代。机器印刷媒介的出现和广泛应用，推动了一场广泛而深刻的社会文化出版解放运动。机器印刷，它的流水化作业、批量化生产，不仅大大降低了书写媒介时代图书刻录出版的劳动强度，而且大大提高了生产效率。因此，机器印刷媒介的出现将大量低廉的文化产品转瞬之间送到千家万户，实现了普通民众的大众文化消费，社会文化出版和传播真正摆脱了书写媒介（贵族介质）时代的局限，是社会文化出版和传播的又一次解放运动。机器印刷媒介的广泛应用，文化产品的大量涌现，流水线作业出版模式的形成，现代化管理和社会分工的加快，必然要求编辑出版成为一个独立的部门，编辑出版很快从其他行业中独立出来，成为一个专门的行业部门。正如马克思所讲："机器生产比工场手工业大大地加强了社会分工。"① 编辑出版作为一个独立的行业部门独立出来具有巨大的社会价值和意义："一方面，它表现为社会的经济形成过程中的历史进步和必要的发展因素，另一方面，它表现为文明的和精巧的剥削手段。"② 社会生产力的发展，社会分工的细化，大大提高了社会劳动生产效率，进一步促进了社会的发展；另一方面，随着社会文化生产的发展，和其他部门的劳动产品一样，社会也必须对社会文化产品进行把关和控制。这样，原来的在书写媒介（小众传播）时代形成的"自由出版"模式和状态就自然而然地转变和让位于机器印刷媒介（大众传播）时代的文化出版控制模式和状态，即原来表现为直接社会劳动的个人文化生产，现在则表现为间接的社会劳动——个人的文化生产劳动不能再直接地表现为一般的社会劳动，而是只有通过编辑（代表社会）的"选择"和"把关"，才能表现为一般的社会劳动，其文化产品才能出版发行和传播。加之机器印刷媒介它的生产线、大资本特征又自然地具有一种极强的权力集中化趋势，这样通过资本的渗透和一系列议程设置，资本很快实现了对社会文化出版和文化传播的更加全面和系统的控制，从此，人类便失去了早期出版传播的自由与平等状态，而进入机器印刷媒介时代的出版控制模式和状态（参见图2）。

图2 机器印刷媒介时代的出版控制：作者个人劳动

通过编辑把关间接表现为一般社会劳动

---

① 《马克思恩格斯全集》第16卷，人民出版社1964年版，第322页。
② 《马克思恩格斯选集》第2卷，人民出版社2012年版，第216页。

(三) 电子媒介 (网众传播) 时代自由出版的再造与复归

人类社会进入 20 世纪, 特别是进入 21 世纪之后, 科技革命迅猛发展, 现代信息技术发展日新月异并惠及千家万户。它不仅引发了一场广泛的社会文化领域里的信息技术革命, 而且深入人们的日常生活, 极大地改变着人们的生活方式和生存状态。当前社会文化传播和文化出版领域发生的"网纸替代"和"自媒体""自出版"等, 是一场全方位的社会文化传播和文化出版方式的大变革。

所谓"网纸替代", 即以计算机互联网上的写作和表达 (无纸化表达和写作) 代替传统的以纸笔为工具的写作和表达。"网纸替代"不仅是写作工具和写作媒介的简单的变换, 而且还会深刻地影响到人们的创作逻辑进程和表达方式, 它对人们的影响是多方面全方位的。所谓"自媒体"又称"公民媒体"或"个人媒体", 它是指"私人化、平民化、普泛化、自主化的传播者, 以各种手段, 向不特定的大多数或者特定的单个人传递规范性及非规范性信息的新媒体的总称"。① 所谓"自出版", 就是指作者在没有第三方介入的情况下, 利用多种形式的自媒体出版系统和平台自主出版图书或多媒体产品。在整个自出版过程中, 作者个人掌握出版的主动权, 包括出版物的选题策划、作品创作、编辑加工、版式设计、出版传播和营销等各个环节。自出版这种出版传播方式和手段的出现, 使作者获得了前所未有的出版自由, 是社会发展和人类文明进步的产物, 是媒介形态嬗变的必然结果。

计算机数字网络新的媒介技术的发展必然导致"网纸替代"和自媒体平台的形成, 自媒体平台的形成又必然导致自出版方式的产生与发展, 它是自媒体功能的一种具体表现。自媒体平台上信息的流动与传播其实就是广义的"自出版"过程: 一方面, 点对点、点对面的信息传播方式成为主流、常态, 使得传统出版行为中繁杂的

---

① 陈小雷:《新媒体环境对大学生思想政治教育的影响与对策》, 河北师范大学, 硕士学位论文, 2011 年。

出版流程被简化，成为一种个人化的行为与过程。另一方面，自媒体营造出一种自由的信息传播环境，普通公民可以随时随地发布自己的作品和信息。自媒体低成本甚至是"零成本"的出版优势，以及分享与链接等现代信息技术的功能优势，使普通社会大众轻而易举地获得了表达自我、展示自身的机会和能力。通过自媒体平台，每个人都可以自由地推出自己的作品，而不必考虑传统出版行为中可能面临的种种问题与障碍。总之，只要愿意，不仅人人都可以成为创作者，而且人人都可以成为编辑：自己创作、自己编辑、自己出版，这是数字网络时代公民身份的又一次更变。编辑自己的作品，简单来说就是自媒体时代编辑角色从职业化向公民化的一种转变。自媒体既是现代信息技术发展的必然结果，又是自出版方式成功运作的现实平台。这样，"网纸替代"变革了人们的表达和写作的方式和手段，使其不仅极大地便利了人们的表达和创作，而且这种表达和创作又极易通过计算机互联网这种新的媒介信息技术进行发布和传播，而"自媒体""自出版"则将这种表达和创作以极快的速度和极高的效率向全社会发布和传播。电子媒介，特别是计算机互联网新的媒介使人类迎来了文化出版和传播的春天：自创、自编、自出版，人类文化出版实现了更高基础上的自由与平等的复归（参见图3）。

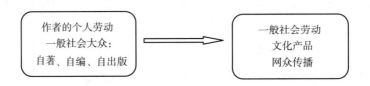

图3　网络媒介时代自由出版的复归：作者的个人劳动
直接表现为一般社会劳动

四　按需出版：新的媒介时代信息技术的推动与现实的选择

"按需出版"既具有"补救性"和"人性化"发展趋向的媒介

发展的内在必然逻辑，也是人们现实选择的结果，是合规律性与合目的性的有机的统一。"按需出版"在现时代的再造与复归有其历史必然性。

（一）现代新的媒介时代数字信息技术的发展使当代"按需出版"成为可能

20世纪80年代尤其是90年代以后，人类社会发展进入了人类传播史上一个崭新的时代，即数字网络新的媒介传播时代。它汇集和融合了印刷媒介和模拟电子媒介的所有优长，克服了它们的一些局限与不足，特别是数字互联网新的媒介这个众多媒介汇集和整合的大平台，它不仅可以连接先进的数码印刷机制作传统的纸媒书籍，更重要的是这个功能强大的信息处理平台还可以按照用户的要求来选择性处理和定制信息内容，把其背后链接的各种资源整理加工为读者需要的各种文本，并通过互联网发送到用户的电脑或手机等接收终端，以满足用户对信息内容的多样性的个性化需求。[1] 它改变了长期以来传统的"出版"概念，使得原来意义上的出版变得狭隘和过时，而是使其真正体现了它的本真精神和人性化特征，[2] 真正向着满足每个人的个性需求——"按需出版"的方向发展。1997年美国最大的图书批发商英特拉姆公司创立闪电印刷公司，最先使用IBM的按需印刷技术开始了当代新的媒介信息技术条件下的按需出版，并使"按需出版"逐渐成为出版业增长潜力极大的领域。此后，德国、英国等其他国家也先后开始启动现代信息技术条件下的按需出版，此后在世界各地广泛展开。可以说按需出版既是一种现实社会需要，更是一种趋势和现代新的媒介环境下出版发展的方向。

我国出版机构开始接触按需出版仅比美国晚一年，1998年，复旦大学出版社和上海其他几家大学出版社与美国的专业按需出版

---

① 田杰、于翠玲：《互联网环境下按需出版优势发展的思路》，《中国出版》2013年4月（上）。

② 曾辉：《媒介互动理论研究》，北京印刷学院，硕士学位论文，2008年。

公司签订了合作协议，按需出版开始在我国起步和发展，但其发展速度相对缓慢。2004 年，国家知识产权出版社率先在国内启动图书按需出版工程，2011 年，该项"按需出版工程"被新闻出版总署列入国家重点出版工程。[①] 2011 年 1 月，国家新闻出版总署颁布《数字印刷管理办法》，降低了企业从事按需出版印刷的门槛，此后，大资本强势介入，极大地推动了我国的按需出版。

（二）大数据时代市场细分：进一步助推"按需出版"

随着以云计算、大数据、物联网、移动互联等为代表的一系列新兴技术的发展以及应用模式的出现，人们的生产方式、生活方式和思维方式正在发生深刻的改变。特别是大数据作为 IT 领域的又一次巨大技术变革，使信息不断更新并转化为具有实际应用价值的量化数据，真正实现了"用数据说话、用数据管理、用数据决策、用数据创新"[②]，在文化出版行业为进一步分析和挖掘小众需求，顺利实现"按需出版"打下了坚实基础，提供了现实手段。

首先，大数据时代"数字阅读"与对每个人阅读心理轨迹的记录和分析成为可能。按需出版强调的是出版活动的精确性，是一种基于对读者需求的准确把握而开展的出版活动。与传统出版相比数字化阅读时代的一个最大特点就是数字阅读能够准确记录和留下每个人的有价值的心理需求轨迹，这是因为"当你阅读电子书的时候，电子书也在阅读你"[③]，而大数据时代的有效的数据分析，能够通过对复杂数据关系的分析，探寻每个读者不同时期内的阅读习惯与偏好，进而制定出精准和"贴心"的服务，推出符合个人需求的图书产品，以便更好地满足读者的个性化需求。例如，意大利最大的图书发行商 Messaggerie Italiane 采用的"Smartdata（智慧数据）"分析系统成功地进行图书发行业务的分析与决策就是一个典

---

① 肖东发：《按需出版是出版的趋势和方向》，《出版广角》2012 年第 8 期。
② 张军：《大数据时代的出版创新》，《科技与出版》2015 年第 6 期。
③ 任翔：《2014 年欧美数字出版的创新与变局》，《出版广角》2014 年 12 月合刊。

型例子。① 甚至像尼葛洛庞蒂在其《数字化生存》一书中所设想的"一对一"式出版，也已出现在现实生活之中。它会根据不同读者的口味"调制"各式各样内容，并在需要的时间和地点，即时将其发送到读者最喜欢的终端设备上，真正做到读者的诉求在哪里，出版创新的方向就在哪里。②

其次，大数据时代实现了从数字化向数据化的转变，从而从供给侧更好地完成对个性化需求的满足。大数据时代的到来极大地改变了我们的思维方式和对事物的认知和处理方式，使我们从原来那种以定性分析为主的粗放思维发展到现在的一定量为主的精细思维。进一步来说，就是大数据时代实现了从数字化向数据化的精准思维的转变。在前大数据时代，尽管我们也具有一定的数字化意识，特别是最近 10 年，除国家有关部门建设的大型数据库之外，全国很多出版机构也都建立了数字资源库、图片资源库、视频资源库、动画资源库等多种多样的数据资源库。但是，这些数字资源在以往的粗放思维大环境下往往只能停留在数字状态，最多作为辅助手段对出版市场进行一些定性分析，很难转化为准确的、量化到个体特殊需求的有效数据。大数据时代的到来，以大数据、云计算、物联网、移动互联等为代表的一系列新兴技术的应用，不仅使其数据规模在原有基础上呈几何级数增长，而且通过现代信息技术手段，设计数据单元，搭建数据模型，完成大规模甚至全覆盖式的数据采集和存储，进而通过对数据颗粒化和再结构化，形成标准的、开放的、通用的数据对象，并在此基础上有目的地进行整合、重组和深度的分析加工，使其形成有效的数据分析的可视化呈现，③ 并通过不同的分析、组合，甚至是一次次的个人之间的"对话"和个体之间的"精神交往"，方便地满足一个个不同的特殊阅读需要，

---

① 任翔：《2014 年欧美数字出版的创新与变局》，《出版广角》2014 年 12 月合刊。

② 戴俊潭：《传播逻辑与受众诉求：数字化阅读时代的出版创新》，《出版发行研究》2015 年第 6 期。

③ 张军：《大数据时代的出版创新》，《科技与出版》2015 年第 6 期。

从而为从供给侧一端顺利实现按需出版奠定了坚实的基础。

最后，大数据时代真正实现了文化出版市场的个性化量级的"细分"。纵观国内外文化出版发展的历史进程，"数字印刷技术的成熟、细分市场的出现、个性化需求的增加是促使按需出版发展三个重要因素"，[①] 而其中受众需求又是市场细分的内在根据，特别是当下的按需出版，受众的个性化发展是其内在根本依据。然而，人的个性化文化需求并非是今天刚刚出现，但是，由于信息技术和数字技术发展的限制，在此之前的个性化文化需求只能是潜存的，对文化出版来说是没有实际价值和意义的。这是因为：其一，在早期的文化出版和机器大生产时代的商业出版时代，极其微量的个性化需求既没有满足的手段，也没有满足的价值。其二，在大数据时代到来之前，个性化需求只能是质的存在，但缺少量的依据，不具有可操作性，无法进入实际的操作层面，因此，在现实中不具有市场细分的价值和意义。大数据时代的到来，使具体数据的跟踪渗入到每个人阅读的时时刻刻：大到一个领域、一个专题，小到一本书、一篇文章，甚至是一段文字、一个关键词，并且，大数据及其数据挖掘技术具有对海量庞大的数据、多样的数据类型进行快速处理能力，即对海量的数据进行归集、分析、加工、提取，并使数据颗粒化和再结构化，形成标准、开放、通用的数据对象，从而便于进行有价值的信息服务。这就使之前没有实际价值和意义的潜在个性化需求逐步呈现出来，由具有潜在价值的细分市场转变为现实的个性化细分市场，从而使出版市场进一步细分——进入个性化、个体化量级的细分，同时运用现代信息技术、现代数字印刷技术和互联网综合操作平台予以充分满足，给按需出版提供了现实的广阔发展空间。

媒介、媒介形态是人类生存方式的重要组成部分，它深刻地影响着人们生活的方方面面，并且媒介的进化与发展有其自身的逻辑

---

① 刘存勇：《按需出版在中国的发展》，《编辑学刊》2013 年第 6 期。

和内在规律。然而"补救性"特征和"人性化"趋向却是媒介自身进化自始至终都存在和具有的两大根本属性，这就决定了"按需出版"既是人类文化出版的开端，也是人类文化出版的最终发展趋向。这是因为，不管时代如何变迁，媒介形态如何变换，文化出版的根本使命和人们选择的必然逻辑永远是：利用最先进的媒介技术和手段，更好地满足每个个体的文化需求，进而促进人的自由全面发展。因此，"按需出版"既是人的全面个性化发展的需要，显然也必然是现代出版发展永恒的目标和方向。

五　"强互动"：当代自由出版的根本特征和创新发展的动力之源

以互联网新的媒介技术为支撑的"自媒体""自出版"系统和平台，表现为极强的双向和多向互动性，"强互动"是当代"自媒体"和"自出版"的根本特征和创新发展动力之源。

（一）"强互动"：当代数字网络新的媒介时代自由表达和出版的根本特征

当前，新的电子媒介（计算机互联网）系统在自表达、自出版领域所显示出来的"高速度"和"强互动"，既昭示了网络媒介传播模式对于传统传播秩序中主客体之间施—受关系的否定和对正常科层制运作模式和秩序的颠覆，又是对现阶段现代高技术基础和计算机互联网新的媒介环境条件下新的表达方式、出版秩序的重建。[①] "强互动"（"文本互动""反馈互动""人际互动"）既是当代计算机互联网新的媒介环境下自由表达和自由出版的基本特征，又是新的媒介环境下出版创新发展的动力之源。按照现代系统论、信息论的观点，社会信息系统和互联网系统都属于开放性的复杂系统，在这样的开放性复杂系统中混沌与秩序协同共生是其根本特征，而"强互动"则是导致现阶段互联网新的媒介系统混沌日益凸显的根本原因。

---

① 谭华孚：《媒介嬗变中的文学新生态》，福建师范大学，博士学位论文，2007 年。

混沌与秩序，是系统科学理论中的一对重要概念。混沌是指现实世界和其他一些系统中存在的一种貌似无规律的复杂运动状态，其基本特征是原来所遵循的简单物理规律的有序运动形态在某种条件下突然偏离预期的规律而变成了无序的状态。混沌状态可在相当广泛的一些确定性动力学系统中发生。所谓秩序，是系统有条理、有组织地安排内部各构成部分以求达到正常运转或良好的运行状态。任何系统都必须具有相对的稳定性，和相对固定的系统建构，只有这样才能具有有利于系统稳定运行的状态。因此，"在一般情形下，人们普遍乐于见到社会自身所处的社会系统呈现出有秩序、有规律地运行的'负熵'状态，而拒斥混沌、紊乱和'熵值'不断增加的趋向"。① 网络表达和出版中的无序和无政府状态（即对于传统传播秩序中主体与对象之间施—受关系的否定和正常科层制秩序的颠覆），实际上是网络新的媒介信息系统中的"适度混沌"。有研究表明，确定性的丧失是混沌系统的特征之一，而其中立体的、多维度的"强互动性"是造成这种"适度混沌"的根本原因。从系统论的角度来看，网络新的媒介系统表达自由化和网络自出版的高度自主性，使社会信息系统正在逐步向着高度复杂化的状态演化，"若干传统的社会控制手段开始变得无能为力和不合时宜，传统的社会价值观、科层制以及法律和伦理的标准都发生了模糊的变化，个人对组织的归属关系、等级制度和国家权力，作为传统社会基础机制的政治—经济—文化控制，在很大程度上受到了网络自由、虚拟、交互等新型交往方式的冲击，无数出身于不同种族、地域、国家、阶层、社会文化背景的人以匿名状态在网上交往的事实，使传统社会价值等级制度的秩序在许多情况下陷入了'混沌'境界。……人们欣喜于网络传播对人类生活产生革命性推进作用之余，又担心网络传播是否会使社会系统'熵'值增大，导致混乱和失控"②。总之，网

---

① 谭华孚：《媒介嬗变中的文学新生态》，福建师范大学，博士学位论文，2007 年。
② 同上。

络信息系统的"强互动"性使当代自表达、自出版处于一种非线性秩序的混沌状态,"强互动"是当代自由表达和自由出版的根本特征。

（二）"强互动"：当代数字网络新的媒介时代自由出版创新发展动力之源

"强互动"既是当代自由表达和自由出版的根本特征,又是当代自由出版创新发展的动力之源。由于"强互动"因素的存在,互联网新的媒介信息系统中的自媒体、自出版处于一种非线性秩序的混沌状态,但是,对于互联网系统中自媒体、自出版来说,混沌并非混乱,更非纯粹的负价值,混沌之中也孕育着秩序,混沌状态有其自身的价值和意义。

第一,"强互动"是保持系统的外部适应性所需要的"复杂性的源泉"。混沌和"熵值"的不断增加容易引起系统的混乱和事物的无序状态,但过分地追求秩序也极易导致事物的僵化,使事物难以适应不断变化的环境与形势。无论是社会信息系统或其他任何一个系统,都必然时刻面临其内外部环境的一系列更迭与变化,因而需要不断地进行重组、再造、自我否定和突破创新。在这种情况下,适度的混沌是便于重组、避免僵固化、保持系统活力的必要条件。正如社会系统理论家布克里所说,为了使系统更好地适应环境就要向系统内部不断引进"复杂性的源泉"。"实际上,在许多情况下,绝对的秩序化与绝对的混沌化一样,对任何系统都是一种灾难,因为它使系统在内部状态和外部环境的变化面前缺少弹性,对于内外变化不是僵固地抗拒,就是因为遭逢'旷古未有之大变',最终陷于崩溃。因此,从复杂性科学理论的观点来看,混沌,对于系统并非纯粹作为破坏性因素而存在。对于一个高度复杂的超大系统而言,当它处于跳荡多变的状态之中时,在混沌的边缘,系统自身具有将混沌与秩序纳入某种特殊的平衡的能力。在这种情况下,适度混沌的存在,对于整个系统的变迁提供了必要而强大的动力。由此可见,在特定条件中,混沌对于系统是具有某种良性作用和正价值的动态建构元素。"① "强互动"以及由此所导致的"适度混沌"正是这种具有良性功能和正价值的"复杂性的源泉"和必要因素。

第二，网络系统中的"强互动"造成系统内部各要素相互激荡、砥砺，这样有利于新的思想意识和观念的形成，从而促进当代自表达、自出版的发展和创新。网络系统中自媒体、自出版平台上的"强互动"及其所造成的线性秩序的消失，不仅有助于消解大众传播中的固有秩序和话语权控制，使各种信息具有充分被利用的可能（突破原有秩序、议程设置和话语权控制，使原有大众传播和组织传播中不被重视的边角内容重新被发掘和注视并散发其活力），而且还有助于信息的交叉、碰撞及其在此基础上相互激荡与砥砺，从而再造和形成新的信息、观念和文化素质。"很多时候，没有计划和没有秩序，恰恰是发展和创新的动力。科技史上的不少发现和发明，都来源于失误、错误和偶然的灵感。网络的发展并没有计划，而这正是它疯狂成长的原因。……几条风马牛不相及的信息罗列在一起，也许就为新的理解、想法和创意的产生提供了土壤。"②

第三，由"强互动"所导致的混沌是一种隐匿的秩序，它蕴藏着无限的生机与可能。网络平台上的自表达、自出版是一个介于秩序与混沌中间状态的复杂系统。在这个系统中，既不存在传播者和受众的绝对的两极对立（每一个参与网络信息活动的人都是独立自主的"信息施—受主体"，每个"信息施—受主体"都能自由地发表自己思想和观点），又难以形成传统传播系统中严格有序的科层管理体制和机制。在这种情况下，"话语狂欢"式的表达与出版，既使表达与出版传播活动变得难以控制（局部范围的表达和出版传播的混沌状态），而"多向度、强互动性"又给这种新的媒介环境下的表达和出版传播注入了新的因子和动力机制，从而给这种众声

① 谭华孚：《媒介嬗变中的文学新生态》，福建师范大学，博士学位论文，2007年。
② 隋岩、曹飞：《从混沌理论认识互联网群体传播特性》，《学术界》2013年第2期。

喧哗式的"多向度强互动"状态下的混沌系统带来了新的秩序与动力，使其蕴藏着无限的生机与可能。正如古今中外历史上所发生的任何一次媒介形态的变革，都是在引起一定"混乱"的同时，给社会的表达与出版传播带来了新的变化与解放。如中国汉末魏晋时代的"简纸替代"、18世纪英国印刷媒介的普及都在给当时原有社会文化秩序造成冲击与混乱的同时，也给当时的文化出版和文化生态带来了革命性的推动与变革，并在此后的变革与发展中重塑了新的社会文化秩序：由新的媒介所导致的新的文化（文学）形态由不登大雅之堂的"浅俗"文化（世俗化与娱乐性的非正式写作如艳情诗赋与小说故事等），逐步转变并上升为社会主流意识所推崇的高雅、主流社会文化。① 这是必然的，是由"强互动"所导致的隐秘与混沌系统中的内在逻辑秩序所必然决定的。

由以上分析可知，社会生产力的发展和技术基础的进步必然导致媒介形态的变革，而媒介形态的变革与发展又必然带来社会表达的解放与出版方式的创新。近年来，数字网络这一全新的媒介形态所带来的社会表达的解放和出版方式的变革与创新是多方面、全方位的。在这一过程中，反馈、互动是其重要的内在动因，"强互动"是当代表达解放、出版创新的变革发展动力之源。

---

① 谭华孚：《媒介嬗变中的文学新生态》，福建师范大学，博士学位论文，2007年。

第九章　媒介嬗变、出版创新
与人的自由全面发展

　　传播的历史是一切历史的基础，传播方式的变换必然给人类的生产方式和生活方式以极大的作用和影响。当代社会已进入一种全新的现代信息时代，即以自媒体、自出版为基本特征的现代信息传播时代。它的自主化、便捷化、普泛化和平民化特征给当今的社会民主发展以极大的推动，同时，也必然给予公民个人的自由全面发展以极大的作用和影响。

　　由于计算机和数字网络新的媒介的快速发展，当代社会已进入一种全新的现代信息时代即以自媒体、自出版为基本特征的信息传播时代。所谓自媒体，又称"个人媒体"或"公民媒体"，它是指私人化、平民化、普泛化、自主化的信息生产和信息传播者，用数字化、网络化、电子化的工具和手段，向特定或者不特定的受众传播信息的新媒体的总称。自媒体是相对于传统媒体而言的，一般来讲，尽管自媒体具有传统媒体的功能和作用，但是，它却不需要有传统媒体的运作机制和架构。它与传统媒体相比更加自由化、私人化、普泛化和平民化。如果说"全媒体"是对当下众多媒体形态的宏观层面的把握与描述，那么，"自媒体"则更多的是从微观视角描述媒体大众个人参与媒体活动形态的方式和过程，这是媒介形态发展的历史性进步和革命性变革。社会生产力的发展与进步必然导致媒介形态的嬗变，并进而导致出版方式的变革与创新，即由（人类早期）个体自由出版—（工业化时代）文化控制出版—（当代数字网络新的媒介环境）个性化自由出版（也即当今的"自出版"）。媒介形态的嬗变、出版方式的变革与创新最终为人的自由全面发展创造了条件，奠定了基础。

第一节 自媒体：社会变革与传播
媒介的自我发展

自媒体是社会发展的必然，是社会生产力发展到一定阶段，科技进步特别是信息技术发展进步的必然产物。

一 自媒体发展的客观性基础：科学的发展、技术基础的变革与创新

任何一种媒介形态的出现和发展都有其现实的技术基础和必然遵循的历史变动轨迹。传播媒介形态的变换，通常是由于客观技术发展到一定阶段，加之社会现实发生了某种需要，以及其他众多因素相互作用的结果。技术进步是媒介形态演化和变革的技术基础，社会需要是媒介形态演化和变革的驱动力量和社会基础。近几十年来，现代信息技术的变革和快速发展，特别是计算机互联网新的技术的迅猛发展，给媒介形态和具体的传播媒体的发展奠定了强大的物质技术基础。

现代信息技术的发展使互联网新的媒介步入了 Web 2.0 的大环境时代，从某种意义上来讲，Web 2.0 改变了过去互联网新的媒介信息技术和信息传播的方式，从技术手段上真正实现了把话语权最大限度地交给网民和社会大众，给每个人创造了平等地进行交流和信息发布的机会和平台。如果说 Web 1.0 的显著特征是互联网用户可以通过浏览器随时随地获取相关大量信息的话（单向地获取），那么，Web 2.0 时代则更加侧重于用户、社会大众在网络平台上的交互信息传递与发布（双向的、多向的）。也就是说，互联网用户已经不再仅仅是网络庞大、繁复信息流中的冲浪者，而是逐步成为层层信息波浪的推动者和发起人。他们不再仅仅是网站内容的被动接收者、使用者，而且已经成为网络信息的主动创造者、发布人。在信息传递的运作模式上他们已经由之前单一的"读"向当下"读"和"写"并用，乃至"大胆创新、共同建构"的发展模式演变，从而使数字网络新的媒介环境变得更加人性化、合理化和实用化。目前，Web 2.0 技术给互联网带来了一场信息传递方式的革命，它使得社会大众平等基础上的信息的生产与发布成为可能。自媒体正是基于 Web 2.0 平台开发的多种个人应用系统的统称，具体表现形式有播客、博客、维客、掘客、拍客、社交性网站，等等。这些具体应用系统和平台能为网民个体和社会公众提供信息获取、积累、共享、生产、传播的广阔空间，使其成为真正由普通社会大众主导的信息传播活动。当越来越多的人从博客、播客等个人应用系统平台上获取信息，并通过这些个人应用系统平台来传播信息的时候，我们发现，互联网进入了"自媒体"（个人媒体）的崭新时代。①

二 社会民主化发展的现实诉求：自媒体发展的社会现实需要

20 世纪以来，世界政治发展的一个最显著特征就是民主政治成为一种潮流，实现、维护和推动社会民主的发展既是世界各国人民追求的最大政治诉求，也是绝大多数国家执政精英的主要施政目标。与此同时，民主也成了越来越多的国家的主流价值倾向，当代社会已经进入了民主化发展的新时代。所谓民主，就是在一定的社会群体和一定的阶级范围内，按照平等和少数服从多数的原则来共同管理国家事务的社会政治制度。在民主体制下，广大人民群众拥有超越立法者和政府的最高权力。民主是由全体社会公民直接或通过他们自由选出的代表行使国家权力和对公民承担责任。民主是以

---

① 程黎：《Web 2.0 时代自媒体的仪式传播行为研究》，郑州大学，硕士学位论文，2013 年。

少数人服从多数人，同时尊重个人与少数人的权利为原则的。总之，民主是保护人类平等和自由的一系列原则和行为方式，它是自由、平等的制度化和体制化。

事实上，在民主治理方式下，知情权与表达权是实现民主的重要方式和手段，它不仅是执政者和新闻媒体的基本权利，而且也是每一个公民的基本权利。然而，在以往的所有社会形态下，要么受制于社会利益集团的控制，要么受制于有限的表达途径、表达方式和过高的参与成本，即便是所谓的民主国家和民主政府，也很难实现实质上的真正的民主政治和民主治理。大众传播信息的生产与传播过程长期被执政者和媒体所把控，普通公民个人无法参与到大众信息传播过程之中，公众的知情权通过传统媒体间接地来实现，而表达的自由——这是现代公民的一项重大的基本权利和公民个人自由全面发展的必备条件——则更是无从谈起。

当代信息技术条件下自媒体、自出版平台的发展很好地适应了广大社会公众参与社会治理和社会民主监督的时代需要。它以其技术优势引领了网络舆论与社会民主治理和民主监督的时代潮流，为社会民主与法治实践提供了重要的技术手段和渠道，使人民当家作主的社会诉求通过个性表达的方式在自媒体、自出版平台上得到了充分实现。它实现了社会舆论的即时性传播，"强化了社会舆论影响力；它以廉价便捷的传播方式，赋予媒介传播更强烈的平等色彩；它以去中心化的结构特点保证了高度的开放性，促进了全民参与热潮；各抒己见、众声喧哗的交流与互动提供了传统传播媒体无法比拟的交互性体验。自媒体以鲜明的个性化特点促进了大众信息活动的爆发式繁荣，引领了大众传播个性化时代的来临"[①]。它不仅为公民参与社会民主政治和进行社会民主治理提供了便利、快捷和有效的工具和手段，克服了以往民主政治、民主治理参与时间和参与空间的种种困难和限制，而且在一定意义上（由于它所具有的

---

① 刘振磊：《自媒体的传播个性与公共性重塑》，《传媒》2014年第10期。

隐秘性、灵活性、快捷性）更加激起了民众的参与欲望，极大地提高了社会公众的参与热情，成为社会公众参与社会治理和社会监督的有效方式和手段。

三　个体发展的自我完善：新时代个性化表达的内在需要

社会生产力的发展和科学技术的进步以及科学技术向生产力的快速转化，为人类自身的解放和发展提供了雄厚的物质技术基础。第三次科学技术革命的浪潮席卷全球，全面而深刻地影响着人类社会政治、经济和思想文化等各个领域各个方面的发展，改变着人们的生活方式和思维方式：一方面，当代新的媒介和新的信息技术的变革与发展促进了人们工作和生活的自动化，使人们拥有了更多闲暇和娱乐的时间，为人的个性化发展提供了必要的空间和时间；另一方面，随着社会的发展与进步，我国全民教育水平和个人素质有了极大提高，为每个人的个性化发展提供了基本的人文素养和文化支撑，公民知识水平和整体素质的提高为人们的个体自由发展和个性化的成长提供了必要的能力素质储备。同时，变革的时代，激荡的社会发展环境，各种新鲜事物不断涌入人们的生活，不仅使人们对外部世界的探索欲望更加强烈，对信息的需求更加多元化和迫切，而且，人们已经不再单纯地满足于被动地接受传统媒体高度加工过的信息，而是更加倾向于通过其他媒介渠道，特别是自媒体，在积极主动地搜集整理自己需要的信息的同时发出自己的信息，表达自己的诉求与愿望。特别是"社会转型带来的利益分化是每一个体都在面对的社会现实，如何有效地维护自身的合法权益是个体存在与发展的一个重要问题。要维护自身权益，有效的利益表达是不可或缺的要素，因此，自媒体时代的众声喧哗背后有着个体利益诉求的强烈色彩。在这个利益分化的时代，以个体利益为基础的个人权利意识极大增强，维护和发展自身权益的个体诉求正成为普遍的表达内容，不同看法背后往往是不同利益的博弈，自媒体的出现为个体的利益表达提供了有效的工具，利益表达为自媒体的个性化发展提供了强有力的内在社会支撑"①。

自媒体的出现极大地改变了传统媒体的运作格局，它的便利性、平民性、隐秘性、低门槛，大大提高了普通民众的话语权。过去单个、分散、有限的公民个人因其人微言轻，影响不大，作用有限，所以不受重视，很难参与到宏观的社会治理之中。建基于数字网络技术基础之上的"自媒体"，由于社会公众普遍的好奇心，加之信息传播的"首因效应""蝴蝶效应""第三人效应"以及"群体极化效应"等信息传播趋向和社会心理的作用与影响，极易使个人信息迅速流传和扩散，并在全社会范围内形成一个个影响巨大的社会舆论圈，从而使得公民个体在信息的传播和流动过程中具有了一定的主动性和主导权，即从以往单纯的信息接受者转变成了信息的发布者和传播者，以及社会舆论的制造者，由此凸显出了一般社会公民在当今信息社会中的主体能动作用。

在以往信息欠发达的传统社会，社会精英阶层与一般社会公众之间存在着巨大的信息不对称，信息发布权与诠释权为社会精英阶层所把持，一般社会公众被动地接受着来自于社会精英阶层所发布的信息，而自己的声音与诉求却始终处于被压制的状态。当代新的媒介信息传播技术的发展与变革成为推动社会民主化发展的重要技术力量，它促进了话语权由精英阶层向一般社会公众的回归。正如利文森在其《数字麦克卢汉》中所宣称的，"因特网是传播的民主化"，在网络这一新的媒介传播的"地球村"里，垄断将难以为继，并认为这将是一种全新的生活方式和生活状态。在这种新的媒介技术环境下，普通社会大众从原来的"受众""旁观者"转变为信息的发布者和"当事人"，每一社会大众都可以拥有自己的网络报纸（博客）和网络广播或网络电视（播客），任何时间、任何地点，普通社会大众都可以自主地发布自己的信息，经营自己的"媒体"。人们自主地在自己的"媒体"上"想写就写""想说就说"。

---

① 刘振磊：《自媒体的传播个性与公共性重塑》，《传媒》2014 年第 10 期。

信息传播的便利化、简单化、普泛化带来了信息发布权力的分散化、普泛化和平民化，信息发布的权力日益向普通社会大众回归。这样就在逐步消解和打破优势群体——社会精英群体的技术垄断地位的同时，也在不断地增强着弱势群体——普通社会大众的话语权，真正满足了民主化发展时代个性表达的需求。自媒体成为了普通社会大众张扬个性、表达自我的适宜场所和领域。

第二节　自出版：媒介嬗变和发展的历史必然

社会生产力的发展与进步必然导致媒介形态的嬗变，并进而导致出版方式的变革与创新，即由（人类早期）个体自由出版——（工业化时代）文化控制出版——（当代数字网络环境）个性化自由出版（也即当今的"自出版"）。

一　自媒体：自出版的现实平台

所谓自出版，就是指作者在没有第三方介入的情况下，利用多种形式的自媒体出版系统和平台自主出版图书或多媒体产品的一种出版方式。在整个自出版过程中，作者个人掌握了出版的主动权和决定权，全程参与出版物的选题、策划、撰写、编辑、设计、发布和营销等各个环节。自出版方式的出现，使作者获得了前所未有的出版自由，它是社会发展和进步的产物，是媒介形态嬗变的必然。

自出版这种出版方式的出现和发展离不开当代数字网络新的媒介环境下自媒体平台的成功构建：数字网络新的媒介的发展必然导致自媒体平台的形成，自媒体平台的出现又必然导致自出版的产生与发展，它是自媒体功能的一种具体表现。自媒体平台上信息的流动与传播其实就是广义的"自出版"：一方面，点对点、点对面的信息传播方式成为主流、常态，使得传统出版行为中繁杂的出版流程被简化，成为一种个人化的行为；另一方面，自媒体营造出一种自由的信息传播环境，普通社会大众可以随时随地地发布自己的作品和信息。自媒体"零成本"的出版优势，以及分享与链接等现代信息技术的功能优势，使普通民众轻而易举地获得了表达自我、展示自我的机会和能力。通过自媒体平台，每个人都可以自由地推出自己的作品，而不必考虑传统出版行为中可能面临的重重阻碍。总之，只要愿意，不仅人人都可以成为创作者，而且人人都可以成为编辑：自己创作，自己编辑，自己出版，这是数字网络时代公民身份的又一次更变。编辑自己的作品，简单来说就是自媒体时代编辑角色从职业化向公民化的一种变换。① 自媒体既是现代信息技术发展的必然结果，又是自出版成功运作的现实平台。

二　自出版：社会发展进步和媒介嬗变的必然

媒介形态与出版方式之间存在着内在的、本质的必然联系，社会的发展，科学技术的进步，必然导致媒介形态的嬗变，媒介形态嬗变又必然导致出版方式的变革与创新。因此，媒介形态、出版方式与社会进步之间存在着内在的必然的联系。正因为如此，媒介形态理论的代表人物哈罗德·英尼斯、马歇尔·麦克卢汉，和美国的约书亚·梅罗维茨、保罗·利文森，他们的研究旨归均是从媒介形态及其变化的视角来解读社会发展和社会历史的变迁，并认为人类的一切活动和人类文明的积累和传播，都有赖于一定的传播媒介，传播媒介及其传播媒介的使用状况是人类社会范围内诸种变化的一个极其重要原因。

第一，口语媒介时代低下的生产力和极其有限的"媒介传播"，导致文化"出版"（还没有真正意义上的文化出版）的极大局限。在人类社会发展的早期，由于生产力发展极其落后，科技发展水平极其低下，人类社会处于人与人之间直接的口语传播时代，即口语媒介时代。口语媒介时代传播的特点是自由、平权。口语传播只是人的自然语言的交流与传播，是人们面对面的不借助任何外物和外

---

① 魏倩：《自媒体时代的出版业变革研究》，北京印刷学院，硕士学位论文，2014年。

力的交往和传播，因此既没有等级和权力的控制，也没有资本的控制，这就决定了这是一个自由、平权的文化传播时代。

当然，口语传播（口语媒介）具有天然的局限性。口语传播靠的是人的大脑的自然记忆，这既是平权的基础，又具有极大的局限性。以口语为主导的媒介形态还没有真正意义上的文化出版，并且其塑造的也只能是极其有限范围内的村落式的落后的原始农业社会。

第二，早期文字媒介（刻写媒介）时代个体自由的文化出版方式。早期文字媒介时代，社会生产力有了相当的发展，人类社会文化生产先后出现了竹简、木牍、帛和青铜器等书写物质材料，媒介形态和文化出版方式发生了第一次革命性变革与创新。有了文字媒介也就有了广义的文化出版，它第一次摆脱了人类大脑记忆的控制与局限，使人类文化得以在更广阔和悠长的历史时空内流传下来。但是，由于当时的书写媒介还局限于竹简、木牍、帛和青铜器等物质材料，其生产效率极其低下，社会文化出版行业社会分工还远未展开，因此当时的文化出版处于自著、自编、自出版的个体自由出版时代。

在早期文字媒介（刻写媒介）时代，文化精英、社会势力集团对新媒介的控制导致社会文化出版的第一次控制（由于这些物质媒介稀少、昂贵，且又主要掌握在统治阶级手中，因此，这个阶段可以说是文化出版和传播的"贵族介质时代"）。文字媒介的出现，实现了媒介形态和文化出版的第一次革命性变革，但它也否定了口语媒介时代文化传播的平等和平权。文字的出现淘汰了口语媒介时代以记忆为基础的"老人政治"，文字和文化的等级性及其文化势差的存在，使读书人阶层成为社会文化精英。他们对文字媒介的控制即意味着对知识和文化出版的控制以及对其社会权力、权威的培育和巩固，因此，有了文字媒介也就有了社会权利阶层对文化出版的控制。

第三，机器印刷媒介时代文化出版的解放运动与社会资本的控制。随着社会生产力的发展和科学技术的进步，特别是蒸汽机的发明，人类社会进入了机器大生产时代。机器印刷媒介是一次广泛的社会文化出版的解放运动，它使社会文化出版和传播摆脱了"贵族介质时代"的局限。然而，机器印刷媒介它的生产线、大资本特征又自然地具有一种极强的权力集中化趋势。通过资本的渗透和一系列议程设置，资本实现了对社会文化出版和文化传播的更加全面和系统的控制。并且，从媒介形态的特性来说，印刷媒介倾向于隔离不同的社会场景，即按照场景理论来说有利于区隔和保护前后台的表演，从而有利于维护统治集团的政治权威和政治统治，使其控制更加系统和牢固。

第四，电子媒介时代的文化出版：人类社会最自由灿烂的文化景观。人类社会发展到 20 世纪，特别是进入 21 世纪之后，科技革命迅猛发展，现代信息技术进入千家万户。它不仅是一场社会文化领域里的信息技术革命，而且深入人们的日常生活，极大地改变着人们的生活方式和生存状态。当前社会文化出版领域发生的"网纸替代"，是一场全方位的文化出版方式的大变革。封闭的圈子不论多么庞大其实都是渺小的，而电子媒介，特别是计算机互联网，它将众多符号体系的传播功能熔为一炉而产生的"聚变"效应，使当代所构建的庞大的信息系统成为一个由无数节点所组成的包罗万象、化育万物的庞大巨系统，极大地改变了人们的生活方式，显然也改变了社会文化的生产方式和出版方式。

电子媒介（计算机互联网）使人类实现了自由出版在更高基础上的复归：口语媒介时代人类文化传播是自由的，即便是文字媒介时代的早期，人类的文化出版传播也是自由的：自创、自编、自刻，自由出版，藏之名山，传之后世；然而，随着媒介技术的变革，特别是机器印刷媒介的出现，文化出版受到了社会分工形式和资本等多方面的制约与控制，人类失去了文化出版的自由；电子媒介特别是计算机互联网的出现，人类迎来了文化出版和传播的春天：自创、自编、自出版，人类文化出版实现了其在更高基础上的复归（它不是人类早期生产力极其低下状态下自著、自编、自出版方式的简单复归，而是在当代新的媒介信息技术状态下出版方式的革命性变革与创新，是传统"自出版"方式的螺旋式发展与升华）。这是社会生产力发展的必然，是信息技术变革发展的内在必然逻辑（参见图4）。

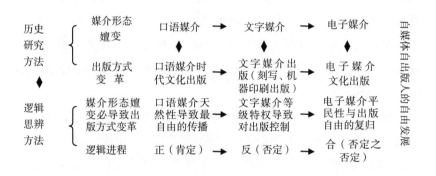

图4　媒介形态嬗变与出版方式创新

第三节　自媒体、自出版：人的自由
全面发展的实现方式

言论自由、出版自由长期以来一直被思想家称为一项基本的人权，无产阶级的革命导师马克思、恩格斯、列宁等也都十分重视言论自由与出版自由。然而，只是到了今天，在当代数字网络新的媒介信息技术极度发展的今天，言论自由和出版自由才真正具备了它赖以存在和真正实现的技术基础，同时，也为人的自由全面发展增添了又一现实条件。

一　出版自由与人的自由全面发展

人的自由而全面发展既是马克思主义人学理论的重要组成部分，同时也是现代和谐社会所要实现的目标。马克思所谓人的"自由而全面发展”，是指“人以一种全面的方式，也就是说，作为一个完整的人，占有自己的全面的本质”。① 它具体表现为人的劳动能力及其他能力的全面、自由发展，人的社会关系的全面展开和人的个性的自由全面发展。开放的自媒体、自出版平台不仅为普通社会大众提供了合理宣泄情绪、表达观点的有效渠道，而且极大地增强了普通社会大众自由表达的能力。从更深层次上讲，它将有助于普通社会大众个体的自我实现与个性的自由发展。之所以将言论自由、出版自由作为人的基本权利之一而加以保护，其本身就意味着享有言论自由和出版自由对人的发展具有特别重要的价值和意义。个体存在的目的和意义，在很大程度上取决于其作为人所具有的个性和潜能在其所生活的社会中的彰显的程度和发挥作用的程度。公民个体通过发布微博、微信、撰写网络日志、在自出版平台上出版自己的作品等方式来表现自我，参与社会互动，并彰显公民责任意识，这本身就是其自我价值的真正实现和自身的自由全面发展。②

（一）出版自由是西方思想的优秀成果之一

　　“新闻出版自由”思想来源于西方，1664 年英国政论家约翰·弥尔顿出版了他的著作《论出版自由》，这是西方第一部专门论述出版自由的专著，他也被称为是欧洲思想史上第一个专门论述言论自由、出版自由的人。弥尔顿认为，言论出版自由是每一公民与生俱来的合法权利。这种权利和自由“是一切伟大智能的乳母”。列宁曾高度评价弥尔顿的这一历史性的贡献，他说：“‘出版自由’这个口号从中世纪末直到 19 世纪成了全世界一个伟大的口号。为什么呢？因为它反映了资产阶级的进步性，即反映了资产阶级反对僧侣、国王、封建主和地主的斗争。”③

---

① 《马克思恩格斯全集》第 42 卷，人民出版社 1979 年版，第 123 页。
② 李旭：《自媒体背景下个人在社会发展中的作用探析》，《知识经济》2015 年第 2 期。
③ 《列宁全集》第 42 卷，人民出版社 1987 年版，第 85 页。

（二）出版自由是人的固有本质

马克思接受了黑格尔的自由观，强调自由是人固有的本质。他说：自由确实是人所固有的东西，"出版物是个人表现其精神存在的最普遍的方法。它不知道尊重个别人，它只知道尊重理性"①。"人类精神应当根据它固有的规律自由地发展，应当有权将自己取得的成就告诉别人，否则，清新的河流也会变成一潭恶臭的死水。"② 马克思公开宣称，人的本性是自由的，并说，对人来说只有是自由地实现的东西才是好的。因此，"不实现理性自由的国家就是坏国家"③，同样，不实现理性自由的法律也是坏法律。

马克思从人的一般本性出发，把精神作为人之为人的根本属性，并把自由当作精神的类本质，从而当作人的本质的固有物，是人与生俱来固有的先天赋予的东西，是人应当自然而然地获得的权利，因而是具有最高价值和神圣意义的东西。马克思更进一步说："如果把出版仅仅看成一种行业，那末，它作为一种由头脑来实现的行业，应当比那些由手脚起主要作用的行业有更多的自由。正是头脑的解放才使手脚的解放对人具有重大的意义：大家知道，手脚只是由于它们所服务的对象——头脑——才成为人的手脚。"④

马克思认为，事物之所以存在是由于它是合乎理性的，理性是世界的本质。一个好的现代国家是建立在理性的基础上的合理性的社会存在。不是建立在理性基础上的国家不算是一个好的国家。因为一个好的现代国家本身是理性的，因此公民服从国家，其本质上也就是公民服从自己本身的理性，服从人类理性的自然规律，服从世界理性，而这种世界理性是通过人民精神表现出来的。人民精神就在人民的舆论之中。只有让人民自由地发表言论，自由地说出自己的思想、观点和意见，自由地参与社会决

① 《马克思恩格斯全集》第1卷，人民出版社1956年版，第90页。
② 同上书，第94页。
③ 同上书，第127页。
④ 同上书，第83页。

策，才能真正地把人民精神体现出来。而要想达到这一切，出版自由是必要的，只有通过出版自由才能集中人民的理性，彰显普遍性，才是合乎理性的。①

（三）马克思一贯倡导出版自由，反对用人类不成熟的说法来拒斥出版自由

马克思反对有些人用人类不成熟的说法来拒斥出版自由，他说：借人类不成熟来反对出版自由是"反对人类成熟的一种最现实的工具"。他又说："一切发展中的事物都是不完善的，而发展只有在死亡时才结束。这样，把人弄死以求摆脱这种不完善状态应该是最合情理的了。至少辩论人在企图扼杀出版自由的时候是这样推断的。在他看来，真正的教育在于使人终身处于襁褓之中，因为人要学会走路，也得学会摔跤，而且只有经过摔跤他才能学会走路。但是，如果我们都成了襁褓儿，那末谁来包扎我们呢？如果我们都躺在摇篮里，那末谁来摇我们呢？如果我们都成了囚犯，那末谁来做看守呢？"② 有人说出版自由是不完善的，"不完善的东西需要教育。但是，难道教育就不是人类的事情，因而不也是不完善的事情吗？难道教育本身就不需要教育吗？"③

马克思在这里不只是一般地接受了古希腊和近代思想家的人道自由主义传统，而是以历史唯物主义和辩证唯物主义为出发点，发展出了一种崭新的实践的辩证的人道自由主义。马克思的历史唯物主义思想使他能站到人民创造历史的高度，一方面承认人类在社会发展过程中的不完善，另一方面又强调，这些不完善要在不断"摔跤"的现实社会斗争中逐步走向完善，而民主与自由制度（言论自由、出版自由等）正是他们不断自我教育并走向完善的方式和手段，剥夺他们的民主与自由（言论自由、出版自由等）就是要把他

---

① 张秋霞：《〈莱茵报〉时期马克思的新闻出版自由思想》，河北大学，硕士学位论文，2008 年。

② 《马克思恩格斯全集》第 1 卷，人民出版社 1956 年版，第 60 页。

③ 同上书，第 61 页。

们的自由天性扼杀在社会的大牢房里。而言论自由、出版自由恰恰是人类获得思想自由和精神解放进而实现自由全面发展的前提条件。

（四）出版自由是人的全面发展的基础和条件

马克思高度赞扬出版自由。他说："自由的出版物是人民精神的慧眼，是人民自我信任的体现，是把个人同国家和整个世界联系起来的有声的纽带"，"自由的出版物是人民在自己面前的公开忏悔，而真诚的坦白，大家知道，是可以得救的。自由的出版物是人民用来观察自己的一面精神上的镜子，而自我认识又是聪明的首要条件"①。人类的自由全面发展，需要在自由出版中来实现！

由上不难看出马克思的出版自由的深远意义：人是社会的存在物，因此，只有一个人的自由不是自由，只有一个人的自由如果没有其他的群体或个体以自由的方式来确认那也是无法体现出来的。只有其他群体或个人对你的自由加以确认和尊重，那么你的自由才有生存的条件和可能。在这个意义上，马克思强调："自由不仅包括我靠什么生存，而且也包括我怎样生存，不仅包括我实现着自由，而且也包括我在自由地实现自由。"②马克思在这里重点强调的是实现自由的方式和过程必须是自由的，出版自由就是这种自由存在和确认的重要方式。

二 自媒体、自出版：新的媒介时代民主治理的方式和形式

在每个时代的文化出版传播中，信息文本的符号形式与结构形态是信息传播的基础性因素，并且，它们是由各个时代的媒介技术所制约和支配的。"在哲学家所憎恨的那个黑暗世界里，僧侣们以一种无人能懂的语言喋喋不休，王公贵族私下里便决定了社会的命

---

① 《马克思恩格斯全集》第 1 卷，人民出版社 1956 年版，第 74—75 页。
② 同上书，第 77 页。

运，商人及工匠对其产品的生产及分配的方法秘而不宣；在这幽暗世界中，信息流动受到限制，如今这一切似乎已一去不复返了。"①电子媒介特别是数字网络新的媒介技术的性质和特点决定了当代文化生产、文化出版和文化传播的自由、快捷、无界沟通和开放性的特性，以及它的平等性和民主性。数字网络新的媒介时代特别是自媒体、自出版平台的建构，不仅使人们便利地获取各种信息，而且能够随时发表自己的意见和建议，积极参与社会治理。它的即时性、便利性和普泛化，极大地强化了它的社会舆论影响力；它的廉价与低门槛特征，赋予其强烈的平等性和平民性色彩；它的去中心化结构特征保证了其高度的开放性，促进了全民的参与热情；各抒己见、众声喧哗的交流与互动，在拂去其表面的杂乱与无序的外在纷扰表现形态后，却凸显出其天然民主形态的内在本性。被称为是"数字时代的麦克卢汉"的媒介形态理论家利文森，在其著作《数字麦克卢汉》中直接宣称："因特网是传播的民主化"，在网络传播的"地球村"里，垄断将难以为继，并认为这将是一种全新的生活方式和生活状态。电子媒介（特别是自媒体、自出版）模糊了社会前后台的界限，把场景内的表演暴露给了场景之外的观众，使社会进入了"内爆"时代，从而使社会大众了解并参与到社会政治变革的大剧之中。当计算机互联网（自媒体、自出版）新的媒介使每个人都能洞悉社会变革的密码，并有自由参与和发布自己见解的权利以后，大众—网民—写手—作家、政论家的界线也就日益模糊和逐渐消弭了。从本质讲，这是人的本质力量的复归，它为人的自由全面发展提供了现实的可能性空间。

三　提高公民主体意识：自媒体、自出版的发展与完善

虚拟的网络已经建立起一个自媒体、自出版强大的写作出版平

---

① ［美］马克·波斯特：《信息方式——后结构主义与社会语境》，范静晔译，商务印书馆 2000 年版，第 100 页。

台，它的自由性极大地超越了现实社会中传统的传播、出版媒体，电子写作的非物质化和自媒体、自出版的开放性和隐秘性，使写作变得轻松和随意，进而带来了表达的自由与解放。但是，与此同时，这种轻松随意的写作与出版也带来了一系列的麻烦与问题。

第一，卸落主体承担。自媒体、自出版创作主体大都处于三无状态：无身份、无性别、无年龄，匿名写作适性随意，来去悄然倏忽。它在带来表达解放的同时，也使网络写作成了一个众声喧哗的非主体世界。它以庸俗抗拒崇高，用世俗阻隔主流，借宣泄替代承担，由此导致其创作精神价值失落和社会价值意识的迷失。

第二，颠覆传统价值。自媒体、自出版创作主体凭借网络写作的便利从传统文化精英手中夺回了表达的公共空间，但由于其自身发展的局限，却没有同时接过创作的隽永价值和超越性意义。它不仅蔑视传统写作的许多律令，而且还拆解了传统写作和出版自身的许多成规。它使写作符号无限增殖、扩张，随性适意、漫无节制，使宣泄性文字泛滥，颠覆传统价值，解构了传统写作所追求的隽永价值和超越性意义。①

第三，信息的碎片化与社会关注的浅层化。自媒体、自出版为信息的生产、加工、流动和传播提供了前所未有的巨大的便利，众多社会普通大众成为信息的生产者、加工者、传递者和消费者，海量信息充斥于网络并时时变换、更新。但是，当今数字网络新的媒介时代，传统阅读正在被一种人们所说的"浅阅读"所取代，它的最大特点就是在人们关注的"热点"之间快速跳转，前一个热点还未过去，接踵而至的就是更新的话题，人们的注意力和兴趣点在不同媒体的页面之间来回跳跃，使人们的阅读和对信息的获取在追新逐异中碎片化。在这种情况下创作主体自然就更加关注那些所谓的"热点"问题，进而导致信息的碎片化与社会关注的浅层化。

第四，信息安全备受质疑。当今互联网技术的发展，特别是自

---

① 谭华孚：《媒介嬗变中的文学新生态》，福建师范大学，博士学位论文，2007 年。

媒体、自出版平台的广泛应用，使得信息生产、获取与传播弹指间即可完成。然而，信息的流动、传播与信息的保护历来就是一对矛盾，数字网络自媒体、自出版自动化发展趋势下大量信息的流动与传播，必然导致有价值信息的外泄与失密，进而给国家安全造成威胁。另外还有：虚假信息与恶性网络舆论问题；信息娱乐化与公共性的流失；商业化对自媒体公共性的侵蚀等，所有这些必须引起我们的高度注意。

网络写作，自媒体、自出版的局限是客观存在的，但是，我们必须予以宽容地接纳和理解，不要过多地去责备技术，不要过多地去抱怨媒体，更不能为此而抛弃它们，而是要虚怀若谷，悉心探索，进而找出解决问题的思路和方法。诚如芒福德所言："如果说技术就像失控的火车头，我们解决问题的办法就是：重新掌握技术，跳进驾驶室去驾驭火车头。"①

首先，要不断加大对公民的媒介素质教育，提升其新媒介素养和主体担当意识。自媒体、自出版新的媒介时代的来临，使得广大社会公众转瞬之间淹没在浩如烟海的信息海洋中，瞬间释放的表达解放的巨大能量，在使社会公众兴奋、愉悦的同时，也在某种程度上产生了心理上的不安与焦虑，一些网民甚至因为缺乏必要的媒介素养而误入歧途。因此，要不断加大对公民新媒介素养的教育（包括媒介使用素养、信息生产素养、信息消费素养、社会交往素养、社会协作素养、社会参与素养等），积极促进其知识建构，有效克服认知上的错位，增强网络责任观念，提升其社会主体担当意识。

其次，充分发挥主流媒体对社会主体意识的引导作用，积极培育社会主体价值体系。当代中国社会正处于经济体制深刻变革，社会结构深刻变动，利益格局深刻调整，思想观念深刻变化的整体社会转型时期。在这样巨大的社会变革时期，社会分化加速，异质性

---

① ［美］林文刚：《媒介环境学——思维沿革和多维视野》，何道宽译，北京大学出版社 2007 年版，第 69 页。

增强，各种利益和社会关系重新调整和组合，社会矛盾与社会冲突凸显。按照塞缪尔·亨廷顿的理论，现代性产生社会的稳定，现代化造成社会的不安定。突发公共事件在社会转型期的高发有其客观必然性，而自媒体、自出版等现代信息传播方式又为这种社会不稳定的可能提供了向现实转化的条件和基础。如果说传统媒介时代传播的特征是求"同"，那么，当今自媒体、自出版时代媒介传播凸显的则是"差异"。自媒体、自出版的差异化导致了越来越多的小众化群体的出现，形成一个个大小不同的社会"舆论圈"。不同的个人对同一现象会产生截然不同观点和认识，并在自媒体的开放空间中各执己见、针锋相对，社会舆论的无序化成为常态。事实上，公民个体的固有价值观念决定着各自"文本"的不同内容，信息文本的多样化实质上就是社会观念的多样化，在每个人不同的叙事风格背后弥散着的是思想认识、意识形态的矛盾和冲突，对此我们必须予以高度关注。正如英国当代社会学家汤普森所指出的那样，"现代社会中的意识形态分析必须把大众传播的性质与影响放在核心位置"。自媒体、自出版代表了当代大众传播的最新形态，显然它也必然继承了传统媒体的意识形态功能。为了减少这种"差异"性"舆论圈"的不利作用，用主流意识形态统帅社会舆论，国家和政府要不断加强数字网络等新媒体与传统媒体的融合与互动，进而引导和形成积极向上的网络舆论；要培养社会公众的政治鉴别意识和对信息处理能力，包括对信息的甄别、筛选和传播等；要进一步增强处于一级传播地位的传统媒体的权威性，积极发挥其导向作用，对一些重大事件及时作出准确、全面、客观、公正的宣传报道，和具有权威性的解释和说明，从而形成良好的网络舆论氛围。另外，一方面，政府可以通过自身掌握的主流媒体影响网络意见领袖，确保其发挥积极的正向作用；另一方面，政府要充分利用自身的优势和丰富的资源，积极培养自己的意见领袖，从而将话语权牢牢掌握在党和政府手中，进而形成积极向上的社会舆论和科学合理的社会主流价值体系。

　　最后，完善新媒体立法，营造安全可靠的媒介运营环境。自媒体、自出版传播平台与功能的每一次发展与创新都使社会个体的言论自由得到进一步的张扬与发展，其产生的负面作用与影响也在不断冲击社会的正常秩序和道德底线，借助自媒体、自出版平台从事的失范、失德甚至违法行为导致的网络侵权现象不断发生。我们要积极探索自媒体、自出版运作的发展规律与其不断创新发展背景下公民个人参与社会管理发展的新模式；要进一步规范网络行为，坚持依法治理；要制定相关法律，加大网络立法的力度，用制度和法律规范网络行为，规范信息传播活动。目前，虽然我国已经相继制定和出台了《中华人民共和国宪法》《中华人民共和国民法通则》《中华人民共和国知识产权法》《中国公用计算机互联网国际联网管理办法》等一些法律法规，但针对网络媒体，特别是针对自媒体、自出版的立法却还很少。我们应当尽快制定并出台对自媒体、自出版进行科学合理监督管理的具体法律法规和管理办法，对自媒体、自出版传播模式下公民的权利和义务作出相应的规定，对各侵权行为进行必要的规制。同时，要加强对自媒体、自出版平台运营的监管，通过相关法律的制定，规范其行为，清除信息传播过程中可能存在的误区和盲点。要教育、引导和规范自媒体、自出版传播者不仅要使用好这种现代新的媒介传播技术，更要提高自身的素养，真正做到权利与义务的统一，自由与责任的统一。要加强公民网络自律意识，真正做到对自己负责，对他人负责，对社会负责，以强烈的社会责任感，建立良好的网络人格，倡导网络文明，共同营造健康、规范的网络传播环境，为公民主体的自由全面发展创造良好的环境和条件。

后　记

　　我是 1985 年 6 月走进河南大学学报编辑部的，老老实实地说，当时对于像我这样一个刚刚大学毕业，除了随便涂鸦了一篇毕业论文以外，没有任何学术资历刚刚步入社会的年轻人来说，《河南大学学报》是何等庄严和神圣。的确，说到当时（20 世纪八九十年代）的《河南大学学报》的确不含糊，说它藏龙卧虎一点也不为过。在当时，不要说河南大学，就是全国不少大学里的一般院系有那么一两个教授，就算是很不错了，有相当一些院系甚至没有教授，而河南大学学报编辑部竟有教授 5 人，并且，这些人都是河南大学大师级的人物。这在全国当时的高校学报界恐怕也只此一家，别无分店。河南大学在算不上一流大学的情况下，而编辑学研究独领风骚，开全国风气之先，完全得益于这些大师们的实力与自信。在这里有我许多良师益友……我的编辑学研究也就很自然地在这里起步了。后来写了一些编辑学研究方面的文章，2002 年出版了《编辑选择的理论与实践》。

　　大概是 2013 年前后我开始接触媒介形态理论方面的问题，媒介形态理论大师们的一些思想理论给我很大的触动和启发，特别是他们认为，从历史的发展过程来看，媒介形态即传播媒介本身比传播的内容更重要，对人类和人类社会发展的影响更根本、更深远。这一思想观点拨开了社会文化传播领域纷繁复杂的外表与现象，直击事物的内在本质，给人的思想观念以颠覆性的影响。2015 年，围绕媒介形态问题我申报并获批了教育部项目"媒介形态嬗变与出版方式创新"，从此开始了我在这一领域里的学习和探索。现将近几年的研究心得和体会集结成册，也算是一个小结吧。

另外，从研读西方媒介形态理论和其他一些理论问题的过程中，我感悟了人们时常提到的一个问题：为什么西方大师辈出，而我们（特别是近代以来）却大师不多，寥寥无几。这除了其他因素以外，西方学者研究的风格和研究思路（说到底是思维方式）与中国学者截然不同：在对问题的探索和研究中，西方学者往往攻其一点，不及其余，将自己所研究的问题推向一个个极端，尽管并不全面，但却嵬嵬奇崛，别有洞天，且能自圆其说，自成体系，不求全面，单求深刻，自然容易给人以深刻影响，便于成就一代大师。而中国学者的学术研究，往往讲求全面、系统、辩证，要求理论体系的系统和完美，任何的偏颇与过激都容易招致严厉的批评，而这种系统完整体系的形成与建立，其难度显然要大得多，所以也就难以成就大师。

媒介形态理论是一个很大的研究领域，笔者涉猎时间不长，更加之能力和精力有限，其中对一些媒介形态理论大师们思想理论的理解和引用不客观、不准确、不系统、不全面之处在所难免，对有些思想观点由于个人喜好之原因，过度拔高也可能有之，不当之处，敬请谅解。

王华生

2018 年 11 月 12 日于河南大学